SE BATTRE
JUSQU'AU BOUT

DU MÊME AUTEUR, CHEZ LE MÊME ÉDITEUR

Time of My Life (avec Patrick Swayze), 2010

Titre original :
Worth Fighting For

7-13, boulevard Paul-Émile-Victor – Île de la Jatte
92521 Neuilly-sur-Seine Cedex
www.michel-lafon.com

Elisabeth Cantalade

Lisa Niemi Swayze

SE BATTRE JUSQU'AU BOUT

Traduit de l'anglais (États-Unis)
par Isabelle Saint-Martin

Michel Lafon

À celui que j'aime
Loin de mes yeux, près de mon cœur

Patrick et moi, mariés par le père Welch.

1

Conte de fées

À l'instant où j'ouvre mon carnet pour me mettre à travailler sur ce livre, un flot d'émotion m'envahit. Je m'efforçais de maîtriser depuis un moment déjà cette vague de larmes intarissables, venue me rappeler que je suis loin d'avoir fini de pleurer.

L'émoi qui me submerge fait ressurgir un passé lointain dont les détails me hurlent à travers le cœur et l'esprit, me faisant revivre toutes les fois où j'ai repoussé mes sentiments, les fois où j'ai souri alors que le monde s'écroulait autour de moi, les fois où j'ai ri crânement à l'annonce d'une mauvaise nouvelle, quand j'aurais dû fondre en larmes.

Le privilège d'accompagner l'être aimé jusqu'à sa mort se paie d'un prix énorme, mais je n'y aurais renoncé pour rien au monde. Je me répétais que j'aurais bien le temps de pleurer plus tard. Au premier diagnostic de la maladie de Patrick, on ne lui donnait que quelques semaines à vivre. Puis ce furent quelques mois. Finalement, nous avons vu passer l'année. Et nous avons continué… Vingt et un mois, cela peut paraître une lutte interminable contre un ennemi tel que le cancer. Tenir le coup tout ce temps… Mais, maintenant, me voilà rejetée hors du champ de bataille, à me demander comment je vais pouvoir continuer à vivre.

Chaud et froid.

En ce moment, je subis le chaud et le froid.

J'écris ceci en mai 2010, et voilà plus de six mois que j'ai perdu Patrick. À cet instant précis, tour à tour j'exècre les mauvais moments que nous avons passés ensemble, et vénère les bons. C'est tout l'un ou tout l'autre.

À cet instant, donc, je me demande comment je vais pouvoir parler de nous, de lui, en restant objective, afin de décrire précisément, « non-sans-une-pointe-d'émotion-par-ci-par-là », ce qui s'est passé, qui il était vraiment, qui j'étais, et ce que je suis aujourd'hui. Parce que, je peux vous le dire, je ne suis désormais plus la même personne, jetée au feu, reforgée, dépouillée de toutes ces belles choses qui me tenaient à l'abri du monde, et de moi-même.

J'ai du mal à survivre ici, dans le froid. Je cherche partout un radeau de sauvetage mais n'en trouve nulle part, ni même aucune ancre à laquelle me raccrocher. Finies, les confortables illusions. Pourtant, la personne que je suis devenue existe bel et bien, douloureuse comme une poussée de croissance, ce pic survenu après la disparition de mon mari… mais elle existe. Bon, je le sais : ceci n'est pas une façon de commencer un livre, mais… je dois vivre une de ces journées de colère, comme il m'en arrive parfois depuis la perte de mon Buddy – toute sa vie, il a été surnommé « Buddy ». Et, oui… je crois que je suis triste.

Je comptais emballer mon expérience avec lui dans un paquet fermé par un joli petit nœud rose. Et n'en garder que ce souvenir. À distance. Alors, si je semble maintenant un rien caustique, cela vient de ma tentative de regarder à distance l'histoire que je raconte. Malheureusement, je sais que mes réactions hargneuses ne correspondent qu'à un réflexe d'autoprotection. Parce que… quand je parle de lui, comme en ce moment… il me manque terriblement. Si terriblement, si absolument que je me demande comment je vais pouvoir passer au moment suivant.

Attendez un instant…

Là…

Je suis passée au moment suivant.

Voilà comment on traverse les épreuves du chagrin. L'une après l'autre.

À présent, je voudrais parler de lui. De ce qu'il a été sur cette Terre. Mon bel homme. Je voudrais raconter cette histoire avant de trop m'en éloigner, d'oublier le parcours de ces deux dernières années. Car on finit toujours par oublier. La réalité des choses n'existe que dans l'instant. Ensuite, avec le temps qui passe, cela devient une histoire à conter.

*

* *

C'est drôle, il y a toujours tant à dire sur les statistiques de divorce ! Quand on se marie, on ne peut pas ignorer qu'il existe à peu près cinquante pour cent de risques que cela se termine par une séparation. On a chiffré le nombre de couples qui divorcent entre vingt et trente ans, puis entre trente et quarante ans, et ainsi de suite ; les couples hétérosexuels comme les couples homosexuels. Des séries télévisées racontent les histoires d'hommes et de femmes divorcés, les livres s'accumulent, ainsi que les films, sans parler de toutes les personnes divorcées que vous-même côtoyez dans votre vie… Et puis il y a les enfants de parents divorcés, les bouquins qu'ils ont écrits en grandissant, les films qu'on en a tirés, sur ces gosses trimballés entre le père et la mère, ou même kidnappés. Ce ne sont pas les informations qui manquent sur les conséquences des mariages ratés.

Mais personne ne parle jamais des mariages réussis.

Que se passe-t-il quand on reste ensemble ? Si cette question a fait l'objet de grandes discussions, celles-ci ont échappé à mon radar. Plus simplement, il semblerait qu'on n'en dise à peu près qu'une chose : ils furent heureux et eurent beaucoup d'enfants. Le conte de fées. Mais qui vit dans un conte de fées ?

Nul ne mentionne la fameuse formule « jusqu'à ce que la mort nous sépare », citée dans les cérémonies de mariages traditionnels, nul n'en explique le sens véritable. C'est drôle, le nombre de gens qui l'ont modifiée en « tant que nous vivrons » ou encore « pour tous les jours de notre vie ». Je veux bien reconnaître qu'il paraisse un peu sinistre de mentionner cette idée de « mort », mais les alternatives comportent une faille. En effet, on peut chérir le souvenir d'un être… même après l'avoir jeté dehors. Quand les choses ont si mal tourné entre Patrick et moi en 2003, au point que je suis partie une année durant, je savais, sans l'ombre d'un doute, que je l'aimerais malgré tout jusqu'à la fin des temps ; cela ne m'empêcherait pas de divorcer de cet enfoiré si les choses n'évoluaient pas dans notre relation. (Heureusement, elles ont évolué.) Quant aux autres phrases proposées en alternative, elles me font rire : « pour toute l'éternité »… Franchement, qui peut faire une telle promesse ? Ou encore cette échappatoire : « à travers tout ce que la vie peut nous apporter ». Enfin, ça reste honnête. Nul n'a envie de se retrouver coincé dans un couple qui ne fonctionne pas.

*

*   *

« Jusqu'à ce que la mort nous sépare. » C'est ce que Patrick et moi nous sommes dits à notre mariage. Je m'étais d'ores et déjà assurée que la formule « pour t'honorer et t'obéir » soit exclue, mais pas la suite. J'avais dix-huit ans, je savais que la mort existait ; seulement ce n'était alors qu'un concept, quelque chose de trop lointain pour que je m'en soucie.

Nous avons été bénis par le plus extraordinaire des prêtres, le père Welch, un ami de la famille Swayze. La mère de Patrick, Patsy, avait joué dans des comédies musicales avec lui quand ils étaient jeunes, et elle assurait qu'il possédait un sens de l'humour complètement fou. Elle nous a raconté ainsi comment il était venu la trouver un jour.

– Hé, Patsy, j'ai une idée en or pour le spectacle ! s'était-il enthousiasmé. Si on faisait monter sur scène une dame élégante en tenue de soirée ? Et là, devant sa chaise, elle retrousse sa robe et s'assied comme une fermière pour se mettre à plumer un poulet ! C'est génial, non ?

J'ai regardé Patrick, pince-sans-rire.

– Non. Il a l'air génial.

Il l'était, effectivement. Durant notre entretien prénuptial, exigé par la tradition catholique, j'ai refusé mordicus de répondre oui à la proposition d'adopter cette religion ; de même, je n'ai voulu parler ni d'enfants ni de contraception. Levant la main, le père Welch a alors écrit « Oui », « Oui » et « Oui » en réponse à chacune de ces questions, tout en disant que ces choses allaient changer dans les années à venir, donc que ça n'avait aucune importance. Je trouve cocasse de m'être montrée assez honnête et sincère pour avoir tiqué en le voyant répondre « Oui », alors que, d'un autre côté, j'ai omis de dire que je ne croyais pas vraiment à l'institution du mariage, si bien que je m'attendais à ce que le mien finisse lui aussi par entrer dans les statistiques de divorces. Ça ne me dérangeait pas.

Cette idée de mariage avait surgi d'un seul coup. Patrick et moi n'en avions jamais vraiment discuté. Nous avions parlé d'avenir, mais plutôt pour évoquer notre carrière de danseurs, où nous voulions l'exercer, avec qui... Je ne pensais à rien d'autre. Et lui voulait danser avec moi, ce qui me donnait le trac.

Cela faisait neuf mois que nous vivions ensemble à New York, dans notre minuscule chambre aux murs jaune foncé. Je rentrais d'une tournée de danse et d'une visite de quelques jours dans ma famille, à Houston. C'est là que j'avais discuté avec ma mère d'habitude si ouverte, si libre d'esprit ; pourtant, elle avait soulevé un point plutôt conformiste.

– Tu sais... Sans l'engagement du mariage, avec ton Buddy, vous ne faites que « jouer au papa et à la maman ».

Et alors... ?

De retour à New York, j'ai commis l'erreur de rapporter cette conversation à Patrick. Sur le moment, il s'est juste... figé. Trois jours plus tard, en pleine bagarre de chatouillis sur le futon, il s'est soudain immobilisé, ses bras autour de moi.

– Quoi ? ai-je demandé, interloquée.

Il a rougi.

– Qu'est-ce qu'on attend ? Si on se mariait ?

Pétrifiée, j'ai tâché de gagner du temps, essayant maladroitement de négocier de longues fiançailles.

– Mouiiii... on pourrait peut-être... on pourrait se marier...

Je n'avais quitté ma famille que neuf mois auparavant. Je n'étais pas prête à me lancer dans un nouveau foyer. Je voulais voyager, voir du monde, j'avais beaucoup de choses à faire ! Je voulais danser ! Et puis, j'étais contre le mariage même si j'avais l'intention de reconsidérer la chose dans les douze années à venir, quand j'aurais trente ans.

Tandis que Patrick semblait se faire à cette idée.

– Quand ? D'après toi, quand est-ce qu'on devrait faire ça ?

En fait, il voulait une réponse immédiate.

– Euh... si on voyait ça à l'automne de l'année prochaine ?

Ça me laissait encore un an et demi. D'ici là, j'aurais sûrement tout le temps de trouver le moyen de me défiler.

Il a fait la grimace, pris un air atrocement triste.

– Tu ne crois pas que ça marcherait ? ai-je insisté. Pourquoi ? Pourquoi... (J'ai fini par me radoucir :) À quoi pensais-tu ?

Jamais je n'aurais cru qu'il oserait le formuler...

– Je crois que si on doit le faire, c'est maintenant, a-t-il assuré avec conviction. Disons, le mois prochain. Qu'en penses-tu ?

Il m'interrogeait du regard avec anxiété, guettant ma réaction.

Devinez qui a gagné !

*

* *

Nous étions si différents l'un de l'autre, et pourtant si semblables ! J'avais quatorze ans la première fois que j'ai posé un regard sur lui, au Théâtre musical de Houston, où l'école de la troupe de danse de sa mère avait fusionné avec le groupe théâtral dont je faisais partie. Comment ne l'aurais-je pas remarqué, ce type bronzé, tanné, au sourire éblouissant, qui passait pour un don Juan sûr de lui ? Dès notre première rencontre, j'ai pu constater que cette réputation n'avait rien d'usurpé. Comme nous nous croisions à l'entrée du théâtre, il m'a pincé les fesses.

– Salut, mignonne ! me lança-t-il d'un ton aussi amical qu'espiègle.

Oh, là, là ! Je levai les yeux au ciel.

J'avais beau mener une vie riche et profonde, au-dehors, j'avais l'air affreusement timide et réservée. Je ne savais comment me comporter en public. Je n'aime pas ce mot, « timide », parce que ça donne l'impression que je l'étais en permanence, alors que ce n'était pas le cas dans la vie de tous les jours. Je m'étonnais constamment de la façon dont je pouvais m'engueuler avec mes frères à la maison, alors qu'à l'école jamais un mot plus haut que l'autre, je ne levais jamais le doigt ni la tête. J'étais tellement renfermée qu'il me fallait sans cesse planifier comment me rendre d'un point A à un point B à travers une salle remplie de gens. À vrai dire, je ne pouvais esquisser le moindre geste avant d'avoir calculé comment l'accomplir pour rester aussi invisible que possible, de peur d'attirer l'attention sur moi, d'entendre quelqu'un m'interpeller. Je tenais à faire tapisserie et m'y employais avec conviction. Pas vraiment facile quand on est mince, plutôt jolie et blonde comme les blés. Pourtant, cette fille timide est celle-là même qui en faisait des tonnes en scène, persuadée de pouvoir toucher le cœur des gens.

Alors que Buddy, de son côté, a toujours été des plus sociables. Il se tenait droit, la tête haute, confiant, sûr de lui, comme tous les mecs populaires. Parfaitement à l'aise dans son rôle. Moi, je traînais avec les toxicos asociaux à cheveux longs. Normal que mes seuls amis n'aient pas été plus intégrés que moi. On se cachait derrière nos cigarettes, notre herbe et notre différence. Parmi eux je passais plutôt inaperçue, et ça m'allait très bien de jouer les rebelles. À l'opposé, Buddy incarnait les purs clichés de l'Américain type, net et propre sur lui, athlétique, bon étudiant, bon garçon à la maison. Il était presque… trop parfait. Ce n'était pas que je détestais cet aspect de sa personne, je n'ai jamais été prompte à porter un jugement sur les gens. J'aurais plutôt tendance à leur accorder trop de latitude. Je me contentais d'observer. À la limite, j'aurais plutôt eu envie de le plaindre. Car, à force de perfection et de beauté, ou peut-être à cause de ça, lui non plus n'entrait pas dans la norme.

Il y a un avantage à rester ainsi dans son coin : quand tout le monde s'active ou bavarde, vous, vous regardez. Mais ce que j'appelle *regarder* (méfiez-vous de ceux qui ne disent rien !). On peut alors remarquer des choses qui passent inaperçues aux yeux des autres. Avec ma timidité maladive, je repérais toujours ceux qui souffraient, même si je ne disais rien de ce que je voyais. Derrière le sourire si prompt de Buddy, je percevais de l'anxiété, et derrière ses fanfaronnades, une souffrance dont il ne devait même pas se rendre compte – c'est une fille de quatorze ans qui parle. Derrière ses taquineries déplacées et ses maigres bavardages, je sentais une profonde insécurité, un manque. J'étais au moins certaine d'une chose…

Ce n'était pas mon genre de type.

Par la suite, quand je devins danseuse à plein temps pour sa maman, il me proposa de sortir avec lui.

Bien entendu, j'acceptai.

*

* *

Nos premiers rendez-vous ne furent pas transcendants… pour dire les choses gentiment. Il passait son temps à parler, histoire de remplir les moindres silences, alors que je n'articulais presque pas un mot, tandis que nous nous baladions dans son Opel GT jaune d'or. Il adorait cette voiture !

Exemple d'une de nos conversations…

Patrick : Ma première voiture, je l'ai fabriquée de A à Z, en récupérant les pièces dans la boutique de mon oncle qui avait reçu tout un lot de vieilles Dune Buggies pour les maisons de retraite, et les revendait en pièces détachées, alors il me donnait tout ce que je voulais, bien sûr, et mon père venait m'aider quelquefois. Ensuite, il y avait l'entraînement de football qui me prenait presque tout mon temps après l'école, et puis je devais me magner pour suivre mes cours de danse. Du coup, il ne me restait plus une minute pour gagner un peu d'argent, et puis j'avais une tournée de distribution de journaux entre 3 et 4 heures du matin. Mais je m'arrange pour assister à un cours de danse chaque fois que j'en ai l'occasion. Alors comme ça, tu envisages d'aller à New York pour danser ?

(Pause)

Moi : Oui.

(Pause)

Patrick : Tant mieux parce que tu as vraiment du talent. Non, c'est vrai, sinon je ne le dirais pas. Tu sais ? Bob Joffrey, que je connais depuis toujours, dit que si je travaille vraiment mes pieds, on arrive à obtenir cette petite cambrure juste au-dessus du métatarsien. C'est ce qu'il y a de plus difficile, ensuite, pour amener le pied à former cette petite aile. Ce n'est pas évident pour un garçon mais ma plante de pied réagit très bien…

Et ainsi de suite. C'était étrange, car ces sorties me mettaient très mal à l'aise et pourtant… j'aimais bien. Évidemment, on m'avait avertie que toutes les filles le lorgnaient et qu'il pouvait choisir qui il voulait

– disaient-elles, mais c'était sans doute vrai. Pourtant, ça ne m'intimidait pas, parce que : 1) je n'avais pas l'intention de lui mettre le grappin dessus ; 2) j'avais compris son numéro. S'il passait pour un dragueur doté d'un énorme ego, je savais très bien ce qu'il ressentait au fond de lui. Alors, bien que nos premières rencontres n'aient rien eu d'extraordinaire, l'attraction mutuelle restait intense et nous nous retrouvions chaque fois, même si nous ne nous faisions pas confiance. Je me méfiais de son égocentrisme, de sa réputation de don Juan, et lui ne voyait encore en moi qu'une « mauvaise fille » à la réputation de camée. Jusqu'au jour où toute cette défiance a fondu d'un coup. Cela s'est produit quand il m'a écrit une lettre de New York m'annonçant qu'il pensait être tombé amoureux d'une collègue danseuse au Harkness Ballet. Ma réaction m'a surprise : j'étais contente pour lui. J'avais découvert que je tenais vraiment à lui et la profondeur de mes sentiments m'étonnait.

Voyez-vous, certaines personnes disent avoir su d'instinct quand elles ont rencontré l'amour de leur vie. Moi, je n'ai pas su que Patrick allait être l'amour de ma vie. Je n'aurais même pas osé l'imaginer. Toutefois, j'ai eu une prémonition, une profonde intuition que nos destins étaient liés. Que, peut-être, nous aurions une relation plus profonde avant de nous séparer, ou... je ne savais pas trop. Mais je savais qu'il allait se passer quelque chose. Et quelque chose de bien. Dès le début, alors que je restais sur mes gardes, j'avais perçu en lui cette profondeur si précieuse, qui démentait tout ce qu'on disait sur lui, y compris ce qu'il disait lui-même. Et puis un soir, juste avant que notre liaison prenne ce tournant qui a fait naître une telle confiance réciproque, j'ai rêvé de lui. C'était comme un tableau mouvant et pourtant figé. Il était assis sur une sorte de planche de surf, un petit voilier flottant sur un grand et beau lac bleu... dans une lumière brillante et dorée... les cheveux ondulés par une brise légère. Il était nu, assis en tailleur, mais, malgré sa beauté, cela n'avait rien de sensuel... C'était plutôt une image de pureté qui régnait là et il me souriait, avec une quiétude sans pareille.

Je me suis réveillée les yeux écarquillés ! D'autant que, depuis mes douze ans, j'avais pris l'habitude de retranscrire tous mes rêves. Remuée par cette vision, je savais désormais, sans l'ombre d'un doute, que je l'aimais bien. Vraiment bien.

Aussi, quand il me demanda en mariage, alors que je ne sais pour quelle raison idiote j'entretenais cette idée que « ce n'était pas mon type », sans parler de quelques arrière-pensées à l'idée de m'engager avec lui pour le restant de mes jours... je n'avais pas l'intention de le laisser partir. Et je ne me voyais pas dire « non » sans mettre un terme immédiat à notre relation, ou le blesser profondément.

Bon, me dis-je, *il faut que je le fasse. On pourra toujours divorcer par la suite.*

Et c'est ainsi que le 12 juin 1975 je pénétrai dans notre petit jardin familial à Houston, Texas, passai devant le groupe de mes parents et amis rassemblé sur la pelouse, pour me diriger vers le père Welch qui m'attendait calmement au centre avec sa bible, mon père m'offrant fièrement le bras pour me conduire vers lui, vers un Patrick que je distinguais à peine, mais très droit et toujours dans son costume bleu ciel, l'air un rien paralysé. Je lui pris la main et la serrai, les yeux pleins de larmes... qui se mirent à couler le long de mes joues.

*

* *

Et c'était parti pour une vie trépidante ! Nous, les danseurs, allions travailler au théâtre avant de nous installer à Los Angeles pour un film. Il y eut des chagrins et des chamailleries, l'aventure, l'enthousiasme, de douces petites victoires. C'était parfois très dur, mais nous tenions bon, nous finissions toujours par y arriver. Nous vivions et poursuivions nos rêves.

C'est à cette époque que j'ai appris à parler aux gens. D'abord de choses simples, par exemple en lançant à la caissière du supermarché :

– Il fait beau aujourd'hui !

Je fis des progrès, m'essayai à une conversation plus ardue. Travail, travail, travail.

L'ironie du sort a voulu que cette fille paisible, repliée sur elle-même, se soit retrouvée finalement livrée au public à un degré rarement atteint. Quand Patrick s'est lancé d'abord dans la minisérie *Nord et Sud* pour atteindre les sommets dans *Dirty Dancing*, notre vie s'est retrouvée étalée au grand jour, avec des quantités de gens à voir, des multitudes de décisions à prendre. Lui et moi étions précipités dans un monde dominé par la presse, où se succédaient les interviews pour des publics nationaux autant qu'internationaux. Je n'en pouvais plus. Patrick me tirait sans cesse hors de l'ombre où j'aimais tant me réfugier. En fait, au début, avant qu'il se fasse vraiment un nom, son premier imprésario lui avait conseillé de ne même pas dire qu'il était marié, mais Patrick avait répondu avec vigueur et sans hésitation :

– Pas question ! Je suis fier d'être marié.

Rares sont les acteurs un peu ambitieux qui auraient fait un tel choix. Il insistait toujours pour que je participe à tout ce qu'il faisait, y compris le plus d'interviews possible. Il voulait que les gens me voient. Nous formions une équipe. J'avais appris à donner des interviews avec les meilleurs d'entre eux – Patrick étant mon principal exemple.

En même temps, le fait que je sois aussi tranquille et réservée se révélait pratique dans sa nouvelle vie hautement publique. Une vie où bien des choses n'étaient pas dites. À personne. Jamais. Ne pas confier ses pensées les plus secrètes, ses difficultés les plus douloureuses ni ses ennuis était considéré comme un atout pour l'image publique, mais cela ne faisait que renforcer le pire de mes luttes solitaires et le sentiment que j'étais toujours seule pour couler ou nager.

Avec le succès, arrive un autre lot de difficultés. J'ai toujours dit :

– Si vous décidez de mettre quelqu'un à l'épreuve, donnez-lui ce qu'il veut vraiment.

Quand on obtient ce qu'on veut, on n'a plus l'impression qu'il suffisait d'y parvenir pour que tout s'arrange. Essayez de vivre avec ça ! La plupart des gens ne parviennent pas à s'y faire. Et aussi terre-à-terre qu'ait été Patrick, il s'est perdu dans cette énigme plus souvent qu'à son tour. Sans compter qu'il est entré dans une spirale infernale à la mort de son père, se mettant à picoler comme celui-ci le faisait depuis des années. Or l'alcool ne lui réussissait pas vraiment.

Tant de défis, tant d'aventures… Avec nos nouvelles vies, nous avons commencé à voyager, à faire des choses incroyables, à exercer des métiers fascinants, à vivre des situations qui faisaient rêver la plupart des gens, à nous aimer comme des fous, tout en apprenant, en évoluant et en acquérant une expérience extraordinaire. Nous luttions aussi, nous affrontions à perdre haleine, testant les limites de notre relation. De Patrick, j'ai appris le courage, à savoir que rien n'est impossible, et l'étonnante aptitude à repousser ses limites au-delà de frontières qu'on croit infranchissables.

Je ne sais pas comment, mais nous sommes toujours restés accrochés l'un à l'autre. Aussi proches que possible. Un ami nous a décrits un jour comme des jumeaux fusionnels, et ce n'était pas forcément un compliment. Mais nous tenions bon la barre contre vents et marées, ce qui n'a rendu les choses que plus difficiles quand, en 2003, je suis partie après qu'il s'était mis à boire à en perdre la raison. Il m'avait poussée à bout. Voilà une dizaine d'années que cela me guettait et je me sentais partir en miettes. J'avais atteint un point où je savais qu'il fallait mettre un terme à cette situation, sinon l'un de nous deux allait en mourir. C'était terrible. Je suis partie un an. Quand il a cessé de boire, faisant ainsi renaître l'espoir que, finalement, les choses pourraient peut-être s'arranger, je suis revenue.

Mais notre réunion n'allait pas résoudre tous nos problèmes. Petit à petit, ma foi dans notre relation n'a fait que me faire sombrer davantage dans le désespoir. Je me réveillais en pleine nuit pour pleurer des heures durant. J'avais renoncé à l'espoir de voir Patrick revenir à ce qu'il n'aurait jamais dû cesser d'être, j'avais l'impression d'assister à la mort lente de notre couple.

Mon amie Lynne, qui m'avait soutenue dans quelques-uns des pires moments que j'aie traversés, me rappelait toujours qu'un miracle pouvait se produire. Je ne croyais pas cela possible pour Patrick et moi. Nous en avions trop vu ensemble. Parfois, on va trop loin sur le chemin de la destruction, et cela se termine par trop de douleur, on s'est trop retranché sur ses positions pour pouvoir jamais se libérer. Et de nouveau, à la fin, je fus prête à partir pour de bon. Je n'avais pas encore déménagé mes affaires, mais, dans mon cœur, la porte s'était fermée et j'étais déjà partie. Or...

Un miracle s'est produit.

Authentique.

Une médium nous a rendu visite – oui, c'est vrai, une médium. Et ce fut le catalyseur qui renversa le cours de notre liaison en une nuit. Que cette femme ait été vraiment médium ou seulement douée d'une incroyable intuition, ou les deux, elle a vu ce qui se passait et, au contraire de beaucoup, elle n'a pas eu peur de dire ce qu'elle voyait sans revenir sur sa position. Impitoyablement, mais prudemment, elle n'allait pas nous laisser nous aveugler. Et ce qui s'est produit, je ne l'aurais pas cru possible si je ne l'avais moi-même vécu. C'était comme si tous deux nous étions prêts à repasser ensemble cette porte. De la pure magie. J'avais l'impression que, pour la première fois depuis des années, Patrick me voyait, voyait vraiment qui j'étais, la fille de qui il était tombé amoureux. Et, bien que j'eusse toujours peur, je tenais à lui plus que jamais. Nous l'avons vu tous les deux. Nous nous sommes ouverts l'un à l'autre et avons franchi le pas ensemble. Main dans la main.

Le changement fut profond. Lorsque, quelques semaines plus tard, nous sommes repartis dans une terrible dispute, Patrick s'est arrêté au beau milieu pour venir m'étreindre, les yeux pleins de larmes.

– Je ferais n'importe quoi pour que nous ne revenions pas en arrière.

Le cœur battant, je l'ai serré contre moi. Enfin, nous apprenions comment réagir pour obtenir ce à quoi nous tenions tellement ! Chaque fois qu'il me montrait son amour, chaque fois qu'il était gentil avec moi, cela effaçait les parties de notre histoire que je croyais insurmontables. C'est fou, n'est-ce pas ? On peut guérir avec l'amour. Il reste juste que, parfois, trop de choses nous cachent la voie de cet amour.

Quand nous avons commencé à vivre ensemble, nous plaisantions toujours sur les difficultés que pouvait présenter une telle relation, que ça n'avait rien à voir avec Blanche-Neige et le Prince charmant, tout « roses et boutons-d'or » comme nous disions. Dieu sait qu'il nous en avait fallu, du travail ! Mais nous étions tous les deux là, près de trente années plus tard, et nous venions d'assister à la matérialisation d'un conte de fées. Il nous avait donc fallu trente ans pour ça, néanmoins c'était encore mieux que les roses et les boutons-d'or. Lui, il m'avait. Et moi, j'avais quelque chose d'encore mieux que l'homme de mes rêves.

Alors...

*

*   *

Pour la nouvelle année 2008, nous rendions visite à des amis, à Aspen, et levions nos coupes afin de porter un toast avant le dîner. Patrick fit un peu la grimace en avalant son champagne, mais ne dit rien. Durant tout le voyage et le séjour dans notre ranch du Nouveau-Mexique, il vomissait souvent mais ça ne m'inquiétait pas, il avait toujours eu l'estomac assez délicat.

De retour à Los Angeles, une semaine plus tard, il me posa une question :

– Tu ne trouves pas que j'ai les yeux jaunes ?

Il se remettait mal d'une grosse indigestion. J'avais aussi remarqué qu'il n'avait pour ainsi dire rien mangé depuis deux ou trois jours. J'examinai donc ses yeux, l'approchai de la lumière pour mieux voir.

– Si, si, ils sont bien jaunes.

J'appelai Celinda, notre femme de ménage depuis vingt ans, pour qu'elle confirme.

– Oui, jaunes.

Elle hochait la tête avec conviction. Je me tournai vers lui.

– On va chez le médecin demain à la première heure.

Mais Patrick m'assura qu'il n'y avait pas le feu. Je ne suis pas du genre à m'inquiéter pour rien... seulement, là, j'insistai.

– Si... je préfère. Ce n'est pas normal. On va vérifier.

Après tout, me disais-je, *autant nous rassurer tout de suite et ne plus y penser.*

*
* *

Il existe un mot, en finnois, auquel les Finlandais accordent une grande importance – *sisu.* Je le connais depuis mon enfance, puisque ma famille est d'origine finlandaise. J'aurais donc le *sisu* dans le sang, dans mon ADN, même si je fais partie de la deuxième génération née aux États-Unis. J'ai toujours trouvé ma famille un peu bizarre. Du moins jusqu'à mon premier voyage en Finlande. Là-bas, tout le monde se comportait comme eux ! Je compris alors que nous n'étions pas fous ; nous étions juste des Finlandais qui vivaient au Texas. Hé oui ! Et, de même que Patrick m'avait poussée à me montrer plus vaillante, à croire que rien n'était impossible, j'avais également appris, en grandissant, à me montrer plus endurante que la moyenne, ne serait-ce que parce que j'avais cinq grands gaillards de frères – et non, on ne me gâtait pas sous prétexte que j'étais la seule fille. Cependant, cette endurance, ce cran n'étaient rien comparés au *sisu* acquis de naissance, ainsi qu'on me le répétait sans cesse.

Sisu, à la base, signifie « courage ». Mais ça va plus loin que la simple bravoure. Traduit grossièrement, on pourrait dire que c'est la force de la volonté, la détermination, l'endurance, la persévérance, le sang-froid face à l'adversité. Par exemple, une apprentie cavalière tombe de cheval et remonte aussitôt. Si elle tombe de nouveau et continue de remonter, elle fait preuve de *sisu*. Plusieurs athlètes finlandais ont montré leur *sisu*, comme Lasse Virén qui, aux jeux Olympiques de Munich, est tombé durant le 10 000 mètres, s'est relevé et a gagné la course, battant le record du monde. En 1939, une Russie toute-puissante a envahi la Finlande avec trois fois plus de soldats, trente fois plus d'avions et cent fois plus de tanks. À la fin, les Russes avaient subi de lourdes pertes pour ne parvenir à remporter que onze pour cent du territoire finlandais. Incroyable.

Le *sisu* n'est pas un courage passager, mais une sorte particulière de ténacité, susceptible de faire face à la mort même. Savoir qu'on a perdu et continuer quand même le combat, voilà une preuve de *sisu*.

Les deux années à venir allaient éprouver mon *sisu* au-delà de tout ce que j'aurais pu imaginer.

Au début de janvier 2008, après une matinée de ski. Quelques semaines avant le diagnostic de Patrick.

2

Le diagnostic

14 janvier 2008. En ce lundi, nous n'arrivâmes qu'en fin d'après-midi chez le médecin, pas loin de l'heure de fermeture. J'avais insisté pour y emmener Patrick, car il souffrait trop de l'estomac. Le cabinet du Dr Davidson se trouvait à trois quarts d'heure de route de chez nous, davantage quand il y avait de la circulation, à l'angle de l'hôpital Cedars-Sinai.

Nous attendions dans l'une des salles d'examen, Patrick occupé à régler son iPhone, moi en train de feuilleter un magazine tout en réfléchissant aux embouteillages qui nous attendaient sur le chemin du retour. Davidson, petit homme droit, capable de vous décocher à tout instant son éclatant sourire, rentra dans la pièce en brandissant une feuille de papier, les résultats de l'examen sanguin de Patrick. Il ne souriait pas.

– Euh... votre taux de bilirubine est élevé, annonça-t-il.

– Mon... comment dites-vous ? Bilirubine ? demanda Patrick.

Nous n'avions jamais entendu ce mot et, franchement, nous le trouvions un peu bizarre.

– Oui.

Le médecin nous expliqua qu'il s'agissait du pigment de la bile qui donne aux selles cette couleur brune, et qu'il est en général éliminé par le canal biliaire dans le foie. Du moins si aucun obstacle ne l'empêche de couler et de revenir.

Le Dr Davidson nous lut le résultat :

– Nous en sommes à 13,3.

– Ça fait beaucoup ? demandai-je.

Il hocha la tête. À son air inquiet, je compris que c'était sérieux, mais il ne s'attarda pas sur ce point.

– Je vais appeler le service Mark Taper d'imagerie de Cedars-Sinai pour voir s'il peut vous faire passer un scanner immédiatement.

Là-dessus, il décrocha son téléphone.

Patrick et moi nous regardions, impressionnés à l'idée qu'il trouve la situation assez grave pour déranger un radiologue le soir même. En même temps, nous n'étions pas trop inquiets dans la mesure où il pouvait ne rien y avoir du tout, comme quelques années auparavant quand Patrick avait présenté deux marques brunes ovales sur le bas d'une jambe. On aurait dit des brûlures de moto comme celles qu'on peut se faire quand on porte un short et qu'on effleure du genou le cylindre brûlant. Mais ces taches ne s'en allaient pas ; au bout d'un moment, et bien que Patrick n'ait pas été du genre hypocondriaque, il craignit que ce soient des marques de cancer. Trois années durant il s'inquiéta. Je l'en entendais parler sans arrêt. Finalement, je le suppliai d'aller voir un médecin pour demander de quoi il s'agissait et cesser de se tracasser. Ce qu'il fit. Ce n'était qu'une tache asymétrique.

Au service Mark Taper d'imagerie, une demi-heure plus tard, on nous conduisit en hâte à travers le hall d'entrée, passant devant les gens qui attendaient et nous reconnurent. Une heure plus tard, Patrick avait passé son scanner et nous reprenions la voiture pour rentrer. À notre arrivée à la maison, j'appelai le Dr Davidson pour savoir s'il avait déjà les résultats.

Il les avait.

Les scanners montraient une masse de cinq centimètres sur quatre sur la tête du pancréas de Patrick.

Un signal d'alarme résonna dans nos têtes.

Quoi ? Qu'est-ce que ça voulait dire ? Le Dr Davidson hésitait à tirer des conclusions avant de prescrire à Patrick des examens plus approfondis. Mais nous avons insisté.

– Eh bieeenn… ce pourrait être un cancer.

– Sinon… quoi d'autre ?

– Vous pourriez être atteint d'une pancréatite aiguë. Causée par un abus d'alcool.

Je n'aimais pas le ton de sa voix. D'habitude, il se montrait plutôt amical et charmant, mais, depuis qu'il avait les résultats de Patrick, il restait sérieux, très professionnel. J'avais beau faire de mon mieux pour ne pas m'y arrêter, j'entendais à sa voix qu'il était inquiet, qu'il craignait que Patrick ait un cancer. J'espérais le meilleur scénario : qu'il s'agissait d'une pancréatite due à l'alcoolisme. Ça me donnait quelque chose à quoi me raccrocher. Patrick s'était petit à petit remis à boire par-ci, par-là, et qui sait, qui sait… peut-être beaucoup plus quand je n'étais pas là.

Pour comprendre à quoi correspondait cette chose, cette masse, l'étape suivante consistait à lui faire passer une ERCP (cholangio-pancréatographie endoscopique rétrograde), examen au cours duquel on vous insère dans la gorge un tube qui traverse l'estomac pour atteindre le canal biliaire ; après quoi le médecin introduit un stent qui ouvre le canal biliaire afin de laisser couler la bile, pour libérer jaunisse et selles claires en abaissant le taux de bilirubine. D'accord… Et pendant qu'ils y sont, ils vont jeter un coup d'œil sur la masse, dite « tumeur », et pratiquer une biopsie. Super, super, comme ça on saura ! Un seul problème : il allait falloir encore attendre cinq jours pour le rendez-vous.

– Cinq jours ?

Nous n'étions pas contents. Nous nous doutions déjà que ce pouvait être un cancer. Cinq jours sans savoir, c'était… insupportable ! Je voyais bien que Patrick était tendu, même s'il ne le disait pas trop. Je sautai sur Internet pour y chercher toutes sortes de preuves (essentiellement les alternatives non cancéreuses), mais il y avait tellement d'informations en tous sens que j'abandonnai.

Finalement, nous nous sommes efforcés de rester aussi positifs que possible pendant cette attente. Dire que nous espérions que le diagnostic allait souligner l'abus d'alcool, qu'on en venait même à prier pour ça… plutôt que de s'entendre annoncer un cancer !

Les jours passèrent et, finalement… très tôt, par cette radieuse matinée du samedi, nous nous présentâmes au service de gastroentérologie au sixième étage de l'hôpital Cedars-Sinai. Il se trouvait que cela tombait juste le week-end d'une importante conférence de spécialistes du tube digestif. Afin de pouvoir faire passer Patrick le plus vite possible, nous avons accepté de les rencontrer ; sinon, nous aurions dû patienter cinq jours de plus pour obtenir un rendez-vous. Nous ne pouvions attendre plus longtemps. Cette conférence réunissait pendant deux jours des gastroentérologues venus de tout le pays pour pratiquer, observer les procédures, échanger des informations. Bien que nous nous inquiétions du grand nombre de témoins, au risque de compromettre l'intimité de Patrick, nous saisissions également l'immense avantage de cette situation. Patrick allait pouvoir bénéficier de la présence des plus grands spécialistes du pays. Finalement, nous estimions avoir de la chance.

L'ERCP allait être pratiquée par trois médecins chargés de lui enfoncer un tube dans la gorge, tandis que dans la salle voisine une vingtaine d'autres examineraient les images envoyées par la caméra. Tout le service bourdonnait et s'affairait, entre câbles, écrans et enregistreurs. Je trouvais la situation assez ironique pour une star habituée aux tournages. Là, on se croyait carrément au cœur d'une effarante sitcom en direct. Mais il y a un aspect extrêmement personnel, bizarrement intime, à l'idée que tous ces gens vous regardent littéralement *à l'intérieur*. Il n'est plus question de célébrité ni de doutes sur votre humanité quand des gens voyagent dans votre œsophage, au plus profond de vos tripes.

Patrick et moi riions et bavardions avec les infirmières pendant qu'on le préparait pour la séance. Je retins mon souffle en lui prenant la main et le suivis quand on le conduisit jusqu'à la salle. Je l'embrassai doucement sur les lèvres, lui souris, pour le cas où.

– Je t'aime, lui dis-je.

Déjà un peu dans les vapes, il me rendit mon sourire.

– Je t'aime.

*

* *

Ils ne parvenaient pas à enfoncer le stent.

Le Dr Lo et son collègue me conduisirent dans un bureau voisin pour m'expliquer que la zone autour du pancréas était si encombrée et bloquée qu'ils ne pouvaient insérer cette petite pièce de métal pour l'ouvrir.

Cela et autre chose…

– Il a un cancer du pancréas, énoncèrent-ils solennellement. Tout ce que nous avons vu tend vers cette conclusion. Le blocage, la masse correspondent à…

Je ne savais plus qui me disait quoi, à moins qu'ils n'aient prononcé le mot ensemble. À ce moment-là, tout me parvenait à la fois et je me rappelle seulement que l'information m'avait glacé le cerveau. J'avais entendu mais tout se paralysait en moi... parce qu'elle n'apportait aucune preuve concrète.

– Vous en êtes sûrs ? Comment pouvez-vous en être sûrs ?

– Nous en sommes sûrs à quatre-vingt-dix-huit pour cent, dirent-ils d'un air navré.

Ils me donnèrent diverses informations sur la maladie, sur son évolution pour Patrick. Adénocarcinome, la tête du pancréas... Elle pouvait être très agressive.

– Et si la biopsie revenait négative ?

L'un des médecins poussa un grand soupir, comme s'il envisageait de répondre : « Il y a toujours une chance. » Mais, finalement, il reprit sa respiration.

– Non... Ça ne fera que confirmer ce que nous avons déjà vu.

– Exact, dit l'autre.

– Nous sommes désolés...

*

* *

Je fus envahie pare toutes sortes de pensées : *Oooh, je ne veux pas pleurer, pas maintenant, pas maintenant. Est-ce que je devrais pleurer ? Je ne sais pas quoi faire. Pourquoi je ne ressens rien ? Ai-je l'air idiote ? Ai-je bien entendu ce qu'ils ont dit ? J'ai l'impression que ça va, mais puis-je me fier vraiment à mes perceptions ? Ai-je vraiment entendu cette information ?*

Je ne savais que penser de ce que je ressentais. Le mot « cancer » avait provoqué une terreur instantanée, mais une terreur diffuse, déroutante, au point que je ne savais plus où j'en étais. Alors que nous parlions, je regardais autour de moi... Cette journée pouvait paraître si normale, comme n'importe quel autre jour. Pourtant, je venais de recevoir une nouvelle capitale...

– Ça vous ennuierait, demandai-je, ça vous ennuierait de prendre au téléphone ma belle-sœur, Maria, à Houston, pour lui expliquer ça ? Elle est oncologue...

Je n'étais pas certaine d'avoir bien saisi ce qu'ils disaient.

– Non, bien sûr.

Je trouvai le numéro de Maria dans mon portable et l'appelai, les doigts pleins de fourmis, à demi paralysés. Mon frère aîné, Ed, prit la communication. Je tâchai de garder un ton naturel :

– Est-ce que Maria est là ? Je voudrais lui parler.

En bon époux de médecin, il ne posa aucune question et se contenta de répondre :

– Oui, je vais la chercher.

La voix de Maria résonna bientôt, éclatante et gaie :

– Salut, Lisa !

Je lui expliquai où je me trouvais, que Patrick venait de passer une ERCP et qu'on lui avait diagnostiqué un cancer du pancréas ; alors je voulais que les médecins lui expliquent, à elle, ce qui se passait parce que je ne me faisais pas confiance pour tout retenir.

Le ton de Maria se fit aussitôt plus grave.

– Oui, bien sûr... Passe-les-moi.

Je tendis le téléphone à Simon Lo. Je me sentais calme, maîtresse de moi, prête à tout assumer. Alors, pourquoi ma voix tremblait-elle ? Pourquoi faisait-il si froid tout à coup ?

*

* *

Patrick se réveillait lentement, difficilement. En général, les patients se remettaient immédiatement mais pas lui. Sans doute était-ce dû à tout l'air qu'on lui avait injecté en essayant d'enfoncer le stent. Je m'assis auprès de lui, posai doucement une main sur son épaule. Il fit la grimace, laissant échapper un geignement. Il avait du mal à émerger de son anesthésie ; quant à moi, j'émergeais aussi, mais pas d'analgésiques. J'essayais de recouvrer mon équilibre, de déterminer la prochaine étape. Comment lui annoncer la nouvelle ? Comment dire à quelqu'un qu'on vient de lui diagnostiquer un cancer ?

Patrick souffrait tellement de l'abdomen à la suite de cet examen que les médecins le gardèrent pour la nuit et nous firent installer dans une chambre. Bien qu'encore drogué, on lui administra de nouveaux analgésiques. Je ne me voyais pas lui annoncer la nouvelle tant qu'il n'aurait pas repris pleinement conscience. Comment pourrait-il assimiler une telle information dans son état ? Je décidai d'attendre jusqu'au matin. Oui, c'est ce que je devais faire : attendre...

Quelle nuit affreuse ! Ces heures passées à connaître seule l'horrible secret. J'avais l'impression de m'être glissée dans un cercueil et d'en avoir fermé le couvercle. Comme si j'entendais les coups sourds du marteau sur les clous qui le scellaient. Il faisait très sombre et l'on se sentait très seul là-dedans. Pourtant, j'avais beau savoir, je ne brûlais pas de tout lui dire maintenant. Tant mieux, en fin de compte : je lui faisais ainsi une sorte de cadeau. Je ne pouvais imaginer ce que cette terrible annonce lui ferait, à lui. Après tout, c'était lui qui l'avait, ce cancer. Je comptais : si j'attendais jusqu'au matin, cela lui laisserait encore huit heures d'innocence. Huit heures, c'était beaucoup. Une vie entière, dans son cas. Et puis... je suppose que je ne le lui disais pas encore parce que je ne tenais pas à entrer dans ce futur. En un seul coup de dés, nos vies avaient inexorablement changé. Dès qu'il saurait, il n'y aurait plus de retour en arrière possible. Nous serions sur un autre chemin…

*

* *

Je me réveillai sur l'inconfortable banquette de l'hôpital, toujours dans les mêmes vêtements que le matin précédent, et dégageai mon visage des cheveux qui l'encombraient. Le Dr Nissen, un jeune chirurgien que nous ne connaissions pas encore, s'était assis au pied du lit de Patrick et s'entretenait avec lui. Je trouvai mon mari plutôt alerte. Terrorisée à l'idée que le médecin puisse lui annoncer la nouvelle, j'essayai de me redresser et de reprendre pied aussi vite que possible… mais c'était trop tard. Patrick semblait dérouté. Le médecin me regarda. À tout coup, j'avais l'air affolée.

– Il ne sait pas ? me demanda-t-il.

Le cœur retourné, je fis non de la tête.

– Je ne le lui ai pas encore dit.

– Pendant votre ERCP, on vous a trouvé un cancer du pancréas, dit-il à Patrick.

Moi qui voulais choisir le bon moment…

Patrick me jeta un regard rapide, l'air inquiet. Je le soutins aussi calmement que possible. Le Dr Nissen continuait d'expliquer ce qu'il pourrait accomplir en tant que chirurgien : ce serait la meilleure chance de survie mais il fallait d'abord vérifier que le cancer ne s'était pas étendu à d'autres organes.

Nous hochions la tête. Je voyais Patrick prendre la nouvelle avec un calme attentif. Pourtant, il était aussi assommé que moi. Comme il me le rapporta par la suite, il se disait : *Je suis un homme mort.*

Je crois que nous avons tous deux gardé la journée entière ce regard d'animal pris dans les phares d'une voiture. Nous restions calmes et stoïques, comme nous avions appris à le faire sous la pression, alors qu'une multitude de médecins défilaient dans la chambre, pour la plupart inconnus. Les deux journées suivantes, ils se succédèrent encore, chacun envisageant les diverses réponses possibles à la maladie, de la chirurgie à la pose d'un autre stent au cours de la semaine suivante, de la chimiothérapie et autres traitements jusqu'à l'imagerie TEP prévue pour le lendemain. Tous discutaient pour savoir comment apaiser la souffrance intense que Patrick éprouvait encore, comment choisir parmi les nombreux hôpitaux qui proposaient un traitement adapté, les risques d'infection, la gestion de la douleur... Le plus difficile à avaler restant qu'aucun ne prenait de gants, ne nous ménageait. Ils disaient sans ambages qu'on ne savait pas guérir cette maladie, qu'il allait falloir prendre des décisions rapidement – le plus tôt serait le mieux. Néanmoins, j'appréciais leur franchise. Je préférais connaître la vérité : au moins, je pouvais m'en arranger. Tandis qu'un mensonge, même petit, me rendrait impuissante. Patrick ressentait la même chose. Nous nous accrochions à l'espoir que le mal ne s'était pas propagé, qu'une opération le libérerait. Une intervention chirurgicale majeure, très compliquée, l'opération de Whipple, au cours de laquelle on enlevait une partie du pancréas et d'autres organes, ce qui augmentait de plus de trente-cinq pour cent les chances de vie dans les deux années à venir. Et sinon, quelles étaient ses chances de survie ? Patrick eut le courage de poser la question au Dr Hoffman, un oncologue de Los Angeles :

– Combien de temps me reste-t-il ?

– Cela dépend. Peut-être deux semaines, peut-être deux mois. Je ne veux pas vous raconter d'histoires. Cette maladie est extrêmement agressive.

Plus tard, ce même jour, Patrick se tourna vers moi en poussant un soupir contrit. Je sentais bien son émotion, pourtant il laissa tomber, sans le moindre auto-apitoiement :

– Tu sais... jusque-là, quand on m'annonçait que quelqu'un avait un cancer du pancréas, je me disais tout de suite : *Il est fichu.*

Je ne sus que répondre.

Patrick et moi étions mariés depuis plus de trente-deux ans, nous avions connu le pire et le meilleur de ce que la vie pouvait apporter. Mais rien n'aurait pu nous préparer à ce diagnostic. Rien n'aurait pu nous préparer à ces heures d'attente où nous faisions de notre mieux pour accueillir chaque nouvelle information sur les examens à venir, les interventions possibles si la maladie ne s'était pas propagée, les issues envisageables, malheureusement très rares. Pour dire les choses telles qu'elles étaient, si son cancer s'était vraiment étendu, nous comprenions qu'il n'existait qu'une sortie possible, et ce n'était pas la bonne.

Après une bonne douzaine d'heures, médecins et infirmières quittèrent enfin la chambre. C'était la relève du personnel, l'atmosphère s'apaisait. Nous nous retrouvions enfin seuls, lui et moi.

Après avoir passé en revue toutes les informations qui nous étaient tombées dessus, nous nous sommes tus. Que dire de plus ? Je me faufilai dans le lit à côté de lui, posai la tête sur son épaule. Et fondis en larmes. À travers mes sanglots, je le suppliai :

– S'il te plaît... je ne peux pas. S'il te plaît, demande-moi n'importe quoi mais pas ça.

J'avais vécu trente-deux années de hauts et de bas avec lui, et une année de rupture, sauté de quelques avions, survécu à la célébrité, à l'échec, aux atterrissages de fortune, à une fausse couche, à des querelles d'ivrogne, à une désintoxication, à des chevaux, des chiens, des chats, des rires, des cris et des étreintes éplorées. Et voilà que je le suppliais de ne pas m'imposer cette ultime fonction. Comme s'il avait le choix. C'était une prière absurde, je le savais bien. Mais j'avais tellement envie que tout ça ne soit pas vrai ! À ce moment-là, après tout ce que nous avions traversé, je me sentais vaincue. Je me demandais si je m'en relèverais jamais.

Mais le lendemain serait un autre jour.

Une solide étreinte à Patrick pour lui dire : « Je ne te laisse partir nulle part ! »

3

Tant qu'il y a de l'espoir, il y a de la vie

Je me réveillai, le lendemain matin, remontée, comme si j'avais pu encore faire le plein dans ma petite réserve d'énergie et retrouver le courage de traverser les vingt-quatre heures à venir. Nous avions reçu confirmation du fait que la maladie s'était étendue à son foie. Pas vraiment la nouvelle que nous espérions, plutôt le pire des scénarios.

Mais nous n'allions pas nous laisser abattre aussi facilement. Nous allions chercher encore des informations, des réponses…

Patrick s'accrochait, ferme, la tête droite, mais je savais qu'il espérait autant que moi trouver des réponses. Après l'avoir fait revenir au sixième étage, le Dr Lo parvint à lui insérer un stent qui rouvrit le canal biliaire, et bientôt Patrick put sortir de l'hôpital. Il paraissait tout hésitant.

– On dirait… qu'en rentrant à la maison on va donner une réalité à tout ça.

Il paraissait plein de détermination, mais sa voix trahissait son anxiété.

Même à la maison, les choses avaient changé. Plus rien n'était à sa place. Elle avait été transformée en bunker de commandement où nous allions devoir adopter le mode qui conviendrait le mieux à Patrick. Agendas, recherches

Internet, appels téléphoniques, plan stratégique... Dès le premier jour, nous nous étions lancés dans un circuit pédagogique teinté d'un optimisme buté contre la maladie, qui deviendrait le combat de notre vie.

*

* *

Notre guide, à travers ces eaux mouvantes de médecins, d'hôpitaux et de traitements, était la femme de mon frère aîné, Ed, l'oncologue Maria Scouros. Je l'avais au téléphone tous les jours depuis le diagnostic et j'estimais que c'était une chance sans pareille. Je ne peux pas imaginer comment font celles et ceux qui ne bénéficient pas d'un tel secours. Elle nous conseillait sans cesse, connaissait un nombre phénoménal de gens, ainsi que tous les derniers traitements et les technologies de pointe, et ne reculait devant rien. Elle était agressive et positive ! Et savait à quelle vitesse pouvait se propager la maladie.

– Quoi que vous décidiez, ordonna-t-elle, je veux que le traitement commence d'ici à quinze jours.

Cela ne nous laissait guère de temps pour compiler le maximum d'informations et commencer à consulter des médecins.

– Et s'ils disent vouloir vous rassurer, continuait-elle, vous leur tournez le dos immédiatement et vous partez ! Parce que nous ne sommes pas là pour ça, nous sommes là pour vous soigner !

Jamais je n'oublierai son ton impératif et nul ne pouvait l'approuver davantage que Patrick, ce guerrier dans l'âme !

Il s'avéra vite que les traitements existants pour le cancer du pancréas ne savaient pas stopper cette maladie. Nous allions devoir nous tourner vers la recherche, nous engager dans des essais cliniques où seraient exploitées les dernières méthodes existantes. Il allait falloir sortir du système. Oser. Cela nous dirigea vers Stanford où l'on utilisait un nouveau médicament dans sa deuxième phase d'étude (bon), ainsi qu'une drogue angiogénique toute récente (aussi bon). Il y avait aussi cette nouvelle technologie du CyberKnife, une incroyable espèce de robot qui administrait sa radiothérapie avec une précision stupéfiante. Alors, qui sait ? Peut-être Patrick pourrait-il combiner la nouvelle chimiothérapie avec le CyberKnife pour éliminer cette tache dans son foie ?

*

* *

Trois jours plus tard, nous nous rendions avec enthousiasme au centre anticancéreux de Stanford à Palo Alto, en Californie, pour y rencontrer le Dr Koong, directeur du programme CyberKnife, et le Dr George Fisher, directeur des essais cliniques. Bien qu'Albert Koong nous ait beaucoup aidés, il fut très vite établi que Patrick ne pourrait profiter du CyberKnife. Sa maladie avait trop évolué, ce serait une intervention inutile. La radiothérapie n'était précieuse que si elle offrait une chance de stopper la maladie, et ça ne pouvait être le cas. Pour les essais cliniques, le Dr Fisher préféra nous orienter vers un programme plus proche de la maison, laissant entendre qu'il estimait que Patrick pourrait y obtenir un aussi bon traitement qu'auprès de lui.

« Quoi ? Mais je veux rester ici ! » avais-je envie de geindre.

Nos espoirs s'effondraient. Nous étions arrivés galvanisés à l'idée de ce que ces médecins auraient pu nous offrir, et voilà qu'on nous annonçait qu'ils ne pouvaient rien pour nous. Ravalant mes pleurs et mes protestations, je tâchai de me concentrer sur les informations que je notais scrupuleusement sur mon bloc-notes. Comme les autres, le Dr Fisher recommandait avant tout de ne pas perdre de temps. Patrick devait réfléchir à ce qu'il voulait faire du temps qui pouvait ou non lui rester à vivre. Après quoi le Dr Fisher se leva pour aller prendre un appel téléphonique et nous abandonna dans son cabinet…

Je vis que Patrick était hors de lui. Contrôlant son émotion, il parvint à lâcher un sourire sarcastique.

– Oh, là, là ! Ça va mal, on dirait. Je suis mort.

Le Dr Koong le considérait d'un œil aussi aimable qu'imperturbable.

– Croyez-moi, le Dr Fisher est excellent. Seulement il est… comment dire ? Modeste.

Cela voulait-il dire qu'il pouvait aider Patrick et qu'on ne devait pas abandonner l'idée de le faire soigner ici ? Ou…

Le Dr Fisher revint et, malgré la déprime qui nous envahissait, nous ne voulions pas perdre de temps : autant poser le maximum de questions avant de partir. La pièce de résistance étant :

– Vous devriez pouvoir correspondre à l'étude PTK, précisa le Dr Fisher. L'une des conditions étant que votre niveau de bilirubine soit de 1,3 ou en dessous. Malheureusement, d'après vos analyses vous en êtes à 6,7, ce qui vous disqualifie automatiquement.

*

* *

Sa bilirubine était toujours aussi élevée ? Pourtant, le Dr Lo avait réussi à poser son stent, la faisant spectaculairement baisser en vingt-quatre heures ; cependant, elle avait de nouveau augmenté au cours des analyses suivantes. De retour à Los Angeles, je demandai :

– Et si ces chiffres étaient faux ? Parce que ça ne tient pas debout.

Non, les laboratoires ne s'étaient pas trompés, m'assura-t-on. La seule autre explication était que le stent avait dû déjà se reboucher.

Par-dessus tout, Patrick avait besoin d'analgésiques autrement puissants. Ses indigestions persistaient, intenses, au point qu'il ne voulait plus manger, disant que son estomac était déjà plein.

Et, comme si tout ça ne suffisait pas à nous déboussoler, nous devions en principe partir pour l'Allemagne la semaine suivante pour une cérémonie de remise de prix à la télévision. Ce n'était pas vraiment le moment de se lancer dans des voyages internationaux.

*

* *

Depuis que nous savions ce dont souffrait Patrick, je me sentais comme plongée dans un cauchemar dont je ne parvenais pas à sortir. Mais il y avait aussi cette chose étrange qui avait surgi après les premiers jours passés à l'hôpital. Je me sentais habitée par une énergie nouvelle, comme si j'avais absorbé une sorte d'adrénaline douloureuse. C'est peut-être, quoique dans une version minime, ce qu'éprouvent les soldats en route pour une bataille. Et, certainement, à notre façon, c'était ce que Patrick et moi allions faire : partir à la guerre. Cette souffrance me mettait totalement à nu...

Il n'y a rien comme la tragédie pour éliminer les attitudes et comportements que nous nous imposons. Comme des couches successives de vêtements qu'on vous retirerait. « Oh ! celui-ci est destiné à plaire aux gens » et « Oh ! celui-ci est destiné à vous faire remarquer » et « Oui... celui-ci est destiné à ravaler rancœurs et critiques » et « Qui devrais-je être ? » « Ceci concerne mes peurs. » « Ceci concerne mes espérances. » Le fait est que... ce que je désire n'a rien à voir avec ce qui précède. Ce que je désire existe en soi sans toutes ces connexions – vers moi ou qui que ce soit d'autre. Le vrai désir de mon cœur (si je puis l'appeler ainsi) tient davantage d'une rivière et du fait que je peux l'exprimer ou non. Il n'a rien à faire de ce que mon petit esprit en pense. Je peux soit m'en détourner, soit m'y embarquer.

1er février 2008

Je peux vivre là, seule, sans tous les réconforts des « qui je suis », « ce que je fais » et « ce que je ressens ». J'aimais Patrick. Et ceci fait partie d'un autre monde, totalement différent. Je peux vivre ici... Je peux vivre ici, avec lui.

Je ressentais aussi la présence effective de cette adrénaline lorsque je travaillais dans notre cours de danse. Je me sentais plus forte que depuis bien longtemps. Comme si j'avais dix-huit ans, ma jambe se dressait sans peine. Magique. Je m'asseyais pour jouer du piano et je me trouvais plus rapide, plus virtuose que jamais ! J'avais l'impression de pouvoir sauter d'un seul bond par-dessus les gratte-ciel... simplement parce que je me sentais d'une habileté incroyable à vaincre. C'était ça ou m'effondrer, me consumer dans les grandes largeurs ! Dans la réalité, je voyais se dresser un obstacle gigantesque devant moi. Et Patrick autant que moi... Il s'agissait de trouver un moyen de le garder en vie. Trois fois rien. Comme si mon corps se donnait la force d'y parvenir, rationalisait la tâche qui l'attendait en laissant derrière les fardeaux inutiles.

Le vrai désir de mon cœur…

Sans doute était-ce le terrible chagrin que j'éprouvais déjà qui pompait mon énergie dans mes veines, à moins que ce ne soit vraiment lui qui m'ait ôté mes différentes épaisseurs de vêtements pour révéler le « moi » authentique sous l'épais manteau des choses, sous la personnalité que j'avais si durement acquise.

Une chose est sûre. Je n'avais vraiment plus besoin de me préoccuper de tout ceci, désormais. Je voyageais léger.

*

* *

Ce voyage en Allemagne était prévu depuis des mois. Patrick allait y recevoir le prix Golden Kamera décerné aux stars internationales. Récompense prestigieuse qui, en outre, allait aider les personnes engagées dans le film que Patrick venait de tourner en Autriche, intitulé *Jump*. Tout était réservé, nous n'avions plus qu'à partir. S'il reculait maintenant, ce serait comme s'il agitait un grand drapeau rouge. Or nous tenions à garder secrets ses ennuis de santé. Il traversait des moments de profond marasme mais pouvait également aller très bien. Il avait toujours eu une grande résistance à la souffrance et savait se tenir dans les pires circonstances. Alors nous avons décidé de partir, de faire juste l'aller et retour puis de rentrer immédiatement pour reprendre son traitement. Mais d'abord… il fallait s'occuper de son canal bouché.

– Allez vous faire examiner à Stanford, nous conseilla Maria. Il faut abaisser ce taux de bilirubine.

Nous n'avions toujours pas renoncé à faire admettre Patrick à Stanford, cet organisme si bien huilé dont chaque service travaillait en cohésion avec les autres. Nous voulions nous y installer. Étrangement, et par chance, ils reçurent Patrick sans difficulté le samedi, ce qui lui donnerait davantage de temps pour récupérer avant de sauter dans un vol international pour l'Allemagne le lundi suivant.

Nous nous sommes envolés pour Stanford et, ce samedi même, le Dr Jacques Van Dam lui introduisit une caméra dans l'estomac, qu'il trouva plein de nourriture. Patrick avait raison de se sentir constamment rassasié. Jacques le nettoya du mieux qu'il put et recommanda de le garder la nuit pour recommencer dès le lendemain.

Au petit matin, des infirmières vinrent réveiller Patrick pour prélever un peu de son sang. Peu après, le Dr Van Dam et le Dr Fisher vinrent le voir dans sa chambre. Nous étions assez inquiets quant à la teneur des examens qui allaient suivre. Rien ne semblait se passer selon nos plans et nous allions de surprise en surprise. D'autant que, maintenant, ces deux médecins revenaient ensemble.

Cependant, le Dr Van Dam souriait.

– Rentrez chez vous.

Nous ne comprenions plus.

Le Dr Fisher expliqua :

– Le Dr Van Dam a examiné vos analyses sanguines ce matin. Votre bilirubine est en dessous de 1,6.

Nous étions ravis ! C'était bien la première fois en quinze jours que je revoyais Patrick sourire comme au bon vieux temps ! Et moi qui rouspétais en demandant combien de fois encore il allait falloir lui prélever du sang… Maintenant je comprenais pourquoi ils faisaient cela, pourquoi chacun voulait sa propre analyse. Jamais plus je ne rouspéterais ! Finalement, le stent fonctionnait.

Il devait s'être débouché tout seul. Un mystère que nous ne tenterions pas de résoudre.

À peine arrivée à Los Angeles, ce soir-là, je filai à la pharmacie pour exécuter une ordonnance en vue du voyage en Allemagne. Après avoir pesé le pour et le contre au téléphone avec le Dr Fisher, j'avais dressé une longue liste des aliments à emporter pour Patrick tandis que lui prescrivait un seul antidouleur à prendre en cas de nécessité. De la morphine.

Je me rendis à mon officine habituelle mais, derrière son comptoir, la pharmacienne secoua la tête :

– Je ne peux pas vous donner ça, il me faut une ordonnance officielle. C'est un narcotique.

Moi, j'étais là pour obtenir ce médicament. Point.

– Que faut-il faire au juste ? Nous quittons le pays demain.

Là, je découvris qu'il ne suffirait pas que le médecin appelle la pharmacienne ou lui faxe quoi que ce soit : je devais présenter une ordonnance en bonne et due forme. Je ne savais plus que faire.

– À moins… lança soudain la dame. À moins qu'il ne soit en stade terminal. Nous faisons des exceptions pour ces patients-là.

Je m'arrêtai…

Je ne voulais pas dire ça, jamais je n'aurais voulu dire ça ! Pourtant, il le fallait, et à une personne que je connaissais à peine…

– Oui, il en est stade terminal. Il a un cancer du pancréas.

À peine avais-je prononcé ces mots que mes larmes jaillirent. J'essayai de vivement les essuyer, ajoutant aussi jovialement que possible :

– Mais, vous savez, nous essayons de ne pas voir les choses sous cet angle. Nous préférons nous dire qu'il y a de l'espoir, que nous allons vaincre cette chose. Et…

– Je comprends, acquiesça-t-elle gentiment en emportant mon papier.

Tandis que j'attendais son retour, je marchais de long en large dans la pharmacie en ravalant mes larmes. Je ne m'étais pas attendue à ça, moi qui avais toujours réussi à garder mon calme, à rester positive. Mais un chagrin insupportable me guettait, que je parvins à écarter encore jusqu'à ce qu'on me rappelle au comptoir pour me donner la morphine.

Je voudrais pouvoir m'échapper.
Existe-t-il un endroit où m'échapper de moi-même ?
Quelque part où l'on ne connaisse même pas mon nom.

Février 2008

– Ils vont devoir comprendre. On ne peut pas en discuter maintenant, mais, quand ils sauront ce qui se passe, ils comprendront très bien.

J'annulai le voyage en Allemagne avec notre agent, Annett Wolf. Finalement, nous avions décidé que ce serait trop lourd. Quel soulagement ! À présent, nous allions pouvoir consacrer les jours suivants à nous concentrer sur le traitement nécessaire pour Patrick. Mais les choses n'allaient pas se passer aussi facilement…

Après la grande nouvelle reçue à Stanford pendant le week-end, nous découvrions avec effroi que son taux de bilirubine s'était de nouveau élevé, ce qui l'excluait du programme expérimental. Patrick supportait mal cette situation en dents de scie, et moi je me demandais quelles conclusions en tirer. Si seulement nous pouvions faire redescendre ce taux. Je priais pour que ce soit possible, afin qu'il reçoive enfin ce traitement. Je me sentais comme le petit train prêt à lutter : « Je sais que je peux, Je sais que je peux, Je sais que je peux... »

Encore une fois, ce fut un débordement d'adrénaline douloureuse. Cette conscience intense, tout entière orientée sur lui, qui me poussait à aller de l'avant, à rester positive face à l'adversité. D'où que provienne cette force intérieure, cette clairvoyance, je la faisais mienne et savais que je pourrais la conserver le temps nécessaire.

Le temps passait : il fallait commencer le traitement, même si Patrick aurait préféré une autre thérapie. Le combat était loin d'être gagné, mais, quelque part, cela se révélerait positif... jusqu'au moment où il faudrait en changer pour ne pas piétiner. Mais nous n'en étions pas encore là.

En fin de compte, nous avons donc opté pour le plan B et nous sommes présentés chez le Dr David Hoffman, au Tower Oncology de Beverly Hills, pour commencer la chimio de Patrick. Nous sommes arrivés tout souriants, malgré notre anxiété... mêlée d'énergie positive.

– Pourriez-vous commencer par de nouvelles analyses sanguines ? demandai-je. Juste pour vérifier.

Patrick y avait encore eu droit la veille, mais nous voulions nous assurer une dernière fois qu'il ne pouvait tenter les essais cliniques de Stanford.

– Bien sûr, dit le docteur. De toute façon, nous l'aurions fait.

Il était génial.

En attendant la suite, Patrick et moi bavardions, nous tenions la main et tâchions de nous donner du courage pour le traitement qui allait commencer quelques minutes plus tard.

Le Dr Hoffman revint dans la chambre, souriant.

– Pas de traitement aujourd'hui. D'après vos résultats votre taux de bilirubine s'est abaissé à 1,3.

Oh, 1,3 ! 1,3 ! Le taux qui permet de participer aux essais de Stanford !

Tout le monde se quitta avec force poignées de main. Et nous sommes rentrés en hâte pour récupérer nos sacs de voyage avant de filer à l'aéroport. En route, j'appelai le labo qui nous avait communiqué ces taux si élevés, le seul d'ailleurs à indiquer de tels chiffres dans toutes les analyses de Patrick. Le genre d'erreur qui aurait pu avoir des conséquences terribles pour lui : il a failli passer sur le billard et renoncer au traitement de son choix contre ce cancer mortel.

– C'était pour vous dire que vos analyses sont fausses, si vous voulez vérifier…

Ils n'avaient pas l'air d'y croire, alors j'insistai :

– Je vous avertis, c'est tout.

Je suis sûre qu'ils l'ont fait, qu'ils ont corrigé l'erreur ; en tout cas, ils ne se sont jamais excusés. Même pas un « Désolés ».

Nous sommes arrivés à Stanford tard dans l'après-midi. Le centre de traitement du cancer était désert, excepté le Dr Fisher, tout sourire, et les infirmières qui devaient commencer le traitement. Nous y avons vu une douce victoire qui nous emplit de joie et, au moins pour cette journée, d'une nouvelle raison d'espérer.

Dans le cockpit de notre King Air 200.
(Photo de Lisa Dickey.)

4

Territoire inexploré

Quinze jours exactement après sa sortie de Cedars-Sinai, Patrick s'asseyait sur le lit de la salle de soins du centre anticancéreux de Stanford, prêt à entreprendre sa première chimiothérapie. Son frère, Donny, nous accompagna pour nous soutenir, et nous bavardions en riant, Patrick les jambes confortablement étendues devant lui, tandis que Donny et moi nous faisions tout petits sur nos chaises pour ne pas gêner le personnel. Les infirmières prélevèrent du sang – merci... – pendant qu'on nous présentait aux médecins et au personnel en charge du programme. Dans ce débordement d'activité, Patrick fut relié à un petit sachet de plastique accroché à une tige de métal près de lui. Profitant d'un court silence dans la conversation, je demandai d'un ton neutre à Kathy, l'infirmière, quel produit on lui injectait.

Elle parut un rien surprise.

– Oh ! ça, c'est le Gemzar.

– Déjà ?

Donny et moi avons échangé un regard étonné avant de nous lancer dans une rafale d'exclamations :

– Pas possible ?

– Le Gemzar ?

– Il a commencé sa chimiothérapie depuis déjà dix minutes et on n'avait même pas réalisé ?

– Incroyable !

D'une certaine manière, cette information nous galvanisa. Nous qui avions toujours imaginé la chimiothérapie sous un jour sinistre, voilà que Patrick y avait droit, et l'événement paraissait si bénin que nous n'avions rien remarqué !

Cela le fit sourire. Mais, plus tard, il me dit :

– J'ai vraiment senti quand ça a commencé. Ça ne fait pas mal mais… je savais qu'il y avait un truc bizarre, lourd, grave, qui me coulait dans les veines.

Sur le moment, bien entendu, il était trop calme pour faire des commentaires. Alors il souriait et continuait de bavarder avec tout un chacun, comme si de rien n'était. Rien.

À la moindre occasion, je me disais que c'était un fluide de lumière et de bienfait qui lui coulait dans les veines, qui se répandait dans son corps tel un chevalier parti vaincre l'ennemi. La chimiothérapie de Patrick n'avait rien d'affreux ni d'effrayant, il fallait au contraire s'en réjouir.

Son traitement, ou protocole comme ils disaient, serait basé sur le médicament PTK, également appelé Vatalanib, facile à avaler deux fois pas jour sous forme de pilules, ici associé à la Gemcitabine, ou Gemzar, en intraveineuse, une fois par semaine pendant trois semaines, suivies d'une semaine libre. Si tout allait bien, autrement dit si son état ne s'aggravait pas, il pourrait recommencer tout le cycle.

*

* *

Ce n'est pas en vain que les gens luttent si fort pour aller mieux, pour guérir les maladies ; que les médecins poursuivent leurs recherches et développent de nouveaux traitements. Ce n'est pas en vain qu'existent toutes ces études expérimentales autour d'une maladie qui, jusqu'à nouvel ordre, est fatale – car, à un moment ou à un autre, quelqu'un finira par aller mieux. Ce jour viendra. Pourquoi Patrick ne serait-il pas le premier ? Nous savions qu'il y avait peu de chances. Mais n'importe quelle victoire contre cette maladie était déjà une victoire. Même si cela ne devait se traduire pour lui que par un peu de temps supplémentaire.

Je nourrissais donc les plus grandes espérances, bien que le diagnostic ait comporté une probable sentence de mort. De mon côté, je devais traiter ma propre souffrance. Autant nous étions déterminés à rester réalistes, sans nous dissimuler nos peurs, sans nier la réalité, autant nous gardions l'espoir que les choses seraient différentes pour Patrick. Néanmoins, avec ce genre de maladie, on ne peut s'empêcher de commencer une sorte de travail de deuil. Dès le premier jour, cette pulsion m'avait saisie, cette terrible anticipation de la perte à venir, de cette perte que tous prédisaient. Jour après jour, je souffrais en secret. Je reste stupéfaite d'avoir pu paraître si forte et si positive, si « compétente » dans ma façon de gérer jour après jour les hauts et les bas de ce traitement tout en préservant notre vie quotidienne. Et je croyais vraiment à l'efficacité d'une attitude positive. Mais quand je me laissais aller, j'avais l'impression de vivre un cauchemar dont je n'arrivais pas à me réveiller. Je m'étonnais d'avoir encore assez de concentration pour conduire une voiture alors que je me sentais si égarée, si affligée.

Que faire pour m'en tirer ? Juste ne pas oublier de respirer et arriver à bout des prochaines vingt-quatre heures. Ou parfois… juste de l'heure qui passait.

Ce fut la grande leçon de ces événements. Couplée avec le stress émotionnel, la pression de chaque notification me donnait parfois l'impression que mon cerveau allait exploser. Je me souviens de m'être couchée en me répétant le nom d'un des médicaments antinausée de Patrick, « O-dan-se-tron » et sa variante quand on le prononçait mal : « O-de-nes-tron », « O-dan-se-tron », « O-de-nes-tron », sans arrêt, comme si la vie de Patrick en dépendait ! Aaarrgh ! Comme si j'avais un grain dans le circuit. Comme le chat noir dans *Matrix*, qui ne cessait de reparaître. Heureusement, ce médicament était le premier d'une série de trois, si bien que nous avons fini par l'appeler « Numéro un », tout simplement. Ça m'allait mieux !

Inutile de le préciser, j'avais des listes gigantesques dans mon bloc-notes où j'avais reproduit toutes les conversations concernant sa maladie et les alternatives possibles. J'avais aussi fait et imprimé un graphique détaillé de ses médicaments afin de suivre sa consommation, un point très important avec un traitement aussi compliqué, aux éléments difficiles à retenir : il ne comptait pas moins de douze lignes différentes et le dosage variait de une à quatre fois par jour. Je fus secrètement contente quand les gens de Stanford ne cachèrent pas leur admiration en voyant mon tableau. Toutes les semaines, ils demandaient volontiers à le recopier pour leurs propres dossiers. Je me sentais comme un gosse montrant ses bonnes notes, comme si je méritais une pomme ou une étoile dorée.

*

* *

Je ne comprenais pas pourquoi on ne lui recommandait pas un régime alimentaire particulier. Patrick avait déjà perdu du poids et il devait en reprendre pour tenir le coup avec ce qui l'attendait encore. Mais il se sentait de nouveau l'estomac plein, manquait totalement d'appétit et devait se méfier de certains aliments (légumes à feuilles, produits collants ou élastiques) susceptibles de boucher le stent. Je cherchais toujours la formule magique, alors qu'en réalité je devais réinventer la roue pour sa nutrition personnelle. Cela me faisait rire parce que tout le monde pensait qu'il suivait un régime macrobiotique ou antioxydant, alors qu'en réalité j'étais contente quand il avalait quelque chose, n'importe quoi ! De la glace, super ! Des calories, des calories, c'était tout ce qui comptait, avec les protéines au deuxième rang. Il fallait que toutes les bouchées comptent ! C'est étrange, quand on a passé des années à chasser les calories, les graisses et les hydrates de carbone dans les supermarchés, de se retrouver soudain à rejeter les aliments qui ne comportent pas assez de calories à votre goût. J'ai aussi appris à tout mélanger en purée, y compris des sushis, et devinez quel goût ils avaient – un goût de sushis ! Le poulet en croûte eut moins de succès, je ne le recommande pas.

Nous devions aussi faire attention à ne pas adopter de régimes extrêmes qui pourraient troubler son système digestif, ni l'envahir de vitamines. C'est une situation inextricable : le corps aime consommer des vitamines bonnes pour la santé, mais le cancer aussi. En croyant se blinder contre le cancer, on ne fait que l'alimenter. De même pour le sucre : il ne fallait pas en priver Patrick complètement. Le corps a besoin de sucre pour fonctionner. Si nous en limitions trop sévèrement sa consommation, il finirait par attaquer les protéines pour en produire. Or, Patrick avait besoin de toutes ses protéines ! Il avait déjà perdu de sa masse musculaire et luttait pour conserver ce qui lui en restait. Je pus ainsi constater l'impitoyable fonctionnement de cette maladie qui commence par détruire l'appétit tout en se nourrissant des réserves corporelles. Pas étonnant que les gens « s'en aillent » si vite. Patrick le savait. Il se forçait à manger bien qu'il n'en eût aucune envie.

Enfin, je digresse. Mais cette histoire de nourriture devenait une obsession quotidienne et passionnée. Finalement, je trouvai un complément alimentaire liquide hyperprotéiné – 1 250 calories par portion – bien que j'aie dû le couper d'eau parce qu'il était beaucoup trop épais tel quel. J'y ajoutais des noix de cajou et d'autres fruits secs, et Patrick but cette potion pendant un certain temps, jusqu'à ce que, comme tout le reste, il ne puisse plus la supporter. Finalement, on en revenait toujours à cette question d'équilibre. Compter les calories et les protéines, oui, mais manger aussi équilibré que possible.

*
* *

Durant toutes ces manœuvres, où nous tâchions de trouver nos marques entre Stanford pour le traitement et la maison pour la vie quotidienne, nous avons pu garder le secret sur l'état de Patrick. Nous étions au moins certains d'une chose : nous ne voulions pas que tout le monde soit au courant et diffuse l'information à une large échelle – autrement dit, très peu de gens savaient. En même temps, il était important que certains sachent. Je me doutais que Patrick n'osait pas me dire certaines choses et qu'il avait besoin de quelqu'un d'autre à qui se confier. Cette personne serait son frère, Donny, qui nous apporta son entier soutien. Quant à moi, ce furent mes amies Lynne et Kay. Comme je l'ai déjà dit, Patrick avait connu des problèmes d'alcool ; et l'une des meilleures initiatives que j'ai eues alors fut de prendre contact avec les

Alcooliques anonymes, afin de suivre le programme en douze étapes destiné aux proches d'un alcoolique. Lynne et Kay avaient toutes deux été mes sponsors et j'avais la certitude absolue que je pouvais leur confier mes impressions et n'importe quelle autre information, que tout cela s'en irait dans ce qu'elles appelaient le « Caveau ». Kay elle-même avait perdu l'année précédente sa mère atteinte d'Alzheimer, elle en avait d'autant plus souffert qu'il lui avait fallu s'en occuper. Elle comprenait ce que je pouvais ressentir.

– Je sais que les Alcooliques anonymes recommandent tout un tas d'outils et de lignes de conduite pour mener une vie quotidienne saine, affirma-t-elle quand je lui racontai ce qui se passait. Mais, à partir de maintenant, tu dois jeter toutes ces règles par la fenêtre.

Elle avait raison et je me sentis transportée par son soutien.

Notre belle-sœur, Jessica, travaillait pour nous. Elle voulait savoir pourquoi tous ces médecins appelaient sans cesse, de même que son mari, et mon frère, Paul, qui faisait un saut chez nous à peu près tous les jours.

Tout le monde aimait Patrick et, bien qu'il n'hésitât pas à pousser ses limites et à prendre des risques, il nous semblait indestructible, d'une honnêteté à toute épreuve, adorable. Nul ne comprenait qu'une telle chose puisse lui arriver, à lui. Cette révélation fut dure à avaler pour les rares personnes qui savaient, et plusieurs en pleurèrent, mais jamais devant lui, afin de ne pas le gêner. Les amis étaient là pour l'aider, pour le soutenir autant que possible ; ils savaient que notre énergie était consacrée à trouver une solution, s'il en existait une.

Et puis il y avait les quelques personnes de nos vies professionnelles : notre avocat, notre agent, notre imprésario… tous ces gens que nous connaissions depuis plus de vingt-cinq ans et appelions nos amis. Lorsque Patrick commença son traitement, nous avons décidé de prévenir la chaîne de télévision A&E ainsi que les studios Sony. À peine un mois plus tôt, à Chicago, Patrick avait tourné un pilote pour une série intitulée *The Beast*, dans laquelle il jouait un agent du FBI peu orthodoxe mais brillant. A&E et Sony n'avaient pas encore décidé s'ils allaient en tourner une saison entière. Sans doute cette nouvelle allait-elle faire pencher la balance, aussi Patrick et moi avions-nous d'abord invité les producteurs et les auteurs de la série dans notre ranch.

Nous nous étions installés dans le living, devant un bon feu de cheminée et, après les bonjours et autres politesses, Patrick leur annonça qu'il avait un cancer du pancréas. Un silence mortel s'ensuivit. Alors il expliqua où il en était, quel traitement il allait suivre, quelles étaient ses chances...

Nous sommes sortis à l'air libre, dans le patio. Tous s'efforçaient de rester positifs, bien que la nouvelle les ait clairement secoués. Malgré des dehors rudes, l'un des auteurs-producteurs dut même faire quelques pas autour de la piscine pour cacher ses larmes. On les sentait sensibles à la situation, alors que nous réfléchissions à la meilleure façon de réagir... à ce que nous voulions... à ce qu'ils voulaient, eux... et à ce que nous ferions. Après quoi, Patrick se leva.

– Bon, alors, on appelle Sony et A&E ! lança-t-il en frappant dans ses mains.

Tous parurent surpris.

– Là, maintenant ?

– Oui.

– Pourquoi pas ? dis-je.

Nous ne tenions pas vraiment à laisser traîner une semaine de plus. Pour nous le temps était limité, et rien ne valait le présent.

Je pris un téléphone à haut-parleur que j'apportai au-dehors ; quand ils furent au bout du fil, Patrick leur annonça la nouvelle en allant et venant, empli d'énergie positive. Bob DeBitetto chez A&E, à New York, observa par la suite qu'il avait senti de véritables trépidations à travers la communication.

– Quand, à 8 heures du soir, une bonne dizaine de personnes tâchent de vous joindre par téléphone, on se doute qu'il se passe quelque chose de grave. Mais j'étais loin de me douter... que ce serait ça.

Ils n'en revenaient pas. Inutile de préciser que la santé de Patrick dut ultérieurement faire l'objet d'innombrables appels entre eux. Tout ce que je peux dire, c'est que la réaction de Sony et A&E nous étonna. Ils répondirent en êtres humains, non en hommes d'affaires, et décidèrent de le soutenir. Ils attendraient, avant de prendre une décision, de voir comment il réagissait au traitement.

Patrick souhaitait toujours tourner cette série.

Vous imaginez à quel point cela devait paraître insensé, même à des gens qui ne savaient pas grand-chose du cancer du pancréas ? Cependant, il n'avait pas l'intention de projeter son avenir en fonction de la maladie, un avenir auquel il aurait déjà renoncé. Il tenait à vivre sa vie et ce n'était pas le cancer qui allait lui dicter comment s'y prendre.

Quoi de plus effrayant que d'affronter le cancer ? Pourtant, Patrick se lança dans la bagarre avec dignité, force et courage. Donny se souvient de l'avoir entendu discuter au téléphone la première semaine après sa sortie de l'hôpital. Le médecin rappelait à titre de formalité, pour confirmer que la biopsie effectuée sur sa tumeur au cours de l'ERCP révélait effectivement un cancer du pancréas. Nous caressions bien sûr le léger rêve que cet examen redeviendrait négatif, même si on nous avait dit de ne pas nous faire d'illusions. Comment ne pas espérer ?

Nous avons reçu la nouvelle, rassemblés autour du téléphone dans la cuisine. Donny observait Patrick...

– Il n'a pas laissé paraître la moindre émotion, raconta-t-il, ébahi. Il s'est juste redressé en disant : « Bon, j'imagine que nous allons passer à l'étape suivante. »

Alors que les médecins décrivaient des traitements et processus qui auraient fait mourir de peur n'importe qui d'autre, lui montrait plutôt de la curiosité.

– Oh, mais c'est très intéressant ! Voyons ce que ça va donner... Qu'en penses-tu, Lisa ?

Comme s'il avait le pouvoir de sortir de son corps pour s'observer de loin. Cette bataille l'intéressait. Et j'étais engagée à ses côtés.

*
* *

Démarche délicate que d'orienter la conduite de nos vies sur la seule lutte contre une maladie mortelle. De fonctionner avec cette énorme... chose... suspendue en permanence au-dessus de votre tête, tout en gardant le secret. D'essayer de se conduire comme si tout était normal, ce qui ne faisait en réalité qu'ajouter à la pression et nous obligeait à jouer constamment la comédie. Bien sûr, moins les gens savaient, mieux c'était, mais l'effort pour cacher une si encombrante vérité avait son prix. Heureusement, en général, Patrick et moi avons toujours préféré rester chez nous, dans notre ranch. Nous n'aurions pu assurer de nombreuses apparitions publiques, ni assister à des dîners avec des amis, etc. Cela nous aurait trop coûté.

Quatre semaines seulement après le diagnostic, je devais piloter un vol charter pour Las Vegas. J'aurais pu annuler, mais si nous voulions « passer inaperçus », je devais y aller. D'autant que je laisserais la compagnie d'affrètement le bec dans l'eau si je les avertissais à la dernière minute.

Depuis six mois, j'avais mon brevet de pilote de vols commerciaux et je suivais un entraînement de copilote sur la Sun Quest, la compagnie de charters qui louait notre avion. J'étais très flattée d'être considérée comme un « bon manche » (selon leurs dires), et je voulais passer professionnelle, non pour faire carrière mais pour avoir davantage d'occasions de voler avec d'autres navigateurs, d'en apprendre davantage et, qui sait ? peut-être un jour de piloter un jet – l'un de mes rêves. Bon... j'aimais voler. Donc j'effectuai ce vol avec notre ami Yann, comme souvent. Alors que nous atterrissions à Las Vegas, il me proposa de rester loger près de l'aéroport.

– Non, dis-je, je vais appeler quelques amis.

Je me retrouvai bientôt au Planet Hollywood Hotel, devant l'immense baie vitrée de la suite où, avec Patrick, nous étions descendus quelques mois plus tôt pour l'ouverture du casino. J'en eus mal partout. Qu'est-ce que je faisais là, sans lui ? La vue était fantastique, la suite fabuleuse, mais tellement silencieuse ! Moi je n'avais qu'une envie, pleurer. Je n'en avais pas encore eu vraiment la possibilité... Pourtant, je ne pouvais pas. Dans la chambre voisine, Yann pourrait tout entendre, et là il se demanderait pourquoi je sanglotais si fort. Que se passait-il de si terrible ? J'avais commis une erreur. Comment avais-pu penser que je pourrais passer une seule nuit loin de Patrick ? Il fallait absolument que je rentre chez nous. Jamais plus je ne programmerais un vol charter...

*

* *

Notre avion était un Beech King Air 200, et nous l'aimions beaucoup. Malgré son cancer, Patrick avait encore envie de le piloter et le faisait chaque fois qu'il se sentait assez en forme pour prendre la place de gauche, celle du pilote principal. Dans ce but, il supprimait consciencieusement tout analgésique la nuit précédant nos vols pour Stanford. Il naviguait à l'aller, moi au retour puisque, dans l'intervalle, il avait reçu d'importantes doses de médicaments antinausée assez soporifiques, administrés en parallèle avec sa chimiothérapie. (Cela devenait intéressant quand il parlait à la radio après son traitement ! Ses réponses arrivaient très, très lentement.) J'avais peur que toutes ces drogues lui interdisent complètement de voler. Mais je n'avais pas le cœur d'aborder le sujet et je ne voulais pas non plus qu'il se voie retirer son droit à voler. Patrick était un homme fier.

Je parlai de mon dilemme à un collègue.

– Comment lui demander de ne plus piloter ?

Il secoua la tête, l'air de comprendre ce que pouvait éprouver un autre homme dans ces circonstances.

– On ne peut pas.

Patrick était un navigateur des plus sûrs. Et c'était tout ce qui comptait. Je l'accompagnais toujours dans le cockpit. Par la suite, il serait le premier à refuser les commandes quand il ne se sentirait pas en forme. Et cela se produirait de plus en plus… Mais, pour le moment, nous formions une équipe qui se complétait parfaitement. Et c'était beaucoup plus confortable pour Patrick que d'affronter la circulation en voiture. Il n'aimait pas être secoué, car cela le faisait souffrir. Aussi, quel luxe de pouvoir se rendre à Stanford en avion, d'atterrir à l'aéroport de Palo Alto après avoir survolé les belles montagnes de Californie et l'océan Pacifique sur notre gauche, les sierras enneigées sur notre droite, avec la magnifique baie de

San Francisco ! En outre, nous avions la joie de pratiquer ensemble cette activité qui nous plaisait tant.

Au cours de notre carrière, nous n'avions pas toujours été des plus aimables et tolérants dans le cockpit. Nous pouvions chacun faire preuve de caractère, et d'un perfectionnisme tatillon. Au début, il nous arrivait même de nous écharper ! Seigneur ! On nous avait pourtant prévenus que maris et femmes pouvaient rencontrer des difficultés à vouloir voler ensemble... mais alors là ! Je me rappelle une fois où je pilotais déjà depuis deux ou trois ans, encore débutante mais déjà très à l'aise. J'occupais le siège gauche (commandant) de notre bimoteur Cessna 414, et Patrick le droit (copilote). Nous nous trouvions à peu près à trois mille pieds au-dessus de la côte de Ventura, Californie, quand une dispute éclata. Il me disait que faire et je refusais d'obéir. Le ton monta jusqu'à ce que je repousse le manche à balai :

– Tiens, tu n'as qu'à piloter toi-même !

À son tour, il le repoussa.

– Non ! C'est toi qui pilotes !

– Non, toi...

Vous voyez le tableau ! Je finis par reprendre assez mes esprits pour m'aviser qu'à ce moment personne ne pilotait et qu'il valait peut-être mieux que l'un de nous reprenne les commandes.

Quelques jours plus tard, alors que nous étions tranquillement assis dans le salon, j'observai :

– Tu sais... c'est terrible de se disputer dans le cockpit. On ne peut pas continuer ainsi. Ça gâche tout. Ça m'enlève toute envie de voler.

– Moi aussi, je déteste, reconnut-il solennellement.

Là me vint une idée, une seule.

– Hé ! Qu'en dis-tu ? J'adore piloter. Tu adores piloter. Si on se faisait plaisir... malgré nous ?

Patrick ne fit qu'esquisser un sourire en réfléchissant à la question.

Et nous avons fait ainsi. Tout au long des années suivantes. Non pas que nous n'ayons eu parfois quelques désaccords. Mais ce n'étaient que des désaccords, pas de retentissantes disputes.

*

* *

« Les avions peuvent supporter bien des turbulences. Habituellement, le pilote s'effondre avant l'appareil. Accrochez-vous à cette idée avant de voler. »

Commandant Frank Kratzer

Quand on pilote un avion, certaines situations, par exemple les grosses turbulences, les orages ou autres imprévus, peuvent faire très peur. Or, si j'aime quelque chose dans la navigation, c'est bien que la peur n'a pas sa place dans le cockpit. Un avion, ce n'est pas une voiture. On ne peut pas se garer sur le bas-côté, le temps de comprendre ce qui se passe. Quand on est dans un avion, il faut réfléchir. Et la peur peut paralyser, autant que dans la situation où nous plongeait désormais la maladie de Patrick – qui nous faisait affronter la vie et la mort au jour le jour, parfois minute après minute. Pardessus tout, on doit assimiler quantité de nouvelles informations. On apprend comment les choses fonctionnent dans le corps, comment fonctionne le traitement, pourquoi d'autres traitements ne fonctionnent pas, on commence à capter le jargon des médecins et des infirmières. C'est indubitablement écrasant pour tout un chacun. Il serait facile de se figer là, de s'enfuir, de s'appuyer sur quelqu'un d'autre, ou simplement de s'effondrer.

Il fallait que je m'accroche. Les perspectives étaient si sombres que je sentais instinctivement qu'on ne devait pas tout abandonner aux seuls médecins, infirmières ou qui que ce soit du corps médical ou soignant. Patrick n'était pas leur unique patient. Ils ne pouvaient lui consacrer le genre d'énergie que j'étais prête à dépenser pour lui rendre sa santé. Ce sont aussi des êtres humains, qui peuvent commettre des erreurs, qui peuvent eux-mêmes se retrouver surchargés de travail... Je ne voulais pas prendre un tel risque. Dans d'autres domaines de ma vie, je pouvais me sentir paralysée, mais pas là. Pas si je voulais l'aider.

Quand j'étais effrayée, je m'efforçais de me conduire comme dans un avion : ordonnant gentiment mais fermement à mon anxiété de s'asseoir derrière moi pendant que je cherchais une solution ou accomplissais la tâche en cours. Et c'était ce que je demandais à mon angoisse en ce moment. Oui, je sais que tu es là... seulement tu vas devoir t'asseoir en attendant que je termine. Ensuite, tu pourras t'emballer, mais pas maintenant. J'avais même quelques compétences en acrobaties aériennes. Vous savez, quand on se retourne pour voler le ventre en l'air ou qu'on fait des loopings ? J'estimais que cela ferait de moi un meilleur pilote, car si quelque chose arrivait à l'avion, je ne paniquerais pas. Et si le pire se produisait, si je dégringolais, je tiendrais bon, la tête haute, sans renoncer à tenter de sauver l'appareil jusqu'à la fin.

Ce n'est pas souvent qu'on doit affronter quelque chose d'aussi difficile, d'aussi émotionnel et d'aussi implacable qu'une maladie mortelle. Tous les jours, je souhaitais vivre une autre épreuve. Mais on s'efforce quand même de l'affronter, quoi qu'il arrive. Quoi qu'il arrive... On a si souvent l'impression que cela dépasse l'endurance humaine ! Pourtant on continue. Pourquoi ? Parce que c'est une question de vie ou de mort. On y va. Et on garde l'œil sur le prix à payer.

*

* *

À la fin de son premier cycle de quatre semaines de chimiothérapie, Patrick et moi attendions dans la salle de soins de Stanford où on lui avait encore prélevé du sang en vue d'un dosage du CA19-9. Nous étions sur des charbons ardents à guetter les résultats, quels qu'ils soient. C'était un test préliminaire, un avant-goût des scanners qui l'attendaient le mois suivant, à la fin du deuxième cycle de chimio.

– Donnez au traitement une chance d'agir, dit le Dr Fisher.

Difficile d'être patients dans de telles circonstances, mais il le fallait.

Ce jour-là, Patrick ne put s'empêcher de lui confier :

– Je me sens… très bien. Mieux que jamais depuis le diagnostic.

Nous restions prudents mais ne pouvions nous empêcher d'y voir le signe des effets positifs du traitement. Néanmoins, un nouveau bilan pourrait nous annoncer tout autre chose.

*

* *

Face à une mort possible, seul existe encore le temps présent pour s'accomplir tel qu'on voudrait être. Tous les coups sont permis ! Abaissons les interdits, plus de restrictions. Je ne sais pas ce que Patrick voyait quand il me regardait, mais je sais que j'admirais sa façon d'affronter la maladie. Il y avait plus de trente ans que je vivais avec lui, je le connaissais sous son pire jour comme sous son meilleur. Et là, face au pire qui pouvait nous arriver, je voyais émerger un authentique héros. Non pas comme ceux des films, qui jouent le rôle que tout le monde attend d'eux... Non, là, c'était mieux. Un héros humble, courageux, gentil, avisé et dur. Comme s'il avait ôté son manteau pour révéler son moi profond. Le héros qui était en lui. Et s'il y avait une chose que je voulais lui montrer, outre que je l'aimais, c'était que si la mort venait le prendre, elle devrait l'arracher à mes doigts glacés, crispés. Je n'allais pas le lâcher aussi facilement.

C'était aussi le meilleur moment pour nous voir offrir une chance... unique.

Irremplaçable !

Nous devions vivre maintenant, savoir ce qui comptait vraiment. Que nos âmes épousent ce qui se présentait devant nous.

La peur peut vous isoler de l'autre. Chacun s'inquiète de ce que l'autre ressent, de ce que lui-même éprouve, de la meilleure solution à adopter. Et, dans certains cas, je suis certaine que beaucoup de gens se demandent à quoi rime tout ça et qu'ils baissent les bras. Face à une mort possible, on a peur, non seulement pour la personne concernée mais pour celles et ceux qui l'entourent. Le cancer ne fait pas dans le détail. Il efface tous ceux qui croisent sa route. Tous. Et cette peur peut tracer une frontière non seulement en soi-même mais entre soi et l'autre.

Quand j'ai commencé à faire des acrobaties aériennes, j'ai trouvé très intéressant le processus de rétablissement quand on part en vrille. Pendant des dizaines d'années, la vrille n'a mené qu'à la mort, sans recours possible. Jusqu'à ce que quelqu'un fasse l'impensable : survivre. Mieux encore, il a eu la présence d'esprit de se rappeler ce qu'il avait fait.

Moteur coupé. On ne bouge plus.

Et alors là, seulement... Un coup à gauche, un coup à droite.

Intéressant, non ? Le seul moyen de reprendre le contrôle de l'avion consiste à tout lâcher : moteur coupé, on ne bouge plus... Comme si on lui rendait son autonomie pour qu'il vous sorte de là. Comment imaginer à quel point il est difficile de faire ça, d'abandonner le contrôle dans un cas de vie ou de mort ?

Dans un sens, c'était ainsi que Patrick et moi procédions. Nous aurions pu nous laisser dominer par la peur et nos luttes. Mais, toute prudence oubliée, nous avons lâché les commandes pour prendre le risque et partir vers l'inconnu, en territoire inexploré. Ensemble.

Le seul fait d'être ensemble redressait notre trajectoire au-delà de tout ce que nous pouvions imaginer, et nous rapprochait plus que jamais.

*

* *

Après le premier mois de chimio, le bilan sanguin de Patrick nous parvint.

Au commencement du traitement, son CA19-9 s'élevait à 1 240. À présent, il atteignait tout juste 508 !

Bon. Si je peux vous ennuyer une minute – croyez-moi, ces choses ne sont pas ennuyeuses du tout quand elles vous arrivent ! –, l'analyse de sang CA19-9 donne le chiffre des molécules contenant un groupe de protéines et d'hydrates de carbone. Des molécules qui sont

« tombées » de la surface de la tumeur dans le système sanguin, où le CA19-9 peut les récupérer. Le nombre de ces molécules indique à peu près le taux d'activité de la tumeur. Ce chiffre n'est pas assez précis pour baser un diagnostic dessus, mais il donne une bonne indication des tendances de la maladie : c'est-à-dire, s'aggrave-t-elle ou non ? Le CA19-9 de Patrick qui tombait de 1 240 à 508 était très significatif et, selon le médecin…

– Presque toujours associé à une réponse favorable à la chimio.

C'était une excellente nouvelle. De tels résultats, associés au fait qu'il se sentait mieux, nous redonnaient du cœur au ventre.

Toutefois, il restait un autre cycle avant que Patrick subisse de nouveaux scanners et nous préférions nous concentrer dessus durant le mois à venir. Si nous n'avions jamais imaginé que ce serait facile, la victoire nous récompensait déjà. Plus d'une fois ! Cela n'en rendrait la suite que plus ironique. Nos vies allaient devenir plus difficiles à gérer. Et vite.

Voyez-vous ce qu'il y a là ? Si vous ne voyez rien, tant mieux. C'est l'écran que j'ai installé sur notre palissade pour empêcher les photographes de prendre des photos de nous à la maison.

5

Tout le monde sait tout

C'était un mercredi matin ensoleillé, typique du sud de la Californie. En ce 5 mars 2008, la mère de Patrick, Patsy, aujourd'hui âgée de quatre-vingts ans, se leva pour répondre à la sonnette de sa maison à Simi Valley. Elle était là parce qu'elle venait de prendre sa retraite après avoir enseigné la danse pendant plus de soixante ans, et se demandait d'ailleurs un peu que faire de sa vie. C'était un changement radical, elle avait été si active et si indépendante, toujours chargée d'une énorme masse de travail, et là elle s'ennuyait mortellement. Mais elle faisait de son mieux pour assumer, avec la grâce d'une personne qui avait passé sa vie entière à montrer à des milliers d'élèves comment pointer les pieds et tenir les bras et les épaules avec l'élégance d'un danseur.

Ses os craquèrent un peu quand elle se leva mais, comme toujours, elle se redressa vite avec une agilité d'elfe et se dirigea vers la porte. Elle ouvrit pour découvrir sur le seuil un homme qu'elle ne connaissait pas. Envoyé par les tabloïds.

– Madame Swayze ? demanda-t-il.

– Oui ? répondit-elle.

– Madame Swayze, comment réagissez-vous au fait que votre fils, Patrick, ait un cancer du pancréas ?

– Pardon ?

Choquée, elle balbutia qu'elle n'en savait rien et referma la porte, assommée, puis se dirigea vers le téléphone pour composer le numéro de Donny, complètement affolée par l'horrible peur qui la tenaillait soudain.

– Donny ? balbutia-t-elle entre ses larmes quand il décrocha. Donny ? Il y avait un homme à ma porte... Je t'en prie, dis-moi que ce n'est pas vrai...

C'est ainsi que la mère de Patrick fut mise au courant. Nous avions de bonnes raisons de ne rien dire à Patsy : en ouvrant la porte, elle avait bien ajusté ses lunettes noires car elle venait de subir une opération pour améliorer un peu sa vue terriblement basse. Il lui fallait se protéger ainsi pendant au moins un mois. Elle devait éviter le vent, la poussière, la lumière et, surtout, ne pas pleurer. Bien entendu, elle subissait maintenant ce dont nous avions tant essayé de la préserver... mais comment ne pas pleurer quand on apprend que son fils souffre d'un cancer du pancréas ?

*

* *

PATRICK SWAYZE N'EN A PLUS QUE POUR 5 SEMAINES !

Voilà ce qu'annonçait un gros titre du *National Enquirer* ce matin-là. L'article précisait que la réponse de Patrick au traitement avait été « moins encourageante que ce qu'espéraient les médecins » et qu'il devait « se préparer pour la fin ».

Ouf ! Plutôt brutal. Et inexact.

Malheureusement, là s'arrêtait notre bataille privée. La nouvelle paraissait partout. Notre téléphone sonnait constamment, Patsy pleurait et nous étions inondés d'encouragements en tout genre, sans compter les journaux qui estimaient avoir droit à la vérité. Nous savions bien que si quelqu'un lâchait l'information, elle prendrait tout de suite des proportions inouïes. Mais là, ça dépassait tout ce qu'on aurait pu imaginer : un ami nous fit même remarquer que Patrick avait droit à des reportages dignes d'un chef d'État.

En vingt-quatre heures, je rédigeai un e-mail destiné à tous nos amis et parents inquiets. Je me doutais qu'ils seraient choqués et voudraient savoir ce qui se passait. Avec Patrick, nous voulions leur assurer que nous pensions aussi à eux…

Chers amis,

Beaucoup d'entre vous ont lu ou entendu la terrible nouvelle selon laquelle Patrick avait un cancer et quelques semaines à vivre. Il est regrettable qu'une affaire aussi intime ait été révélée d'une façon aussi brutale, et nous sommes désolés qu'elle ait pu bouleverser beaucoup d'entre vous.
Le fait est que :
OUI. On a diagnostiqué chez Patrick un cancer du pancréas.
NON. Rien ne permet d'affirmer qu'il n'en ait que pour cinq semaines ou que les médecins ne gardent que peu d'espoir.

Là, j'inclus le communiqué de presse que nous avions rédigé en hâte avec le Dr Fisher et Annett, notre agent, elle-même submergée de demandes. Voici ce que nous annoncions…

L'acteur Patrick Swayze s'est vu diagnostiquer un cancer du pancréas et reçoit actuellement un traitement. Le médecin de Patrick, le Dr Fisher, déclare : « Patrick présente un léger début de maladie et répond jusqu'ici très bien à son traitement. Tous les rapports faisant état d'un quelconque calendrier de son pronostic vital et des effets secondaires physiques sont absolument faux. Nous sommes infiniment plus optimistes. » Patrick poursuit ses activités habituelles dont plusieurs projets de films à venir. Les témoignages de sympathie reçus du public lui vont droit au cœur, à lui autant qu'à sa famille.

J'ajoutai en outre une mise à jour sur la manière dont nous abordions cette maladie…

Vous serez rassurés de savoir qu'il reçoit les meilleurs traitements de pointe grâce à une solide équipe de médecins. Il est entre les meilleures mains possible. Et puis, vous connaissez Patrick… S'il existe une issue, il la trouvera : quand il veut, il peut !
Votre fidélité, votre soutien nous sont très précieux. Nous croyons fermement au pouvoir de l'énergie positive et de la détermination ; de même, nous apprécions toutes les contributions optimistes, sous quelque forme qu'elles soient.

*
* *

Lettres et e-mails commencèrent à affluer. Adressés à nous, à notre agent, à notre imprésario. Il y avait de merveilleux messages de soutien, mais aussi, d'un seul coup, des gens qui tentaient d'utiliser le nom de Patrick et son état de santé à leur profit – soit pour collecter des fonds, soit pour mettre en vedette un laboratoire pharmaceutique qui lançait son propre traitement, ou même pour faire la publicité d'un film. Un agent raconta ainsi que Patrick avait dû se retirer de la distribution du sien à cause de sa maladie, alors qu'en fait il n'en avait même pas lu le scénario et avait refusé d'y participer bien avant le diagnostic. Des journalistes peu scrupuleux parvinrent à se procurer les numéros de téléphone, sur liste rouge ou non, de Maria, Ed et Donny, entre autres, et certains, parmi les plus indélicats, allèrent jusqu'à mentir sur leur identité, disant qu'ils travaillaient pour le *LA Times* ou autre titre prestigieux, ou bien que nous avions approuvé leur article, ou même qu'ils soutenaient la recherche sur le cancer du pancréas.

Bien entendu, le jour où la nouvelle éclata... je devais piloter un charter.

Ce n'était qu'un vol aller et retour de jour, je devais rentrer avant la nuit. Mais il a fallu que la nouvelle éclate juste à ce moment-là. Je me suis présentée chez Sun Quest comme n'importe quel autre jour. Mais ce n'était pas n'importe quel jour. La nouvelle sur la santé de Patrick s'était répandue à travers le monde, et moi j'allais conduire un avion comme n'importe quel copilote. Cela faisait bizarre, tellement bizarre de vouloir à tout prix jouer les gens normaux quand personne autour de moi n'y croyait. Mais que faire d'autre ? Rentrer chez moi, me cacher la tête sous l'oreiller ? Et pour combien de temps ? Tout le monde à Sun Quest était au courant et appréciait que, d'une certaine façon, j'ose encore me montrer. Je me sentais un rien penaude, moi qui avais réussi à garder le secret de nos voyages à Stanford. Pourtant, personne ne crut devoir m'interroger là-dessus. Ils me firent juste comprendre qu'ils étaient là si j'avais besoin d'eux, et que nous pouvions utiliser leurs autres avions pour le traitement au cas où le nôtre aurait un problème – proposition que nous avons acceptée à plusieurs reprises.

Nous ne comprenions pas comment les photographes pouvaient savoir où nous étions. Ils se cachaient dans les buissons comme des guérilleros quand nous décollions d'un aéroport, sautant par-dessus les barrières avec des objectifs hyper longs, ou faisant mine de prendre une photo de groupe à la descente d'un autre appareil très loin de là, alors qu'ils nous visaient. Bien entendu, ils sélectionnaient les portraits les moins flatteurs de Patrick... Et puis nous découvrîmes que des programmes en ligne destinés à tracer des vols suivaient nos itinéraires : en effet, il suffit d'entrer le numéro de l'avion pour obtenir des informations sur l'heure et le lieu du départ, sur sa position à un moment précis, et sur l'heure et le lieu d'atterrissage. On peut même connaître son programme complet de l'année passée. Voilà pourquoi nous trouvions des photographes dans tous les aéroports. Pour éviter cela, j'ai dû demander à l'Aviation civile qu'elle supprime notre numéro d'immatriculation de ces sites et me laisse remettre à Sun Quest notre propre plan de vol, afin qu'ils puissent suivre nos mouvements ; il me fallut près de trois mois pour tout organiser, mais j'y parvins.

Restait la question de celui qui avait laissé filtrer les informations sur la santé de Patrick. L'hôpital de Stanford prit la chose très au sérieux et lança une investigation poussée. Si rares étaient ceux qui savaient, dans notre entourage, que même les personnes au courant ne connaissaient pas certains détails spécifiques. La fuite devait venir d'un membre de la profession médicale.

Les tabloïds ne nous lâchaient plus, prenant des photos, racontant que Patrick perdait ses cheveux (faux), qu'il fumait des cigarettes (malheureusement vrai). On prétendait même qu'il avait perdu dix kilos et n'en pesait plus que soixante-cinq. Enfin, bon, soyons réalistes... Je luttais avec mon poids depuis que j'avais cessé de fumer, trois ans auparavant, et me maintenais autour des soixante-trois. Je suivais un régime, je faisais de l'exercice, je plaignais mes amies qui subissaient le même sort et, quoi que je fasse, je n'arrivais pas à en décoller. Tout ce que je peux dire, c'est que Patrick n'est jamais descendu sous les soixante-trois, parce que si c'était arrivé, s'il était parvenu à devenir plus léger que moi sans le vouloir, la maladie ne l'aurait pas tué, c'est moi qui l'aurais fait. Juré. (Qui a ri ? J'ai ainsi plaisanté plusieurs fois devant les gens sans jamais faire rire personne. Moi, je me croyais pourtant très drôle. Non… ?)

C'est une des choses que nous avons toujours tenté d'inclure dans nos vies, l'humour, quelle que soit la situation, même si ça confinait au mauvais goût. Un cancer du pancréas n'a rien de spécialement hilarant, mais on pouvait compter sur Patrick pour en voir le côté « amusant ». Il s'autoproclamait « roi de l'irrévérence » et se vantait de ce qu'il ne connaissait « rien d'assez sacré ». Il ne se gênait pas pour se moquer de lui-même, y compris dans cette situation, non sans un certain humour macabre. Ainsi, avec Donny, ils s'étaient tordus de rire à l'idée que « personne ne laissera le pancréas de Patrick dans son coin », allusion au célèbre *Dirty Dancing*. Et, quoique nul ne puisse douter de sa compassion envers ceux qui souffraient, nous ricanions à l'idée que s'il perdait encore du poids il pourrait monter une comédie musicale sur l'Holocauste. Du moins, si je ne le tuais pas avant.

*

* *

Depuis vingt-cinq ans que Patrick avait connu le succès avec *Nord et Sud*, *Dirty Dancing* et *Ghost*, nous savions comment assumer la célébrité et comment nous conduire avec la presse. Patrick se montrait toujours élégant et poli dans ces circonstances. Si nous étions traqués par les photographes à Londres ou ailleurs, il préférait dire au chauffeur de s'arrêter pour descendre, le sourire aux lèvres, afin de les laisser prendre quelques clichés, après quoi ils s'en allaient. Facile ! Dans les aéroports ou pendant n'importe quelle manifestation où l'on devait rencontrer beaucoup de gens, beaucoup trop pour pouvoir s'arrêter, il s'entourait de gardes du corps tout en leur demandant de rester calmes, de ne montrer aucune agressivité. C'est drôle, les agressifs s'attirent les difficultés, comme s'ils donnaient à la foule un motif pour les bousculer, et là, la foule ne se gêne pas. Au début, nous pensions que les gens ne cherchaient rien d'autre qu'un contact. Patrick et moi étions prêts à l'établir en passant parmi eux, en leur souriant, en les regardant dans les yeux, en serrant autant de mains que possible. Ainsi, nous pouvions conseiller la gentillesse aux gardes du corps.

L'une de nos premières rencontres avec la célébrité « extrême » s'est produite après la sortie de *Dirty Dancing*. Nous nous rendions à la dédicace de disques reprenant la musique du film chez Sam Goody à New York, où à peu près trois mille personnes faisaient la queue dans la rue. C'était un peu effrayant de voir tous ces gens qui se pressaient contre la vitrine du magasin. Je me disais qu'ils pourraient se bousculer et provoquer un fameux désastre, mais comme on dit, « Personne ne panique, personne n'est blessé ! ». Alors nous nous sommes conduits comme si nous trouvions ça tout naturel. En sortant pour regagner la voiture, à quelques mètres d'eux, j'étais encore plus impressionnée, et j'ai dû me faire violence pour aller m'asseoir en vitesse à l'arrière et claquer la portière.

Bien entendu, de nombreuses femmes avaient le bon goût de trouver mon mari superbe et séduisant. La plupart des fans que nous rencontrions se montraient courtoises et ravies de le voir de près. Mais il y en avait toujours quelques-unes pour lui faire de l'œil, le provoquer, lui glisser leur numéro de téléphone… tout ça devant moi ! Je gardais mon calme lorsque ça se produisait, je ne me sentais pas exactement menacée ; pourtant, j'avais une sacrée envie de leur passer la main devant le visage en lançant :

– Ohééé ! Je suis là ! Ohééé ?

Ce n'était pas très poli. Certaines de ces charmantes jeunes personnes étaient elles-mêmes assez connues. À croire qu'elles ne pouvaient s'en empêcher. Parfois, les gens se conduisent bizarrement.

Et puis, il y avait les gardes du corps, les aides, les employés, tellement concentrés sur Patrick qu'ils tendaient parfois le bras pour me séparer de lui, me poussaient dans la foule, manquant parfois de me renverser, ou m'empêchant de monter dans la voiture ! Une fois, une personne s'est penchée pour parler à Patrick tout en me couvrant littéralement la tête d'un manteau. Patrick s'est hâté de lui faire remarquer son impolitesse. Nous avons alors compris que certaines personnes pouvaient faire preuve d'une totale idiotie dans ces situations, et nous avons appris à réagir en conséquence. Patrick s'arrangeait pour les impressionner dès le début par son attitude envers moi, afin qu'ils me traitent avec au moins autant de respect que lui. C'était ça ou... tu dégages, mon pote. Ils ont très vite compris. Pour lui, cela revenait à : « Vous l'importunez, c'est moi que vous importunez. »

Nous formons une équipe, oui ou non ?

On nous reconnaissait, on nous suivait, on nous photographiait, on nous demandait des autographes... Si on veut être un acteur à succès, c'est le genre de choses auxquelles il faut s'attendre. Et si on ne veut pas... on ne sort pas de chez soi. Il existe de fabuleux avantages à être célèbre ; on est traité comme un VIP, on vous escorte, on vous offre une quantité de cadeaux, vous ne passez jamais par les files d'attente. Mais il y a un côté négatif : il faut payer des avocats pour empêcher les gens de vous faire des procès à tort et à travers, acheter des quantités de choses dont on n'a pas vraiment besoin, choisir les endroits où on peut aller si on ne veut pas être dérangés… Et même dans ces conditions, ça ne fonctionne pas toujours, mais on fait de son mieux. Il y avait beaucoup d'endroits où nous ne pouvions plus nous rendre avec nos amis, et désormais hors de portée : par exemple, une fête foraine, ou un concert sans le cordon de sécurité réservé aux célébrités, ceinturées tel un troupeau de chèvres.

Je ne dis pas tout ça pour jouer les élitistes. Nous ne répugnions pas à ramasser le crottin de cheval et les crottes de chien. C'étaient les autres qui faisaient de nous une élite.

Je me rappelle le jour où Patrick et moi avons été reçus à la Maison-Blanche pour un grand dîner avec Bill et Hillary Clinton. Je ne sais plus à quelle occasion. Ensuite, nous nous sommes retrouvés sur une piste de danse avec un orchestre. C'était juste après le scandale Monica Levinsky, et les choses avaient fini par s'éteindre d'elles-mêmes. Je dansais et bavardais avec Bill tandis que Patrick faisait virevolter Hillary. Un photographe se planta devant nous et Bill se raidit aussitôt, recula, sans cesser de danser. Je me sentis mal à l'aise de devoir ainsi poser pour la photo. Bill ne voulait pas prendre le moindre risque de laisser mal interpréter un cliché ; et moi, toujours aussi brillante causeuse, d'expliquer qu'une star de cinéma ne se laissait pas démonter par les cancans mais que ce n'était sûrement pas comparable à ce que lui pouvait traverser.

– Il faut avoir les reins solides, me répondit-il.

Avant d'ajouter qu'au début de son mandat, avec Hillary, ils avaient prié la presse de laisser Chelsea tranquille, que leur petite fille ne pouvait se protéger aussi bien qu'eux ; et la presse avait respecté leur demande.

Ma mère garde les photos prises ce soir-là. Sur celle où je danse, un peu raide, avec Bill, j'ai l'air d'une élève de

CE2 dotée d'un double menton, alors que celle de Patrick et Hillary les rend aussi brillants que s'ils faisaient la promotion de *Danse avec les stars* : elle se cambre gracieusement sous l'élégante autorité de son cavalier, près d'éclater de rire !

Les reins solides… Je croyais que nous avions fini par nous en construire en acier face à la presse et aux tabloïds. Mais la situation présente était un peu différente. J'allais découvrir à quel point au cours des jours à venir.

Toujours est-il que la célébrité, quand on connaît les ficelles, il n'est pas trop difficile de s'en accommoder. Je ne comprenais pas pourquoi certaines stars semblaient à ce point traquées par les photographes, où qu'elles aillent, dans les endroits les plus improbables, jusqu'au jour où j'ai subi le même genre de traitement avec Patrick. En fait, il est assez facile de négocier avec les paparazzi, de les éviter. Les gens qui se trouvent constamment dans la presse le veulent bien, au fond, et s'arrangent pour se montrer là où on les attend, ou même font prévenir en douce les journaux. Alors, oui, la presse est facile à éviter – à moins qu'il ne se passe quelque chose d'énorme, de préférence effroyable. Là, il devient vraiment difficile de ne pas voir écrire n'importe quoi sur son compte. C'est encore pire de nos jours, alors que tout le monde peut partout vous prendre en photo ou en vidéo à partir d'un simple téléphone. J'allais découvrir à mes dépens combien les paparazzi professionnels peuvent être doués quand ils s'y mettent. Le jour où la Terre entière a su que Patrick était malade, ce fut le coup d'épée à double tranchant : tous ces gens, si nombreux, qui manifestaient leur sympathie ; mais, dans le même temps, les tabloïds, désireux d'alimenter la curiosité, cherchaient les détails les plus sordides de notre histoire, et, par-dessus tout, les photos de Patrick les plus tendancieuses. Sa vie, sa mort possible allaient leur rapporter gros.

Mon frère, Ed, et sa femme, le Dr Maria Scouros, nous rendent visite à Los Angeles.

6

La cavalerie arrive

Je suis une fille solide
Je ne lâcherai pas prise
Je ne pleurerai pas
Je ne m'enfuirai pas

Mars 2008

Il avait été très difficile de garder le secret de la maladie de Patrick. Nous espérions éprouver un peu de soulagement maintenant qu'il était éventé, mais, quand tout le monde fut au courant, nous avons regretté cette situation si simple où nous n'avions à nous occuper que de nous-mêmes. C'était infiniment plus facile tant qu'il ne s'agissait que de nous concentrer sur le confort de Patrick. À présent, nous devions prendre garde à ce qui nous entourait dans tous les détails.

Maria, mon frère Ed et leurs deux enfants vinrent nous rendre visite en Californie. (Ed avait très mal pris la nouvelle et pleuré ouvertement au téléphone.) Nous sommes allés voir nos amis Warren et Jale, chez eux, à Laguna Beach, et Patrick ne s'est pas privé de quelques palourdes, ce qu'il a payé cash en vomissant toute la nuit. (C'était avant de savoir qu'il devait éviter toute nourriture susceptible de contenir des bactéries.) Après quoi, d'autres amis nous ont rendu visite.

C'était merveilleux de voir des gens, mais aussi très difficile. Je comprenais pourquoi Ed et Maria venaient. Sachant à quel point cette maladie pouvait se montrer agressive, ils se disaient que ce serait peut-être la dernière fois qu'ils verraient Patrick. J'étais contente de les recevoir, mais ça m'angoissait quand même. Je voulais bien m'adapter aux sentiments des gens, mais, en même temps, caché sous le manteau de la politesse, c'était un nouveau fardeau émotionnel qui me tombait dessus. Je vivais la même chose avec tous ceux qui voulaient nous rendre visite. Un membre de la famille pleura même à chaudes larmes en sortant de la maison, au point de tomber trois fois à genoux avant d'atteindre sa voiture. Patrick et moi avons assisté à la scène depuis la fenêtre de la cuisine. Je n'ai pu m'empêcher de secouer la tête en annonçant, pince-sans-rire :

– Certains ne devraient même pas avoir le droit de pénétrer ici.

Je ne voulais évidemment priver personne de son droit de visite... mais je ne tenais pas non plus à consoler tous ceux qui entraient. Et il n'était pas question que je laisse tout un chacun s'épancher librement aux dépens de Patrick. C'était lui qui subissait tout ça.

*

* *

Je m'achetai une perruque courte aux cheveux brun-roux, style Victoria Beckham, pour la porter quand je faisais mes courses. On nous voyait désormais trop dans la presse pour que les gens ne dressent pas leurs radars dans notre direction, et on me reconnaissait souvent. Peut-être y étais-je devenue plus sensible. Non que je ne veuille jamais être reconnue, au contraire d'une Britney Spears qui cache son visage devant les yeux indiscrets. Non que les gens soient mal élevés, c'était plutôt le contraire. Mais ils y attachaient tant d'importance ! Quand je sortais de la maison, pour quelque raison que ce soit, cela représentait une détente. Je pouvais me balader dans les allées du supermarché, compter les calories dans les boîtes de conserve ou me perdre dans les rayons sans fin de chemisiers chez T.J. Maxx. Mais, quand on me reconnaissait, je voyais cette expression de sympathie, de compassion sur les visages. Ils me plaignaient. Certes, c'était très gentil, mais ça me rappelait justement la seule chose que je tentais d'oublier, ne serait-ce qu'une heure ou deux. Oublier que mon mari pouvait mourir. Bientôt.

C'est tellement dur de savoir que faire lorsqu'un proche est malade ! Faut-il téléphoner ? Envoyer une carte ? Des fleurs ? Frapper à sa porte ? J'étais sans doute la plus mal placée pour ça, moi qui, quand ça m'arrivait autrefois... finissais par ne rien faire du tout. J'avais trop peur de gaffer, alors je m'abstenais. Désormais, je ne réagis plus ainsi. Je sais ce que c'est de se retrouver de l'autre côté. À présent, je décroche le téléphone, j'appelle, je propose mes services si je puis me rendre utile. Mais le message que je laisse donne quelque chose comme ça : « Salut ! Je voulais juste prendre des nouvelles. Je pense à vous. Je suis là si vous avez besoin de moi. Appelez quand vous voulez. Je vous embrasse. »

Et je raccroche. Clic.

D'ailleurs, vous n'êtes même pas obligé d'offrir votre aide si vous ne le pouvez pas. Il suffit de dire : « Salut ! J'appelais juste pour dire que je pensais à vous. Pas besoin de me rappeler... »

Si vous proposez votre aide à une personne et qu'elle vous rappelle, tenez-vous prêt à entendre ce dont elle aurait besoin. Ce pourrait être de l'aide pour les courses, le linge, un trajet ou quelque chose d'idiot ou de futile. Ou alors, elle pourrait simplement avoir besoin de pleurer, de râler, ou de bavarder comme quelqu'un de normal, de rire un peu. Mais ne vous attendez pas forcément à ce qu'elle vous rappelle, et ne le demandez pas. Il y a tant de raisons pour que ce soit difficile. Trop difficile. Et vous êtes censé la consoler, n'est-ce pas ? Non ajouter à son mal-être. N'oubliez pas : tout ce que vous offrez, c'est votre amour, votre soutien, pas votre bagage personnel sur la mort et le deuil. Elle en a déjà assez sur les épaules.

De toute façon, nous portions un poids maximal de stress, nous n'aurions guère pu en prendre davantage. Nous ne pouvions passer notre temps à répondre à la presse, aux suggestions des gens, aux lettres, aux demandes, et nous n'en avions pas l'intention ! La coupe était pleine. Chaque instant de chaque jour comptait dans le traitement de Patrick, et cela passait avant tout. Tant pis si d'aucuns nous traitaient d'égoïstes... Eh oui ! Notre seul but restait la vie de Patrick. Tout le reste, tous les autres passaient après, ils devraient bien faire avec. À chaque chance qui se présentait, c'était comme si nous avions un invisible mur zen qui protégeait notre monde. Nous étions dans notre ranch, au bon air, avec nos animaux... Et nous nous concentrions sur le traitement quotidien de Patrick, sur notre résolution de voir la situation évoluer dans un sens positif.

*
* *

Et maintenant, l'envers du décor.

Comme pour la célébrité, chaque situation offre des aspects positifs et d'autres négatifs. Oui, la santé de

Patrick ne représentait plus une lutte privée et cela compliquait souvent les choses, mais nous procurait aussi de grandes joies.

Alors que les tabloïds titraient sur Patrick adressant « Un triste adieu à son épouse » ou organisant « Les préparatifs de son enterrement » – avec photos des tombes de son père et de sa sœur à l'appui –, et racolaient à l'aide d'informations soi-disant exclusives sur ses « Derniers jours », « En attendant la mort », nous avions droit au pendant de toutes ces attentions négatives. D'abord, le nombre de gens, à travers le monde entier, qui nous assuraient de leur soutien. Et, dans ce nuage sombre formé par la curiosité malsaine de certains, se dessinait le tracé brillant laissé par des personnes extraordinaires.

C'était incroyable. Tout cet amour sincère, désintéressé qui se déversait sur Patrick depuis tant de pays nous étonnait et nous redonnait courage. Tous ces gens qui priaient pour lui, qui lui envoyaient des informations, des commentaires, qui proposaient leur aide... sans rien demander en retour. À quelques exceptions près – il y a toujours des exceptions –, les conseils qu'il recevait lui étaient adressés gratuitement, sans réclamer aucun engagement de sa part. C'était extraordinaire, profondément touchant. Des paquets et des paquets de lettres, de fournitures, d'objets, de vœux rapportés par notre agent, notre imprésario, par l'hôpital de Stanford, par les amis, par la famille... Il y en avait tellement que je finis par demander à ma mère et à quelques autres membres de la famille de les trier, afin que Patrick et moi puissions les examiner à notre tour.

Outre les cartes et les lettres, les prières et les méditations, les huiles et les eaux sacrées, les plumes et les trèfles à quatre feuilles dans un médaillon de plastique (qui avaient sauvé la vie d'un homme durant la Seconde Guerre mondiale), nous recevions d'innombrables conseils de traitements… autant que de gens qui se préoccupaient du combat de Patrick contre ce redoutable cancer. Le nombre et la diversité en étaient vraiment surprenants. Il y avait des guérisseurs comme Reiki, des adeptes de la bioénergie, de la naturopathie, de la télépathie, des gemmes, de la reconnexion, de la visualisation, de *zen master*, du chamanisme, et du Seigneur… Ils envoyaient des lettres, des prières et des méthodes de guérison depuis l'Écosse, le Brésil, la Grande-Bretagne, le Massachusetts, l'Inde, Las Vegas, l'Allemagne, l'Arizona, etc. Nous avions droit aussi aux recommandations plus traditionnelles, telles que la laparoscopie chirurgicale, le CyberKnife, l'ablation de plusieurs organes pour accéder à la tumeur et à la progression du cancer, pour ensuite les remettre en place, la thérapie de potentialisation de l'insuline, la vitamine B_{17} et une liste d'autres médicaments chimiothérapiques… sans oublier les suggestions d'hôpitaux – par exemple, MD Anderson, John Hopkins, St Luke, New York Presbyterian et l'université de Los Angeles – ainsi que de nombreuses instructions personnelles de médecins à travers tout le pays.

Tous ces conseils provenaient du monde entier. Il y avait la cryochirurgie en Chine, les herbes mongoles, la médecine ayurvédique, le bicarbonate de soude au Royaume-Uni, l'immunologie biologique en Allemagne, le venin de crapaud en Asie, recommandés en même temps que la chimiothérapie. Une liste impressionnante qui incluait à peu près tout ce qui existait, du charmeur de serpents aux protocoles modernes d'angiogenèse.

Dès le début, Patrick et moi avons posé de solides frontières : il était le seul responsable de son propre traitement. Nous écoutions les suggestions tout en laissant clairement entendre que lui seul aurait le dernier mot. Notre courbe d'apprentissage était très large. Nous disposions de quantité d'informations, et les enjeux émotionnels demeuraient évidemment très élevés. Il restait important pour nous de créer une atmosphère de soutien, et non de peur, pour nos proches. Dans un mail envoyé à tous nos parents et amis, j'avais emprunté un « code du Service d'aide » rédigé en l'honneur de notre chère et belle amie, Mela, qui affrontait son propre cancer des ovaires.

Nous sommes là pour soutenir le parcours de Patrick vers la guérison. C'est l'esprit même de notre Service. Nous sommes comme un chariot attelé à des chevaux conduits par Patrick. Que ce soit médicalement, émotionnellement ou spirituellement, c'est Patrick qui prend les décisions pour sa guérison : nous ne faisons que l'épauler et soutenir ses choix. Nous pouvons avoir des opinions, cependant nous nous efforçons de ne pas l'influencer dans ses conclusions. Nous apportons idées et informations, contacts et ressources, nous offrons un service physique et le pouvoir de la prière. Notre objectif, c'est la guérison de Patrick, et nous restons unis dans cette quête. Nous restons ouverts aux miracles et nous laissons guider par le Mystère.

Paix et Lumière

C'était parfait.

Je ne peux vous dire à quel point le soutien et les encouragements de tout un chacun nous ont aidés. Je sais que ça signifiait beaucoup pour Patrick, particulièrement parce qu'il s'était senti un peu perdu ces dernières années, du moins en ce qui concernait sa carrière. C'était toujours le bon vieil axiome : « On n'est bon qu'en fonction de son dernier film. » Il avait tellement travaillé, tellement donné ! Ce n'était pas un homme parfait, et il le reconnaissait sans peine. Mais il restait constamment gentil avec les autres, toujours prêt à donner sans compter.

Et puis il possédait un esprit des plus brillants, comme s'il pouvait irradier ceux qui l'entouraient. Un véritable don : tous ceux qui passaient dans son orbite se sentaient bien, importants. Or, souvent, il lui fallait recharger cette batterie de « lumière », car il l'épuisait chaque fois qu'il en avait la possibilité. Parmi les lettres qu'il recevait, certaines personnes lui annonçaient qu'il avait bouleversé leur vie ou les avait aidées à passer un cap difficile. Pour beaucoup d'entre elles, cela venait du fait qu'il prenait le temps de s'arrêter, de leur donner un conseil ou un mot d'encouragement qui changeaient tout. C'était quelqu'un de bien. Son impact sur la vie des autres signifiait beaucoup pour lui.

Pour moi, cette effusion de réconfort rétablissait ma confiance dans la bonté humaine. Pendant un certain temps, j'avais vécu dans un monde où les gens ne jugeaient le succès qu'à l'argent et au statut social, des gens qui n'étaient même pas capables d'un minimum de considération humaine. La réaction à la maladie de Patrick m'a vite fait revenir à mes premières opinions, renouvelant ma foi dans la bonté intrinsèque des gens. Pour peu que l'occasion se présente, ils savent ce qu'il faut faire.

Ainsi, ma mère s'était demandé pourquoi, dans les années soixante, certains psychiatres affirmaient que la véritable nature des êtres humains les poussait à copuler et à tuer et que seule la socialisation nous empêchait de le faire à longueur de journée.

– Alors, s'était-elle interrogée en bonne infirmière qu'elle était, comment se fait-il que les bébés ne demandent qu'à être aimés et câlinés ? Pourquoi le contact est-il si important ?

Hé oui… La plupart du temps, je crois que c'est comme ce qui arrive aux chevaux, ces beaux êtres majestueux que Patrick et moi aimions tant. Les chevaux sont naturellement très bons et bienveillants, ce sont les gens dérangés qui les détraquent.

Je reste très cynique au sujet de certaines personnes. J'ai appris à me méfier, à essayer de me protéger de ceux qui ne croient pas que la bonté existe vraiment, de ceux qui ne l'éprouvent même pas en eux. Il y en a partout. Autour de nous, pendant la maladie de Patrick, certains n'ont pas pris de gants. Nous avons vu apparaître des réactions de cupidité et plusieurs personnes apparemment davantage préoccupées par les retombées qu'aurait sur elles la maladie de Patrick. Mais ce n'était pas la majorité, et je ne crois pas qu'elles forment la plus grande partie de ce qui constitue le reste du monde. Je me dis seulement que quand elles se mettent à détruire les choses, à blesser les gens, elles font beaucoup de bruit. Je crois que la majorité des gens sont gentils, loyaux, attentionnés. Quel cadeau ! S'apercevoir qu'on vit dans un monde peuplé de telles personnes...

Patrick et moi nous sentions plus forts grâce à ceux qui nous apportaient leur soutien. Si les prières et les bonnes intentions pouvaient influer sur l'univers, alors tout devenait possible. Nous y arriverions. Au moment où nous en avions le plus besoin, leur soutien avait sur nous un pouvoir... magique.

C'était de cela que nous avions besoin. De l'intervention d'un pouvoir magique.

Patrick allait passer sa première série de scanners depuis qu'il avait commencé son traitement. Les résultats seraient d'une importance capitale.

Patrick à l'âge de treize ou quatorze ans.

7

Nous croyons en Dieu, tout le reste n'est que base de données

Le 2 avril 2008, nous nous envolions pour Stanford en vue de la première série de scanners TEP depuis qu'il avait commencé son traitement, deux mois plus tôt. On nous conduisit à travers le campus de Stanford, jusqu'à une sorte de caravane dans une allée circulaire à l'extérieur des portes de l'hôpital. La TEP (tomographie par émission de positrons) n'est pas un examen très commode à passer. On commence par vous injecter une substance radioactive, ce qui trouble pas mal de gens. Pour Patrick, ce fut terrible. Ça le brûlait. La première fois qu'il en avait subi une à Cedars-Sinai, il me dit avoir frôlé la panique : il avait cru mourir. Une expérience dont il gardait un mauvais souvenir. Néanmoins, il allait faire celle-ci sans se plaindre. Vous voulez rire ? Nous venions de passer les deux derniers mois à guetter ce qu'allaient nous révéler ces scanners.

Quand ce fut fini, Patrick sortit de la caravane et un guide nous emmena vers une petite salle paisible et très confortable, équipée d'une télévision. Je l'allumai, changeai de chaîne... éteignis...

Et l'attente commença.

Après un long, très long moment, le Dr Fisher entra. Il hochait la tête.

C'était bon.

Oui… Il plaça les scanners dans un ordinateur, nous montrant ainsi les lésions, sous forme de taches sur le foie : elles n'avaient pas grossi et devenaient moins actives. La tumeur sur la tête du pancréas ne montrait pas non plus de progression notable, et on n'en voyait pas apparaître de nouvelles. De plus, le foie semblait s'améliorer, ce qui confirmait que la chimio fonctionnait bien et contrôlait la maladie. Contrôlait la maladie. En ce qui concernait le cancer du pancréas, cela s'épelait RÉUSSITE.

J'échangeai un bref sourire avec Patrick tandis que le médecin continuait de nous expliquer la situation. Intérieurement, nous sautions de joie ! Quand nous parvenions à capter le regard de l'autre, il était difficile d'en cacher les lueurs d'intense émotion et je captais clairement son message : « On dirait que j'en ai encore pour un petit moment ! »

Je débordais de bonheur.

Nous ne voulions rien savoir d'autre. Nous étions toujours dans la course. Chaque problème en son temps. Mais le prochain à venir semblait minime en regard de la situation dans son ensemble.

*

* *

Le Dr Fisher aborda une autre partie du scanner. La bonne nouvelle, c'était l'aspect positif de l'imagerie autour du pancréas et du foie, et…

– Regardez ceci, ajouta-t-il en manœuvrant l'image à l'écran. Voici votre colonne, et voici votre estomac…

Il la fit défiler dans ses moindres détails, en haut, en bas. Mauvaise nouvelle : l'estomac de Patrick apparaissait extrêmement dilaté, agrandi. La tumeur en obstruait la sortie, là où il se vide en direction de l'intestin grêle, si bien que tout ce qu'il absorbait l'encombrait longtemps et en repoussait les parois. Ces deux derniers mois, Patrick s'était plaint de ses terribles indigestions.

– Je me sens submergé, répétait-il.

Cela commençait au début de la journée et empirait à mesure que les heures passaient. Souvent, il préférait dormir presque assis, de peur d'avoir la nausée.

Il lui arrivait souvent aussi d'avoir mauvaise haleine. Un jour que je volais en sa compagnie, lui assis à la place du copilote, je dus retenir mon souffle. Par la suite, je le dis à Donny qui me confirma cette impression d'haleine fétide mais ajouta :

– Je supporterai toujours ces mauvaises odeurs, je suis trop content qu'il soit là.

Il n'avait pas dit ça pour me rabaisser, mais j'eus honte. Si je n'étais pas capable de surmonter ce petit inconvénient, comment ferais-je pour tout le reste ? Ne l'aimais-je donc pas assez ? Je m'en voulais de m'écouter à ce point, de manquer autant de détermination.

Toute cette nourriture, ces boissons protéinées qu'il se forçait à absorber pour garder son poids, stagnaient dans son estomac où elles se décomposaient et le faisaient enfler comme un ballon !

Patrick était assez furieux qu'aucun médecin ne s'en soit rendu compte jusque-là. Il en avait tellement souffert !

– Je n'y crois pas ! Pourquoi personne n'a pensé à vérifier ça ? se plaignit-il des jours durant.

Cela expliquait certainement pourquoi il s'était senti si mal. Un estomac si distendu peut pousser les autres organes du bassin. Bien sûr, tout ce temps-là, il ne s'était pour ainsi dire pas plaint, ou si peu. Son seuil de tolérance à la douleur était très élevé et il savait se secouer si nécessaire. Pour lui, c'était son cancer qui le faisait souffrir. Mais maintenant, nous commencions à nous convaincre qu'il devait sans doute se plaindre davantage quand il souffrait trop !

Pour être tout à fait juste, je dois dire qu'aucun des médecins de notre cercle immédiat à Stanford n'avait jamais vu cela arriver à un patient qui répondait bien à la thérapie et semblait aussi en forme que Patrick. Le Dr Van Dam appela un collègue gastroentérologue pour en parler, et celui-ci assura qu'il avait effectivement vu une telle situation une seule fois en vingt années de pratique.

Tous en étaient désolés pour Patrick.

– Le pauvre, dit le Dr Fisher, l'air navré. Quand j'ai vu le scanner… pas étonnant qu'il se soit senti si mal.

*

* *

Ainsi, mauvaise nouvelle : l'estomac de Patrick était bloqué et distendu. La bonne nouvelle : puisqu'on connaissait le problème, on allait chercher un moyen d'y remédier. Dès maintenant.

Dans l'heure qui suivit, le Dr Fisher organisa une cellule de réflexion qui se réunit dans une salle isolée de Stanford : y participaient le Dr Jacques Van Dam, le Dr Norton, un chirurgien, et Albert Koong, le radiologue. Les scanners de Patrick apparurent sur l'écran, et chacun donna son opinion sur la situation et sur les actions à engager en fonction de l'état de Patrick. Certains se firent l'avocat du diable, afin que toutes les options soient passées en revue, car le traitement devait avant tout tenir compte du cancer de Patrick. Je les écoutais, impressionnée, fascinée, moi qui avais toujours tendance à considérer les médecins comme on le faisait autrefois :

des hommes qui savaient de quoi ils parlaient et avaient réponse à tout. Là, pourtant, j'entendais ces médecins de haute volée tenter de trouver la meilleure solution. Tenter de trouver... Cela me permettait de constater que la médecine pouvait rester une science créative, certainement pas coulée dans le moule. Chaque personne est un individu différent du voisin, et tout traitement se doit de tenir compte de cette réalité.

Je comprenais aussi à quel point il était important d'avoir de bons médecins. Les bons connaissent les enjeux et ne craignent pas de sortir des sentiers battus ; ce sont des scientifiques qui savent parler à leurs malades, intelligents, créatifs, profondément engagés et responsables. Dans cette salle, je me rendais compte aussi qu'ils pouvaient se tromper, oublier un aspect de la maladie, une pièce du puzzle qui pouvait changer tout le tableau. À moins qu'ils ne soient surchargés de travail ou... ne se trouvent dans une passe difficile. Les traitements à long terme peuvent se révéler très compliqués : rien à voir avec la ligne droite ! Si bien qu'on a vite fait de se retrouver dans le type de discussion style « l'œuf et la poule », pour peu qu'on n'y prenne pas garde.

Ce jour-là, je me rendis compte que moi, Lisa, je faisais un peu partie de l'équipe. J'étais la constante qui reliait tous ces médecins. J'entendais tout, j'avais mon grand carnet de notes ; et ce que je savais, ce que je voyais, ce que je notais pouvait prendre des proportions inestimables dans le traitement de Patrick. Je percevais dorénavant, à mesure que je devenais plus pointue sur la question, que je pouvais repérer des erreurs avant qu'elles se produisent et fournir des détails susceptibles de faire toute la différence dans la décision à prendre.

À Stanford, dans cette salle de réunion, je commençai à prendre conscience de l'importance de mon rôle qui pouvait aller bien au-delà de l'administration des potions, et de l'étude des médicaments et des calories. On me laissait entrer dans le cercle et j'allais rendre service à l'équipe, y jouer un rôle aussi important que tous les autres.

*

* *

Van Dam posa un stent pour ouvrir la voie bloquée entre l'estomac et l'intestin, et nous n'avions plus qu'à croiser les doigts. Il restait une possibilité de complication, par exemple si l'estomac reprenait ses contractions naturelles et sa motilité. Outre les médications pour soutenir le processus et soulager immédiatement Patrick, le Dr Van Dam inséra une sonde alimentaire GEP après avoir percé un trou au milieu de l'abdomen, afin d'atteindre le haut de l'estomac pour le débarrasser ainsi directement de l'excès de nourriture qui attendait d'atteindre la sortie désormais rouverte. C'était un tube très mince, carrément fermé avec du ruban adhésif quand on ne l'utilisait pas : on pouvait toujours le raccourcir et l'accrocher à un bouton pour qu'il ne pende pas. Ce n'est pas aussi horrible que vous le croyez, et ça reste très simple à mettre en œuvre... du moins si vous n'êtes pas Patrick.

– J'ai l'impression de m'être fait tirer dessus, gronda-t-il. Littéralement !

– Il a de sacrés muscles, observa Van Dam, les yeux écarquillés. Je n'en avais jamais traversé une telle couche !

À croire qu'il découvrait en Patrick le surhomme, tout ce que pouvait être une star de cinéma légendaire, douée de superpouvoirs, et non une personne normale, fragile ! J'imagine que les superpouvoirs ont aussi leurs inconvénients. Parce que, en perçant ce mur de muscles, Jacques fit très mal à Patrick.

Ça peut sembler amusant, mais pour lui ce fut vraiment pénible. Je ne l'avais jamais vu tant souffrir. D'autant que nous avons commis l'erreur de ne pas rentrer directement à la maison, alors que le jour suivant lui fut encore plus insoutenable, à mesure que l'anesthésie locale s'estompait.

Cela nous fit au moins rire quand on pensait aux héros dans les films qui recevaient des balles.

– Ouais, dit Patrick en grimaçant un sourire, on se fait tirer dans l'abdomen au beau milieu d'un film et, le lendemain, on reprend allègrement ses activités. N'importe quoi ! Quand on prend une balle dans l'estomac, on ne peut plus rien faire !

Pourtant, nous avons décidé de rentrer, alors que la moindre secousse de la voiture qui nous ramenait de l'aéroport lui faisait souffrir le martyre. C'était vraiment rare de le voir aussi crispé. Et il lui fallut près de quinze jours avant de se sentir mieux.

Néanmoins, il l'aimait, cette sonde GEP. Je l'aurais juré. Il trouva vite comment tirer le maximum de ce montage et devint un as en la matière. Il avait même adopté une pose de danse, une arabesque qui fait lever une jambe derrière soi et pencher le torse en avant. Il la prenait chaque fois qu'il voulait évacuer la dernière goutte possible de son estomac.

*

* *

Patrick avait cette étrange aptitude d'observer son corps de façon objective. Par exemple, s'il devait plonger d'un escarpement dans un lac, comme lors de notre lune de miel lorsque nous campions devant le lac Travis, au Texas, il considérait la hauteur, calculait la rotation, évaluait sa trajectoire entre les rochers en contrebas, prévoyait comment il voulait toucher l'eau… avant d'exécuter le plus beau des sauts de l'ange. Bien sûr, c'était magnifique. Il avait toute confiance en ses appréciations. Il savait que son corps pouvait faire ce qu'il lui demandait. Et, bien sûr, cela marchait.

À de nombreuses reprises, il s'est mis en danger, du moins en fonction des considérations d'autres gens. Il riait quand on lui exprimait une quelconque inquiétude. À de nombreuses reprises, je l'ai supplié d'arrêter certaines acrobaties qui me semblaient périlleuses. Non que je l'aie cru incapable de les réussir, mais si quelque chose devait aller de travers, les conséquences pouvaient en être tragiques. Cependant, lui ne pensait jamais rater son coup, cette notion n'existait même pas pour lui. Du moins jusqu'à ce que, bien des années plus tard, il tombe de cheval durant le tournage de *Lettres pour un tueur*. En plein galop à cru, sa monture zigzagua. Or, il y avait un chêne sur leur trajectoire… Patrick se brisa le fémur pendant cet accident qui aurait aussi bien pu être fatal.

Cette blessure altéra sa confiance pendant un certain temps. Il détestait ça. Il croyait, comme son personnage de Bodhi dans *Point Break*, qu'« avec la peur on hésite et, quand on hésite, arrive ce qu'on craignait ». Et voilà que, tout d'un coup, il avait peur. Par la suite, il devait prouver sa capacité à surmonter cette peur en sautant à cru sur l'un de nos fougueux chevaux arabes occupé à brouter dans un champ du Nouveau-Mexique, et en filant avec – sans selle ni rênes, rien. Il galopa ainsi parmi quatre autres chevaux qui se lancèrent aussitôt dans la course. On ne peut pas dire que c'était la conduite la plus prudente au monde : toujours est-il que Patrick se prouvait au moins qu'il n'avait rien perdu de son agilité. Simplement, il ne réfléchissait pas constamment aux conséquences de ses actes. Bon, soit... Néanmoins, je ne pouvais m'empêcher d'admirer cet homme qui n'était pas du genre à s'écraser. Il y allait toujours « à fond la caisse », quoi qu'on puisse dire, et ne se laisserait pas intimider par une petite peur de rien du tout.

De plus, en tant que danseur, il ne craignait jamais de relever un défi. Dans ce métier, la plupart du temps tout découle de la « victoire de l'esprit sur la matière » ; sinon, le corps ne pourrait répondre à ce qu'on exige de lui. Certains mouvements constituent un tel défi contre la nature qu'on ne peut les exécuter sans les avoir auparavant visualisés, « ressentis » avant de se lancer. Depuis toujours, Patrick dansait, faisait de l'athlétisme, des cascades malgré un genou massacré au football américain durant ses années de lycée, et qui le tourmentait sans cesse. Mais ça ne l'a jamais arrêté, pas plus que les autres danseurs dans le même cas. J'ai vu de délicates jeunes filles, les pieds pleins d'abcès, faire des pointes sur scène en souriant. On apprend à ignorer la contrainte et même la douleur, on apprend à laisser monter l'adrénaline pour y puiser sa force, tout en sachant que bientôt, avec un peu de chance, ça ira mieux. Mais on ne se laisse pas abattre.

Je crois que mon passé de danseuse m'a également aidée : en effet, bien qu'il m'arrive de me sentir rebutée dans certains cas, je considérais l'effort et la douleur sous le même angle que Patrick. Je ne m'affolais pas. Je savais à quel point il pouvait supporter la douleur et ne cherchais pas à le dorloter tant que le moment n'en était pas venu. Nous, les danseurs, avons une certaine façon de considérer notre corps : nous gérons tous les problèmes physiques calmement, professionnellement, nous les examinons en détail.

Patrick a mis ce même calme, cette même détermination, cette domination de « l'esprit sur la matière » dans sa lutte contre la maladie. Il a ainsi approché tout son traitement, chaque procédure comme s'il s'agissait d'une aventure. Comme si son corps devenait l'objet de sa propre étude scientifique, et la mienne – sauf que l'enjeu en était particulièrement élevé. Plus que jamais. Mais cela ne nous poussa qu'à nous concentrer plus fort encore.

*

* *

Alors que nous progressions dans ce territoire inexploré, je poursuivais l'inexorable élan qui m'entraînait à briser mes propres remparts, à continuer d'apprendre ; je devais me racheter après mon commentaire sur la mauvaise haleine. On nous avait dit de considérer comme un signal d'alarme les jambes enflées, le souffle court, signes d'un caillot de sang. Le cancer du pancréas tend à en former. Et voilà qu'une semaine plus tard, nous y étions : sa jambe gauche gonflait. Une visite au service Mark Taper d'imagerie et un ultrason plus tard, nous avions confirmation de la formation d'un caillot ou DVT (thrombose veineuse profonde). Patrick fut mis sous anticoagulant Lovenox, par voie intraveineuse (juste sous la peau, en général l'abdomen) deux fois par jour.

L'ennui c'est que… bon, j'éprouve une véritable répulsion envers tout ce qui est piqûre. Et là, on me demandait d'en faire deux fois par jour à Patrick ! Notre infirmier de Los Angeles, José, allait m'enseigner comment m'y prendre. Il me donna même un morceau de caoutchouc et une seringue pour m'entraîner. Ce que je fis, sans cesse, allant jusqu'à suivre les instructions données sur un DVD fourni avec le Lovenox. Il n'empêche : lorsque je suis passée à la pratique sur de l'authentique chair humaine, ce fut une autre histoire. La première fois, Patrick poussa un « Aïe ! » retentissant, et j'ôtai immédiatement l'aiguille.

– Mais qu'est-ce que tu fais ? s'exclama-t-il. Tu l'as enlevée !

Il me regardait comme si j'étais devenue folle. Et José secoua la tête.

– Non, ce n'est pas bien. Il faut la jeter et recommencer.

– Je dois jeter celle-ci ? demandai-je, déroutée.

Avec ses collègues, ils s'étaient pourtant donné la peine de me rappeler l'importance de l'aspect sanitaire de ces soins, chose d'autant plus cruciale que nous avions affaire à une personne vulnérable à l'infection. Ma mère, excellente infirmière, nous avait habitués à respecter à la maison une propreté scrupuleuse ; j'avais donc déjà une première notion de l'importance de l'enjeu. José m'apprit qu'il n'était pas question de remettre une aiguille dans la seringue, qu'elle ne pouvait plus rien toucher une fois sortie… D'accord ! Je la jetai donc : ce geste dut me coûter cinquante dollars… et, quand on vient d'une famille de six enfants dont les deux parents travaillaient, quand on a eu faim à New York en tant que jeune danseuse, jeter une seringue de cinquante dollars… Je n'avais pas intérêt à me tromper la fois suivante.

Voyez-vous, Patrick, qui était tellement blasé avec les piqûres, aurait pu s'injecter le Lovenox lui-même ; mais, pour je ne sais quelle raison, il voulait que ce soit moi qui le fasse. En fait, il n'était sans doute pas aussi blasé qu'il voulait bien le dire, à moins qu'il n'ait estimé que c'était bon pour moi. Ou alors, ça lui faisait plaisir.

En tout cas, je trouvais très pratique de savoir ça. Après tout, si un de mes chevaux avait un jour besoin d'une injection, que ferais-je s'il n'y avait personne pour la lui administrer ? Jusque-là, j'aurais eu trop peur. À présent, je devenais experte en la matière, et plus d'un médecin, plus d'une infirmière s'émerveillèrent en constatant que je ne provoquais pas la moindre ecchymose.

*
* *

Un auteur-réalisateur de nos amis nous rendit visite un soir. Je lui demandai comment progressait son scénario.

– Bien, me dit-il, même si je suis arrivé à deux versions différentes dans une partie de mon histoire.

Apparemment, ça lui posait un problème.

– Et alors ? demandai-je en riant. Qu'avez-vous fait ?

– J'ai fini par revenir à mes notes originales, pour comprendre ce que je voulais faire de ce film quand je l'ai conçu.

Moi aussi, j'avais voulu repartir en arrière. Tout semblait inversé aujourd'hui. Je voulais repartir, reprendre mes notes du début, quand j'avais entamé cette vie. Les notes où je disais ce que je voulais être, où je voulais en venir…

Et puis était intervenue ma rencontre avec Patrick.

Nous avions passé ensemble la plus grande partie de nos vies et j'avais envie de retourner en arrière, mais par un autre chemin. Je voulais que ce soit avec lui. Nous allions atteindre la fin de son deuxième cycle de chimiothérapie, et voici ce que j'ai écrit deux mois auparavant, le jour où il a commencé son traitement à Stanford, alors que nous étions encore pleins d'espoir.

*
* *

Pour l'éternité
Parce que je veux revenir
Au début
Je veux tout recommencer
Je veux réparer les points où nous nous sommes égarés
Je veux grandir en âge et en sagesse
Et chanter un cœur vrai
Je veux rire aux éclats
À l'atrocité que nous avons évitée
Je veux te toucher
Pour toujours et à jamais mon amour
Et connaître la joie
Qui m'a toujours transportée
Je veux entendre ma voix quand elle se bloque dans ma gorge, ma bouche
Parce que je n'en dirai jamais assez
Sur l'amour que je te porte
Je veux repartir et reconduire cette voiture
Je veux te prendre au passage et sentir encore la fraîcheur de nous deux
Je veux repartir et tout recommencer
Pour passer plus de temps avec toi
Doubler mon temps avec toi
Tripler mon temps avec toi.
Jusqu'à la fin des temps.

Juin 2008, à un rassemblement du bétail au Nouveau-Mexique.

8

Roulette russe

« Les gens beaux m'énervent, y compris moi-même. »

« Je n'ai jamais été tenté par la baise facile. »

« Je ne possède rien d'autre que mon intégrité parce qu'à ce jour je n'ai jamais vu un corbillard traîner une remorque. »

Ce sont quelques-unes des citations de Patrick publiées dans divers magazines. On ne savait jamais trop ce qu'il allait dire, et ce pouvait être surprenant. Je ne sais pas où il trouvait ces idées, à croire qu'il captait parfois des mondes parallèles. « Je n'ai jamais été tenté par la baise facile. » S'il voulait exprimer par là sa fidélité envers moi, j'aurais préféré quelque chose comme : « J'aime tellement Lisa que, même en un million d'années, je ne pourrais pas me voir avec une autre femme. » Mais je devais me contenter de ce : « Je n'ai jamais été tenté par la baise facile. » Bon, je prends !

Parfois, il en lâchait beaucoup plus à la presse qu'il n'aurait dû, car il se disait : « Si je leur raconte tout, ils ne pourront rien inventer contre moi. » Enfin, bref... J'ai quand même dû y réfléchir un certain temps avant de lui rappeler régulièrement qu'il valait mieux ne pas partager ses plus grands secrets avec la presse nationale et internationale, dans la mesure où je tends à rester un peu plus discrète. Il fit de son mieux pour s'en souvenir.

Il existait une autre citation de Patrick, brodée sur un coussin marron, crème et rouille, que nous avons gardé plusieurs années à la maison. C'était la célèbre journaliste de télévision, Barbara Walters, qui le lui avait fait fabriquer et envoyer après une interview à propos de *Dirty Dancing*, en 1988. Elle y avait repris la phrase qu'il lui avait dite : « Nos disputes sont énormes, mais notre amour aussi. »

Douze ans plus tard, en le regardant, je dis à Patrick :

– Il va falloir brûler ce coussin.

Nous en étions à un stade où nous avions plutôt besoin d'un peu d'eau fraîche sur le front, car nous savions le temps que pouvait durer un brin de tendresse. Ce coussin, avec sa citation, célébrait les aspects tumultueux, orageux de notre relation. Nous avions vieilli, nous étions plus raisonnables et savions que ce n'était pas notre objectif principal. Nous recherchions surtout la passion des actes amoureux, pas celle qui vous poussait à vous jeter des bibelots à la figure. Difficile de se débarrasser de ce coussin... Pourtant, nous avons fini par le brûler au cours d'une petite cérémonie, en nous promettant d'atteindre un niveau plus élevé. S'il existait.

Cela signifie-t-il que nous ne nous disputions plus ?

*

* *

Nul n'est tenu de toujours se mettre en avant, et on se demande ce qu'on ferait face à une terrible maladie en phase terminale. On imagine qu'on réagirait comme au cinéma ou dans un film télé. Mais, bien sûr, toute personne possédant un minimum de sens commun sait que ce ne sera jamais aussi lisse et parfait que sur une carte de vœux. Judy Kaufman, merveilleuse employée de l'hôpital de Stanford, m'a dit :

– Nous apprenons à ne juger personne. Que ce soit le patient ou la famille, tout le monde aborde la maladie d'une façon différente. Ça ne veut pas dire que ce soit bien ou mal. C'est juste... différent.

Ne jamais juger...

Elle disait ça alors que je trépignais à attendre que Patrick descende de notre avion. Nous nous étions envolés pour Palo Alto et il traînait à l'intérieur pour je ne sais quelle raison. Moi, j'avais débarqué depuis un moment déjà, vérifié que nous avions tout pris, mis l'avion en sécurité et payé les frais de passerelle. Dans un soupir, je me tournai vers elle :

– Mais il a toujours fait ça.

C'était vrai. Patrick était toujours en retard, et cela se savait. Je passais mon temps à l'attendre. Là, pourtant, je commençais à me demander s'il n'appréhendait pas de recommencer la chimio, ce qui expliquait ses atermoiements. Peut-être. Pour cette fois-là. Aussi, au lieu de lui hurler de se dépêcher, je tâchai de me convaincre que tout serait bien tant qu'il arriverait au centre à temps pour terminer sa séance, avant que tout le monde rentre chez soi. Pas vraiment facile pour moi.

Pour tout avouer, je dois dire qu'il m'arrivait de lui crier de se dépêcher s'il ne voulait pas rater son rendez-vous. Je faisais un tapage infâme, tout un cinéma pour le bousculer un peu. Je me souviens, une fois, alors qu'il n'était pas à portée d'oreille, m'être tournée vers notre femme de ménage, Celinda, qui faisait mine de ne rien voir, pour lui marmonner :

– Je ne suis pas complètement folle, je veux juste qu'il sorte d'ici.

Néanmoins, je finissais toujours par regretter d'avoir élevé la voix. Alors, dès que nous étions partis, je lui prenais la main pour qu'il sache que je l'aimais trop et que je ne le laisserais jamais rater son traitement, parce que je voulais qu'il aille mieux. À son tour, il serrait fort la mienne, faisant taire instantanément toutes les criailleries, comme si elles n'avaient jamais existé.

Notre parcours à travers cette maladie n'allait pas sans heurts, disputes, impatience, tristesse et peur. Et, oui, ce pouvait être épuisant, le stress que nous éprouvions donnait un nouveau sens à ce mot. Autant nous parcourions ensemble d'étonnantes sensations, des lieux étranges, ici et là d'authentiques problèmes montraient leur face hideuse. Par exemple, je découvris que ce cancer pouvait servir à excuser toutes sortes de choses ! J'ai une amie qui, en même temps que Patrick subissait son traitement, emmenait son compagnon de longue date se faire soigner pour un cancer de la tête et du cou, maladie curable mais à la thérapeutique d'une brutalité inouïe. Un jour, alors qu'ils se disputaient, il lui lança une injure à la figure, qu'elle prit avec autant de mépris que possible.

– C'eeeest çaaa ! Je devrais te ficher la paix parce que tuuuuu as le caaan-cerrrr !

J'éclatai de rire quand elle me raconta cette anecdote. C'était tellement… classique.

J'ai rédigé le texte suivant alors que je m'apitoyais sur mon sort et que je me débattais dans le stress des responsabilités que j'avais prises…

J'étais tellement furax hier que ça me travaille encore. À quel sujet ? Eh bien… Ouais, il semblerait que Buddy soit malade, mais… il se comporte toujours de la même façon. D'abord il se couche tard, disparaît dans son studio, ne m'aide pas, arrive toujours en retard, en retard, en retard, pas motivé pour prendre la moindre initiative dans sa vie… À croire qu'il s'est trouvé une nouvelle excuse pour continuer à se conduire ainsi. Le cancer.

Et moi je suis là, à m'éreinter, à faire les courses, à lui donner ses médicaments, à lui préparer des boissons, sa nourriture, à m'assurer qu'il mange, à le conduire à ses rendez-vous, à soulever toutes les charges un peu lourdes, à le réveiller, à organiser sa vie, sa carrière, ses interviews, son monde... Pourtant, je vois bien qu'il va assez bien pour traîner dehors, à boire du café, à lire ses e-mails, à fumer des cigarettes ! Alors... est-ce sa faute s'il lève à peine le petit doigt pour s'occuper de lui ? Ou est-ce la mienne ? Est-ce que ça a vraiment quelque chose à voir avec son attitude sans maladie, ou... ?

Passons, passons, passons.

29 mars 2008

Ah ! cette dernière ligne correspond à une petite plaisanterie entre nous, que nous chantonnions quand quelque chose ou quelqu'un nous fichait en rogne et que nous ne pouvions répliquer.

Ce n'était pas la dernière fois que j'allais avoir l'impression de servir de cheval de trait, la seule à tirer toute la charge ou presque. Mais il faut dire que je l'avais cherché et, en fin de compte, j'étais bien contente de faire tout ça pour lui. Aussi je me remis assez vite de ce sentiment d'ingratitude. D'autant qu'il apparaissait clairement que Patrick appréciait tout ce que je faisais. Pourtant, je me sentais souvent comme une sorte d'homme-orchestre... vous savez, ces types qui actionnent une sirène d'une main tout en tapant sur les timbales de l'autre, en jouant de la grosse caisse des pieds et en soufflant dans un mirliton.

Avec Patrick, je faisais mille choses à la fois et jouais mille rôles. Je tenais à l'inciter à la meilleure des attitudes face à la maladie et ce n'était pas toujours une approche univoque. J'essayais de rester disponible à tout moment. Nous étions ensemble depuis si longtemps, je savais sur quels « boutons » appuyer, quand il avait besoin d'être un peu secoué, quand je devais lui tenir la main ou au contraire le laisser tranquille. Il y a quelques années, nous avons fait du rafting sur le Colorado, dans le Grand Canyon. Parmi les participants se trouvaient le grand entraîneur de base-ball, Pat Riley, et sa femme, Christine. Il venait d'écrire un livre et je lui demandais en quoi consistait vraiment son métier d'entraîneur, comment on pouvait vraiment diriger les gens. À l'époque, j'essayais d'en apprendre le maximum sur la façon de tirer le meilleur des autres.

– Tout le monde est différent, me répondit-il. Il y a certains joueurs qui font de leur mieux quand on les encourage et les félicite. Et puis il y a ceux qui on besoin qu'on leur saute dessus, qu'on les pousse, qu'on les bouscule.

Parfois, je me sentais un peu dans la peau d'un entraîneur, avec Patrick, et je changeais constamment de stratégie. En outre, j'étais aussi infirmière, administratrice, épouse, amie et amante ! Une femme-orchestre.

*

* *

Patrick savait parfaitement que nous étions tous les deux dans le même bateau. Un jour qu'il se plaignait, quelqu'un lui répondit :

– Nous allons recevoir ces soins vendredi.

Ça le mit en rogne.

– Ce n'est pas nous, me dit-il à voix basse. Il n'y a pas de nous là-dedans. C'est moi qui vais les recevoir, ces soins !

Je tressaillis.

– Dans ce cas, je suis coupable de la même chose, avouai-je. Je dis toujours nous ceci, nous cela.

– C'est différent. Toi, tu as le droit.

Une seule fois, Patrick s'emporta, comme le compagnon de mon amie... en disant que c'était lui qui avait un cancer.

À quoi je répondis, furieuse :

– Ça m'arrive tout autant qu'à toi !

Je n'oublierai jamais son regard à ce moment-là. Il peut se montrer tellement entêté et obstiné ! Pourtant, là, son expression dévoila une profonde angoisse à mon égard. Je savais qu'il s'en voulait de m'avoir entraînée dans cette histoire, et cela le peinait que j'en souffre. Jamais plus il ne me dit cela.

*

* *

Nous avions eu beaucoup de chance jusque-là avec les progrès de sa maladie, et nous vivions dans la peur de découvrir un mauvais résultat dans une de ses analyses.

Mais n'est-il pas aussi difficile de recevoir une bonne nouvelle quand celui qu'on aime est si malade ? C'est le genre de situation qui présente une incroyable ironie. Personne ne m'avait jamais dit ça.

En ce lundi 9 juin 2008, j'attendais dans la salle de soins de Stanford. Patrick était allongé sur un lit après avoir été cajolé par les infirmières, et nous attendions le résultat de ses nouveaux scanners. Je lui souriais, prête à observer qu'il paraissait très en forme car je me disais que, certainement, les scanners allaient nous apporter de bonnes nouvelles. Forcément...

En attendant, nous parlions de ce qui nous avait amenés ici ce jour-là, ce que nous projetions de faire ; j'allumai la télé pour voir s'ils passaient quelque chose d'intéressant, réordonnai les meubles pour m'installer un bureau où disposer mon ordinateur, récupérai mon courrier ; ensemble, on établit notre plan de vol pour le retour ; on déjeuna... on parla de tout et de rien... en attendant. Les scanners devaient montrer si le traitement marchait ou non, détermineraient si Patrick devait poursuivre dans la même voie ou si la source s'était épuisée et s'il ne faudrait pas changer de stratégie, puiser dans une autre des rares et précieuses alternatives qui nous étaient offertes.

Cette attente des résultats du scan dans le cas d'un cancer mortel tenait un peu de la roulette russe, comme si nous guettions le mouvement du barillet pour savoir si le chien allait percuter une balle ou non. De quoi parle-t-on à l'instant d'appuyer sur la détente ?

Bien sûr, nous nous refusions à toute prévision. Ouh, et si cette fois tu étais vraiment mort ? On évite. Mince, on a une chance sur deux ! Nous passions à autre chose, comme si ce moment ultra important n'était qu'un atome minuscule dans le grand ordre de l'univers. Parce que si ces scanners nous revenaient négatifs, d'une certaine façon nous étions préparés à ne pas laisser cette nouvelle risquer d'affecter la longévité de Patrick. Si c'était mauvais, ça ne représenterait qu'une bosse sur la route. Juste une difficulté de plus à affronter. Voilà ce que nous nous apprêtions bravement à envisager. Je sais qu'il ne pensait à rien d'autre et il savait que je ne pensais à rien d'autre. Nous bavardions agréablement et nous laissions choyer par les infirmières qui entraient et sortaient. Nous les faisions rire...

Mais, au fond, on sait très bien ce que signifie un mauvais bilan. Et on préférerait ne pas s'y aventurer. Pourtant, si… Et si les résultats étaient bons… ? Et si le chien percutait un logement vide, pas une balle ? Et si tout le mal qu'on s'était donné pour le traitement de cette terrible maladie donnait des résultats ? Et si on avait une veine de pendus ? La victoire est si douce qu'on la savoure comme la bouchée la plus délectable de sa vie. En même temps, elle peut rester douloureuse… à cause de la peur qui l'a précédée. Et l'on sait sans l'ombre d'un doute combien on a pu mettre d'espoir et de désespoir dans l'attente d'un résultat positif. On connaît les conséquences. Une bonne nouvelle entraîne une relance. Elle signifie qu'une fois encore on va connaître l'espoir, un espoir qui vous laisse vulnérable. Et il est plus difficile de reconstruire son courage jusqu'au prochain tour de barillet, jusqu'à ce qu'on se braque à nouveau le canon sur le front dans l'attente des scanners suivants.

Dingue, non ?

Mais le plus dingue, c'était encore d'affronter les tabloïds qui ne le lâchaient pas d'une semaine sur l'autre. C'est déjà dur d'affronter une situation de vie ou de mort, sans voir en plus la presse nationale et internationale brailler constamment que vous êtes mort. Patrick disait toujours que le pire était que ces articles vous faisaient perdre espoir. Or, l'espoir reste l'une des armes les plus précieuses contre la maladie, il n'est pas seulement un sentiment merveilleux du monde des Bisounours. L'espoir requiert du courage au-delà du courage. Et celui-là, particulièrement, n'est accessible qu'à ceux qui se donnent le mal de le conquérir. Ceux qui descendent en enfer et en reviennent.

Enfin, trêve de réflexion. J'aimerais pourtant vous dire à quel point les tabloïds se sont acharnés sur Patrick, à l'en tuer. Vous ne le croiriez pas. Mais pas maintenant. Plus tard…

Parce que, pour le moment, le Dr Fisher arrive et nous fait signe de le suivre dans le hall d'entrée désert. Il allume un ordinateur... et nous regardons les résultats des deuxièmes scanners de Patrick.

Et ils sont bons.

Ils sont bons...

Alors, nous nous préparons. Nous avons environ quarante-cinq jours. Nous filons à Chicago tourner une série télé.

Une heureuse journée. 13 juillet 2008 – Patrick, moi et Kuhaylan Roh, avec Lucas assis à nos pieds. (Photo de Brian Braff.)

9

Le baiser de l'alligator

Difficile, dans une situation comme la nôtre, de ne pas se ronger d'inquiétude à propos de l'avenir. Il arrivait que la peur vienne me mordre cruellement. Mais cela ne durait pas trop longtemps... cela me séparait de ce que j'aimais. Je ne voulais plus perdre de temps à m'inquiéter pour l'avenir, alors que j'avais la chance d'être avec Patrick en ce moment.

Il y a quelques années, j'ai fait un rêve que j'ai essayé de garder en mémoire. Dans ce rêve évoluait une espèce de démon monstrueux ayant l'aspect d'un alligator préhistorique, qui anéantissait Foothill Boulevard, dans notre quartier, provoquant le désastre et dévorant tous ceux qui avaient la malchance de se trouver sur son chemin. Chacun faisait ce qu'il pouvait pour échapper à la mort et à la destruction provoquées par le grand reptile. Or, je me suis rendu compte que le monstre venait droit sur moi ! Je cherchais en hâte où sauter, à droite ou à gauche, pour lui échapper, lorsque soudain mon instinct me dit de rester là... ce que je fis. Je restai immobile, sur son chemin, tandis qu'il approchait furieusement. Je lui ouvris les bras. Il ralentit en arrivant à ma hauteur... et posa doucement son énorme tête sauvage sur mes bras. Il me regarda, de ses yeux pleins de douleur et de tendresse. Alors, je compris que ce monstre voulait simplement qu'on le comprenne... ce que je venais de faire.

7 juin 2008

Je venais d'apprendre à donner le « baiser de l'alligator », comme je l'ai baptisé. Ces pensées sur l'avenir tournaient autour de la douleur et de la peur. Mais sous cette douleur, au-delà de cette peur, se cachaient amour et gratitude.

*

* *

Le 12 juin 2008, nous nous trouvions dans notre ranch du Nouveau-Mexique pour le trente-troisième anniversaire de notre mariage. Depuis que Patrick se sentait mieux et que son traitement se stabilisait, nous y passions le plus de temps possible. Le Rancho de Dias Alegres[1], nous en avions rêvé de longue date, depuis le début de notre vie à deux, adolescents et jeunes adultes ; il compte plusieurs centaines d'hectares de forêts montagneuses, de cours d'eau et de prairies à travers la beauté sauvage du Nouveau-Mexique.

Nous cherchions un ranch depuis quelques années, à travers plusieurs États, lorsque, par hasard, nous sommes allés visiter un élevage de chevaux arabes, à un jet de pierre du Rancho de Dias Alegres. Je me vois encore entrer dans cette propriété au volant d'une vieille voiture empruntée à l'aéroport local où nous nous étions posés, tellement vieille et mal entretenue que nous craignions qu'elle tombe en panne sur le chemin du retour, car nous avions dû chronométrer le temps qu'elle mettait à escalader les collines afin de

1. Ranch des Jours heureux.

les redescendre au point mort. Finalement, nous nous sommes garés devant la maison de l'éleveur. Et quand je descendis, quand je posai le pied à terre... les larmes me montèrent soudain aux yeux. Cette région possédait une telle âme ! J'étais si émue, j'ai su que nous avions trouvé ! Patrick aussi l'aimait et m'approuvait de tout son cœur.

En apprenant qu'il était malade, il avait tout de suite remarqué tristement :

– Moi qui ai fait installer ces équipements de camping au ranch... et maintenant, j'ai l'impression que je n'en profiterai jamais.

Curieusement, ce fut l'un de ses premiers commentaires, et cela me montrait toute la joie qu'il tirait de ce ranch. Il avait passé des heures, des jours, des semaines à organiser, plier et installer notre village de toile, pour nous et pour les amis qui venaient nous rendre visite. Il aimait tellement ça que, parfois, il avait du mal à s'en aller.

Pour notre anniversaire, ce 12 juin, je préparai un pique-nique avec des aliments que je pourrais réchauffer sur un feu de bois et nous sommes partis pour l'un de nos coins de camping préférés : une ravissante prairie en pente donnant sur un étang qui reflétait le mont de Hermit's Peak dans le lointain. Nous avons partagé un bon déjeuner – du moins dans la catégorie des réchauffés – sur une nappe à carreaux rouges, arrosé de champagne pour moi et de boisson énergétique pour lui ; puis nous avons passé l'après-midi à nous balader dans le camp, à parler de ce que nous aimerions faire d'autre, avant de regarder le soleil se coucher, dans le parfum de la pinède qui nous entourait.

Quelques semaines auparavant, nous avions vaguement envisagé de renouveler nos vœux de mariage. Je dis

« vaguement » parce que ni l'un ni l'autre ne voulait se dire que c'était comme un ultime effort dans la perspective de la mort prochaine de l'un d'entre nous. Lorsque, finalement, nous nous le sommes avoué mutuellement, nous avons compris que nous pensions tous les deux à la même chose.

– J'ai toujours cru que ce serait chouette de renouveler nos vœux, dit Patrick.

– C'est vrai ? répondis-je. Moi aussi !

Et puis nous sommes passés à autre chose. Nous avions tant de préoccupations stressantes... En plus, peu après, les tabloïds annonçaient que nous avions déjà renouvelé nos vœux au Nouveau-Mexique, ce qui gâchait quelque peu la spontanéité de l'idée !

À la fin juin, nous nous joignions à nos amis Steve et Marci sur ce que nous appelions le Burro Pasture[1], dans la partie sud du ranch. Il s'agissait de procéder à un rassemblement du bétail, afin d'examiner et de marquer les nouveau-nés près de la Tecalote River. Nous avons ainsi réuni trente mères et leurs petits veaux.

Steve avait amené un cheval de plus, bien entraîné au rassemblement des troupeaux, et il supplia Patrick :

– Monte-le, s'il te plaît ! Je suis sûr qu'il va te plaire.

Revêtu de sa tenue de cow-boy, Patrick ne s'est pas fait prier ; sautant sur la monture, il s'est lancé à son tour dans la capture au lasso des veaux à marquer.

Tous les cow-boys du ranch aiment faire les choses à l'ancienne, perpétuer les traditions. Ils croient aussi que c'est moins stressant pour les veaux que de les trimballer dans des pick-up. Je dois reconnaître que cela demande sans doute plus de travail, mais c'est aussi plus amusant. J'avais été impressionnée par l'organisation de tous les

1. Prairie de l'Âne.

participants la dernière fois que je les avais vus faire. Il est vrai que je n'avais pas très envie d'y participer moi-même, d'attraper au lasso ces petites bêtes et de leur appliquer un fer chaud et grésillant sur la croupe ! Mais j'aime les vaches et j'adore me promener parmi elles sur mon cheval, contempler leurs grands et beaux yeux. Tout le monde avait son poste : Patrick, Steve et le gérant du ranch de Steve, Jeff, sélectionnaient les animaux, liaient les pattes arrière des veaux et les traînaient vers le feu. Les fils de Steve et Marci, aidés de quelques amis, tenaient les veaux à terre pendant qu'on les marquait. Marci et la femme de Jeff, Phyllis, préparaient les vaccins et les leur administraient rapidement avant qu'ils se montrent trop agités. Et moi ? Moi, je prenais des photos tout en essayant de ne pas me faire piétiner par un cheval. Et voilà qu'il s'est mis à pleuvoir ! L'un de ces orages glaciaux comme nous en connaissons parfois dans la région. Il fallut terminer deux ou trois fois plus vite ! À la fin, Patrick était trempé jusqu'aux os. Frigorifiés, nous avons fait remonter les chevaux dans les remorques puis enfilé des vestes avant de reprendre le volant en nous demandant combien de boue il allait nous falloir affronter sur le chemin du retour. Mais peu importait, on s'amusait si bien ! En fait, je riais intérieurement. J'étais contente parce que Patrick n'était même pas censé vivre encore à cette époque. Pourtant, il était là. À travailler comme un cow-boy, vivant pleinement sa vie.

*

* *

Le Dr Fisher avait toujours dit à Patrick qu'il devrait s'accorder la liberté de faire ce qu'il voulait pendant sa maladie. Il veut travailler ? Il veut s'en aller, séjourner sur une île, quelque part ? Voyager ?

À ces questions, Patrick grimaça d'étonnement. Par la suite, il devait me confier :

– Je ne sais pas qu'en penser.

– Tu as des idées ? lui demandai-je.

Il y réfléchit un instant, avant de répondre :

– À vrai dire, je ne me vois pas prendre des vacances.

Comme s'il s'agissait d'une idée ridicule.

Cela nous laissait la deuxième option : travailler. Je suis heureuse qu'il n'ait pas songé à la troisième, ne rien faire et sombrer dans la dépression. Elle irait pourtant de soi quand on vient de vous détecter une maladie à l'issue fatale. Comment ne pas déprimer et tout laisser tomber ? Bien des gens cèdent au poids d'un tel diagnostic, perdent toute forme d'énergie. Le courage et l'engagement de Patrick ne le laissaient pas accepter cette attitude. Jamais il ne m'a dit : « Fiche-moi la paix. » Il allait de l'avant. Et, grâce au pronostic qui indiquait catégoriquement une amélioration de son état, il avait osé accepter de tourner une série pour la télévision : *The Beast*.

Il avait pris une décision audacieuse en retournant ainsi travailler sur un projet qui exigeait tant de temps et d'engagement. Nous avions à peu près un mois et demi entre ses derniers scanners et le départ pour Chicago, où la série allait être tournée. Cela nous donnait énormément de choses à faire : réunions, conversations téléphoniques sur ce dont Patrick aurait besoin sur place, préparation du transport de tous son matériel médical, choix du lieu où effectuer ses scanners suivants, définition du meilleur rythme de tournage en fonction de sa chimio, choix du lieu où nous allions habiter pendant ces cinq mois, discussions avec les avocats, les médecins et les assureurs… Le plus dur fut encore pour A&E et Sony qui ne trouvèrent aucune compagnie pour assurer Patrick à un tarif moindre que le prix de revient total de toute la série ! Finalement, les producteurs préférèrent aller de l'avant par un bel acte de foi : si Patrick n'était pas assuré, au moins le reste de la production le serait.

Pendant qu'il poursuivait son traitement à Stanford, je commençai à tout préparer, à envisager tout ce qui nous serait nécessaire pendant le tournage de la série. La vie quotidienne occupait tout notre temps, cette vie que nous tâchions de vivre pleinement – ce qui restait le plus facile.

Une semaine et demie avant notre départ pour Chicago, nous prenions finalement cette décision de dernière minute : nous remarier.

*
* *

On était mercredi, et nous reparlions de renouveler nos vœux de mariage. Nous étions d'accord, et tant pis si nous avions trop à faire, tant pis pour l'effet que ça produirait : nous désirions tous deux le faire. Tant mieux, génial... Comment organiser une cérémonie de mariage en – après vérification des programmes de chimio, des rendez-vous, des plans de voyage – quatre jours, y compris ce mercredi-là ? Patrick avait une séance de chimio le lendemain, il serait donc très fatigué les deux jours suivants. Je ne sais pas comment j'ai cru pouvoir coordonner tout ça en si peu de temps, mais je m'en savais capable, pourvu qu'un petit coup de baguette magique règle le reste. Je décidai de m'occuper de tout – fleurs, musique, etc. – et de laisser tomber ce que je ne pourrais pas faire.

Curieusement, tout se passa bien...

Nous avons décidé d'ajouter de nouvelles alliances à celles que nous portions déjà. Grâce au concours de notre ami bijoutier, Kenny G, nous avons choisi de magnifiques anneaux de diamants qui nous furent expédiés *via* FedEx et livrés le samedi matin.

L'idéal serait d'obtenir le concours d'un quatuor qui viendrait jouer avant le mariage.

– Je ne connais personne qui pourrait faire ça, dirent mon frère Eric et sa femme Mary. On va demander à Will.

Will est mon neveu, un violoniste hyperdoué ; après quelques coups de fil, il nous trouva un magnifique quatuor.

J'eus la chance de pouvoir faire appel à une chanteuse – la merveilleuse Suzie Benson-Rose, qui avait interprété plusieurs airs avec Patrick dans notre film *One Last Dance* – et un pianiste – Donnie Demers, également compositeur – pour jouer et chanter *Since You've Asked* de Judy Collins. Et Will les accompagnerait au violon. Avec Patrick, nous l'avions fait interpréter à notre mariage, trente-trois ans plus tôt. Et nous l'aimions encore. C'était très important pour nous. Même trente-trois ans plus tard…

Je te donnerai ce que tu m'as demandé
Tout mon temps avec toi ;
Prends les mauvais jours de soleil
Le beau temps, le mauvais temps,
Prends les routes que j'ai parcourues
À la recherche de lendemains
Et d'heures paisibles…

J'ai acheté des tonnes de mes fleurs préférées, des hortensias bleus, dans la pépinière voisine, pour en mettre partout. Des plats pour un buffet – amis et membres de la famille m'aideraient à le dresser. J'ai transporté mon piano demi-queue dans le patio carrelé, surplombant la piscine, où la cérémonie aurait lieu. Installé des sièges...

Mais qui allait présider la cérémonie ? J'essayai de retrouver le père Welch, qui nous avait mariés plus de trente ans auparavant ! Peut-être pourrais-je le faire venir par avion pour assurer la cérémonie... J'appris malheureusement qu'il était décédé sept ans plus tôt. Une femme pasteur nous fut recommandée, mais elle s'était absentée jusqu'au mardi. Je trouvai quelqu'un d'autre qui, finalement, n'était pas libre non plus mais nous conseillait un extraordinaire rituel indien. Ça se présentait mal. Alors je décidai : Mary, ma belle-sœur, pourrait présider, elle avait toujours été d'une grande spiritualité et croyait aux mêmes choses que Patrick et moi – ou restait ouverte à nos croyances.

– Oui, je suis diacre, confirma-t-elle. Comme toute personne qui le désire, d'ailleurs. C'est très facile de s'inscrire en ligne. (Elle a toujours été très honnête.) Alors, légalement, je peux bénir votre union. Malheureusement, avec notre organisation, nous avons pris l'engagement de ne pas utiliser nos compétences pour célébrer des unions légales.

Bon...

– Attends, Mary : avec Buddy on est déjà mariés. Donc, tu n'enfreindrais pas vraiment ta promesse.

Elle y réfléchit puis accepta en souriant.

Le dimanche matin, comme il me restait un peu de temps, je me rendis chez un styliste ami pour voir si je ne trouverais pas une robe à mon goût. Ce fut le cas. Une longue robe blanche, de style Empire, en magnifique lin irlandais. Je décidai de rester pieds nus.

Aïe ! Avant tout, il me fallait rédiger les vœux que j'allais prononcer devant Patrick. Je m'assis dans un coin du patio, sous une pergola couverte de glycine. Ce serait là que le quatuor classique jouerait avant la cérémonie, un peu plus tard dans la journée. J'espérais de tout mon être pouvoir exprimer ce que j'avais dans le cœur. J'espérais que mes paroles produiraient le même effet magique qu'en moi. Et je les rédigeai en pleurant.

Au début de l'après-midi, les invités commencèrent à arriver. Nous étions encore en pleins préparatifs et cela se présentait bien. Tout le monde était content. À croire qu'il y avait vraiment de la magie dans l'air. Comme si un philtre d'amour s'était répandu dans l'atmosphère et tournait les têtes. Patrick vint me trouver, alors que je discutais des dernières dispositions avec Mary, pour annoncer...

– Je crois que je vais monter Roh.

– Euh... tu crois ?

Je me dérobais un peu en pensant aux problèmes que pourrait nous poser ce bel et fort étalon que nous ne montions pas assez.

– Je trouve que c'est une idée fabuleuse ! s'exclama Mary.

Je souris. Et Patrick fila aussitôt le chercher.

Peu après, je me tenais derrière la porte, prête à faire mon entrée, tandis que Patrick attendait au coin de la maison, sur son cheval qui piaffait en se demandant ce qui pouvait bien se passer. Et puis il arriva, au trot, sur le magnifique étalon blanc qui effectua un tour de la piscine sous les « Oooh ! » et les « Aaaah ! » de nos invités. C'était un spectacle à couper le souffle. Patrick mit pied à terre devant le patio, quand Roh fut calmé... et tendit la main.

J'arborais un immense sourire en passant au milieu de la foule pour aller prendre cette main... Incapable d'y résister, je me tournai alors vers nos invités :

– Au bout de trente-trois ans, mon prince vient enfin me chercher sur son cheval blanc !

Tout le monde se mit à rire. Moi, j'en avais les larmes aux yeux.

Susie, Donnie et Will chantèrent magnifiquement la chanson : « Nous avons vu un million de pierres près de l'eau… Tu as grimpé la colline avec moi vers l'abri des montagnes… Où nous avons passé jour après jour, à respirer dans le soleil… »

Mary s'avança vers nous et sourit en nous expliquant la cérémonie indienne du lavement des mains que nous avions prévue. Elle versa de l'eau sur nos mains au-dessus d'un bol, puis expliqua :

– L'eau est un symbole de purification et d'ablution, alors que les mariés se nettoient de toutes les blessures du passé.

Avec Patrick, nous nous sommes lavé les mains sous l'eau fraîche avant de nous les serrer. Nous nous souriions alors que Mary poursuivait :

– Vous êtes venus, en présence de ces fidèles amis, déclarer ce qu'il y a au fond de vos cœurs…

C'était une belle journée, douce, d'une clarté éclatante, et nous nous tenions dans l'ombre apaisante d'un hortensia bleu turquoise. Nos invités murmuraient, souriaient. Mais, avant tout, je ne quittais pas Buddy des yeux. J'avais l'impression de ne jamais avoir si profondément sondé son âme. Et je vis qu'il en faisait autant avec moi, qu'il reflétait ma propre joie et me la renvoyait. Je ne sais pas comment je parvins seulement à respirer car, depuis l'instant où j'étais sortie de la maison pour aller prendre sa main, mon cœur éclatait de joie. Je ne sais pas comment il n'a pas jailli de ma poitrine et de ma robe pour danser et tourbillonner et sauter en l'air.

Je lus mes vœux à Patrick, qui se terminaient par…

– Et là, j'ai compris pourquoi il m'a été si difficile de t'écrire mes vœux. Parce que je te suis déjà totalement attachée. Depuis toujours. Cet amour que je ressens envers toi semble transcender le temps. Je t'aimais déjà quand j'étais petite fille, alors que je ne t'avais pas encore rencontré en chair et en os. Et si l'avenir nous est inconnu, la seule chose que je sache, c'est que je t'aimerai encore. J'ai beaucoup de chance de t'avoir trouvé dans ma vie, d'avoir pu ouvrir les yeux pour voir ce que j'ai obtenu (parfois !), car ce que j'ai obtenu, l'amour, ce sentiment grandiose et immense que j'éprouve, influence tout ce qui m'entoure. Et en chérissant ce qui est là pour moi, c'est toi que je chéris plus encore.

J'achevai ma lecture les joues baignées de larmes, et il fallut que quelqu'un me passe un paquet de mouchoirs pour en endiguer le flot. Alors, Patrick se tourna vers nos invités pour annoncer à haute voix...

– Ceci, de la part de la femme qui, à notre vingtième anniversaire, a levé son verre pour porter un toast en me remerciant de trois des plus belles années de sa vie !

Les invités pouffèrent et, se rendant compte de ce que signifiaient ces paroles, éclatèrent de rire. Moi aussi, je ris. Et Patrick en parut enchanté. Nous nous sommes tapé dans les mains. Bien joué, Buddy !

Puis nous nous sommes repris, avons respiré... C'était le tour de Patrick. Il me suffoqua par son éloquence et la beauté de ce qu'il avait écrit...

– Comment te dire à quel point je me sens privilégié de t'avoir vu entrer dans ma vie ? Heureux que tu aies choisi de m'aimer ? Je sais que grâce à toi j'ai trouvé mon esprit, j'ai vu l'homme que je voulais être. Mais, plus que tout, tu es mon amie.

« Ensemble, nous avons entrepris des voyages au-delà de tout ce qu'on pouvait imaginer. De ces voyages dont sont faits les rêves. Combien de fois avons-nous chevauché un étalon blanc au coucher du soleil ? Nous avons foulé le sol où sont nées les religions. Pourtant, tu me coupes toujours le souffle. Je ne me sens vraiment complet que lorsque je te regarde dans les yeux.

« Tu es ma femme, mon amoureuse, ma compagne et ma dame. Je t'ai toujours aimée, je t'aime maintenant et je t'aimerai toujours et à jamais.

Le rituel s'est achevé sur les alliances… Comme nous nous les passions au doigt, Mary lisait…

– L'anneau est utilisé dans cette cérémonie parce que le cercle est l'unique symbole de ce qui n'a ni début ni fin. Le cercle est notre plus ancien symbole de Dieu, ou de l'Esprit, de ce qui était au début, de ce qui est maintenant, de ce qui sera toujours, ce monde infini… Vous pouvez embrasser la mariée ! Et puissiez-vous vivre dans la lumière et l'amour !

Nous nous sommes étreints et embrassés avec force, sous les applaudissements. Tout le monde resta ensuite, mangeant, riant et bavardant jusqu'à 1 heure du matin. C'était une authentique fête. Je me sentais bien, je les voyais tous sourire, je sentais leur amour.

*

* *

Vous savez… En 1987, Patrick et moi avons tourné un film ensemble en Namibie : *Steel Dawn*. C'était la première fois que nous allions en Afrique et je suis tombée amoureuse de la Namibie, et elle est restée un de mes endroits préférés au monde. À notre arrivée, alors que nous venions de voyager près de trente heures (dont huit d'attente sur une banquette de plastique à l'aéroport de Francfort), nous nous sommes rendus directement sur les lieux de tournage. L'un des producteurs m'a proposé de m'emmener faire un tour dans le désert. J'ai répondu oui, sans conviction. Pourquoi pas ? Le désert du Kalahari est l'un des plus anciens du monde, après avoir longtemps peuplé les fonds d'un océan. Mon guide s'est arrêté au milieu de nulle part, sur une route désolée. Je suis sortie de la voiture pour faire quelques pas dehors.

– On qualifie cet endroit de paysage lunaire, me dit-il.

Moi, j'étais figée sur place. Le sol était dur, sombre, tout en ondulations sous un ciel sans merci. J'avais le souffle coupé devant tant de beauté.

Littéralement, le souffle coupé… J'avais toujours entendu cette expression sans me douter qu'elle pouvait décrire une réalité physique. Jusque-là, ça ne m'était jamais arrivé. Jusqu'à ce jour-là.

J'avais aussi souvent entendu l'expression « l'un des plus beaux jours de ma vie ».

Si je prends le temps de vous raconter tout cela, c'est parce que je tiens à souligner, vraiment, ce que j'ai pu ressentir ce dimanche 13 juillet 2008, quand Patrick et moi avons renouvelé nos vœux… Ce fut l'un des plus beaux jours de ma vie.

*

*   *

C'était parti pour Chicago.

Une publicité pour The Beast *sur la façade d'un immeuble de New York.*

10

The Beast

Je pleure toujours aux mariages, et j'ai pleuré aux deux miens. Après le renouvellement de nos vœux, j'ai pu constater que le second était encore plus émouvant. Pourquoi ? Parce que, cette fois, on sait à quoi on s'engage, et pourtant on dit encore « oui ». C'est un véritable témoignage de ce que l'on représente l'un pour l'autre.

Là, j'essaie d'alléger un peu le ton, mais, pour être franche… le souvenir des moments heureux peut se révéler plus difficile que celui des épreuves. Quoique l'évocation de celles-ci ne soit pas plus réjouissante. Parfois, on a un peu l'impression de perdre la raison. Un an après la mort de Patrick, en arrivant au ranch du Nouveau-Mexique, j'ai dû ôter toutes les photos de lui que j'avais encadrées – je m'y suis sentie obligée – pour les ranger au fond de la maison, afin de ne plus les voir. Et j'ai refermé une porte dessus. Je connais une femme qui a perdu son mari, à qui on a offert un bel album rempli de photos de leur mariage. Elle l'a jeté à la poubelle ! Elle ne pouvait supporter l'idée de le regarder, pas même de se trouver dans la même pièce que lui. Je sais… ça vous rend trop triste. Curieux ! Un petit mois auparavant, ces mêmes photos m'avaient tellement réconfortée. Peut-être qu'un jour ça reviendra, ou qu'elles représenteront quelque chose de complètement différent à mes yeux.

Ah... Et là, je repense à ces photos. Son beau sourire, il a l'air de tellement m'aimer, ça me fait encore du bien...

Attendez. Là... je reviens... Et... je me sens mieux.

Peut-être est-ce la fatigue émotionnelle. Je peux baisser les bras maintenant que Patrick est parti. Quand il fallait vivre et combattre sa maladie, je tenais le coup. Le renouvellement de nos vœux de mariage m'avait donné une impression d'accomplissement, une énergie positive, que j'avais emportées avec moi à Chicago. J'étais une boule d'énergie. Inarrêtable. Pourtant, voyez-vous, quand je repense à Chicago, ça me fatigue. Indubitablement, ce fut épuisant, tant sur le plan physique qu'émotionnel ou nerveux. Nous prenions beaucoup de risques avec ce tournage pour la télévision. Je savais Patrick capable des exploits les plus extraordinaires mais il restait certaines choses sur lesquelles il n'avait aucun pouvoir. Je savais qu'une fois arrivés il me faudrait réfléchir plus vite que jamais, faire des claquettes trois fois plus rapides. Et...

J'éprouve encore des difficultés à évoquer Chicago. Pourquoi ? Tout ce que j'ai dit est vrai, mais...

Peut-être mes sens s'y sont-ils laissé submerger. Une fois encore, je devais affronter les pires aspects de la vie, en même temps que les meilleurs. J'éprouvais encore mes angoisses existentielles, cette tension associée au traitement de Patrick et ce sentiment que la pression émotionnelle m'assénait des coups de bâton.

En même temps, j'affrontais chaque journée, et elles passaient dans un scintillement. Je ne me rappelle pas un seul mauvais jour à Chicago.

Ce furent d'heureux moments. Voilà... Dans les mauvais moments, on peut se replier sur soi, garder la tête basse en traçant sa route. Tandis que les heureux moments vous laissent défaite, vulnérable.

Ce furent d'heureux moments à Chicago...

C'était dur, un authentique défi. Même lorsqu'une tornade menaça un soir de traverser la ville, me bloquant en plein centre alors que je faisais du vélo, ce vent féroce fut comme un courant d'air qui se précipita sur moi, fouettant cette impression de vie en moi : tu es vivante, tu es vivante, et… il est vivant avec toi ! Rien à regretter. Je rentrai au milieu de la nuit, par les rues brillantes de pluie, désertes après l'évacuation. Et c'était magique.

Au cas où vous l'auriez oublié, Patrick n'était plus censé vivre, à cette époque-là. Chaque jour… chaque jour représentait une victoire et un miracle. C'était comme vivre à l'intérieur d'une victoire, non pas un moment fugitif mais une véritable immersion. Une victoire vivante, et qui respirait. Quel endroit extraordinaire !

Les défis, les difficultés associés au tournage de *The Beast* ne furent qu'un léger prix à payer, en comparaison de cette possibilité de vivre des moments si précieux. Oui, il m'est toujours aussi difficile de me lancer dans la narration de cet épisode. Mais comment l'escamoter ? Ce fut une expérience étonnante qui allait en inspirer plus d'un.

*

* *

Notre formidable chauffeur, Gus, me ramenait des plateaux de tournage à la maison vers 2 heures du matin. Patrick devait encore tourner quelques heures de plus et je voulais sortir une dernière fois les chiens avant de regagner notre appartement. Lucas, notre caniche, et Murphy, notre border colley, sautaient de joie à l'arrière alors que nous traversions les rues nocturnes de Chicago, contents de savoir qu'ils allaient bientôt pouvoir se dégourdir les pattes dans l'un de leurs parcs préférés.

J'avais confiance en Gus. C'est un homme bien, doté d'un solide sens de l'humour et d'une vive intelligence. Il m'a demandé comment je tenais le coup, si les choses n'étaient pas trop… et je me rappelle avoir répondu :

– Dans un sens, je vis l'une des périodes les plus heureuses de ma vie.

Gus m'a jeté un regard en coin.

– À votre place, je ne dirais pas ça à trop de gens.

Ha ! Je n'avais pas réfléchi à l'effet que ça pourrait faire. Mon mari a un cancer du pancréas et je suis heureuse comme jamais ! Ouf ! Le genre de phrase qui ferait la joie des tabloïds.

– Oui, vous avez sans doute raison, dis-je en souriant.

The Beast était un projet ambitieux en ce qu'il tentait de représenter, et en raison du rythme de tournage éreintant. Cette série représentait une énorme masse de travail et de passion. Aucune journée ne durait moins de quatorze heures, si ce n'était seize ou plus. Patrick devait apprendre chaque jour un nombre ahurissant de pages de dialogues, tout en s'efforçant de lire le scénario de l'épisode suivant, de l'annoter, de faire des suggestions et des changements, sans compter qu'il lui fallait encore participer au tournage proprement dit. Mais Patrick s'était métamorphosé.

Avant notre départ à Chicago, il passait le plus clair de son temps au lit. Disons que son niveau d'activité était très bas. Très… bas. Pour permettre une transition aussi douce que possible, Donny est resté avec lui pendant que je chargeais l'avion de nos bagages, du matériel médical et des chiens, pour arriver à Chicago un jour et demi avant le début du tournage, afin de préparer les lieux.

J'avais prévenu le chauffeur :

– Je vous conseille de choisir une grande camionnette, on ne voyage pas léger.

Il m'attendait avec un véhicule si vaste que j'aurais pu y embarquer non seulement tout notre équipement mais aussi un poney et un couple de danseurs de tango. J'ai veillé à l'installation des lieux, passé quelques coups de fil, puis est venue l'heure de l'arrivée de Patrick.

Du moment où il a posé le pied à Chicago, il a été un autre homme. Au lieu de rester au lit toute la journée, il n'y a passé quasiment plus de temps. Son immense sursaut d'énergie m'atterrait. Je dis que « c'était un autre homme », mais le fait est que je retrouvais plutôt celui que j'avais toujours connu, infatigable, allant constamment de l'avant. J'avais retrouvé Patrick ! Il s'était repris en main et jouait même parfois les « stars », ce qui avait encore le don de me mettre hors de moi, par exemple, quand il demandait des choses insensées, à la dernière minute, ou se présentait comme l'autorité incontestable en... à peu près tout ce qui constituait l'univers.

Bon, tout revenait – presque – à la normale ! Mais Patrick n'était pas qu'une star égocentrique. Ainsi l'un des scénaristes s'est présenté un jour à notre hôtel pour un rendez-vous et il a paru surpris de trouver Patrick dehors avec moi, promenant les chiens. Oui, lui, la star de la série, qui se battait contre un cancer, qui évitait les paparazzi, le voilà qui ramassait les crottes de son caniche.

Comme toujours sur le plateau, les techniciens l'aimaient bien. Et sa lutte contre le cancer ne les en rendait que plus attentifs. Comme si toute l'équipe, metteurs en scène et producteurs y compris, faisait particulièrement attention à lui. Disons-le, il est particulièrement difficile de s'arrêter sur ses propres bobos quand une star comme Patrick se battait contre un cancer tout en continuant à travailler, sans jamais se plaindre. Le respect atteignait un niveau des plus élevés, et je sais que l'équipe se rendait compte de l'importance de ce à quoi elle assistait. Tous avaient l'air honorés de pouvoir participer à cet effort.

Patrick tenait lui aussi à ce que son rôle n'en soit pas affecté. Il ne voulait pas que les scénaristes en diminuent la difficulté, ou en réduisent la longueur, ou le rendent moins actif pour autant. Et cela n'a jamais été le cas. En fait, au milieu du tournage, ils avaient oublié son état alors qu'ils préparaient les épisodes suivants.

Pourtant, au début, il y eut un petit « temps d'adaptation ». Producteurs et réalisateurs craignaient que Patrick n'en fasse trop. Pas seulement à cause de son cancer, mais aussi parce qu'il s'agissait d'une star à ménager. Si bien qu'il revint un soir en secouant la tête, les oreilles fumantes...

– Ils n'ont pas voulu que je saute par-dessus le mur ! s'exclama-t-il, encore incrédule. Je suis censé pourchasser un type et ils ont voulu me faire doubler pour le mur ! « Non, mon pote ! C'est moi qui saute. »

Après quelques instants de discussion polie mais animée, il a effectué sa propre cascade. Il n'avait pas l'intention de céder sur ce genre de chose. Et là, tout le monde s'est rendu compte de ce que je savais déjà sur les capacités de Patrick. Il avait toujours fait ça et, bien que sa maladie ait un peu affecté ses forces, il connaissait ses limites, comme toujours, et la barre restait placée haut, très haut. Quant à moi, j'étais ravie de le voir ainsi reprendre confiance en lui.

De même, il n'a jamais pris aucun analgésique pendant le travail. Il ne voulait pas en avoir l'esprit affecté. Son travail comptait trop pour lui, il voulait faire de son mieux. Il tenait tellement à ne prendre aucun antidouleur qu'un jour, chez nous, alors qu'il ne travaillait pas, j'ai dû lui rappeler qu'il pouvait s'autoriser un peu de détente.

– Ah oui ! lâcha-t-il, comme s'il s'agissait d'une idée nouvelle à laquelle il n'avait pas encore songé.

Il savait mieux que personne jusqu'à quel point il pouvait prendre tel ou tel médicament. Régulièrement, j'intervenais : je lui demandais comment il se sentait, je m'inquiétais à l'idée qu'il souffre trop. C'est au cours d'une de ces discussions qu'il a secoué la tête avec sa franchise habituelle...

– J'ai travaillé avec de pires gueules de bois que ça, dit-il avec un regard entendu.

Ça, c'était typique de Patrick. Il avait si souvent laissé entendre qu'il ne pouvait rien lui arriver, qu'il contrôlait la situation... pour, l'instant d'après, se contredire complètement avec une désarmante honnêteté.

Et même si, parfois, il ne se sentait pas bien, il trouvait encore le moyen de faire des blagues et d'en rire.

*
* *

Pendant ce temps, se produisaient toujours des chutes émotionnelles mais aussi des événements plus positifs, par exemple quand j'attendais sur le plateau, lisant les scénarios ou autre chose. J'étais contente d'« être là » pour Patrick durant cette aventure, de me trouver là où il avait besoin de moi. Sans aucun doute, je n'aurais pas voulu que ça se passe autrement. J'étais moi-même passée par la case mise en scène et écriture quelques années auparavant, pour mon plus grand plaisir, mais tout ça avait été mis de côté. De temps à autre, il m'était difficile de me trouver sur ce plateau seulement en « épouse », sans vraiment participer. En même temps, c'était très positif et cela me stimulait, me donnait envie de revenir à la création. Une merveilleuse étape pour moi.

J'ai aussi été très touchée par la façon amicale dont tous me traitaient. Roy, le directeur de la photographie, le premier cadreur, Billy, Gino, le chef électricien, les scénaristes, et nombre de réalisateurs qui ont participé à la série : tous m'ont traitée en égale. Je ne peux pas vous dire à quel point c'était important. J'en suis venue à partager ma passion pour ce travail et nous avons parlé caméras, éclairages et mise en scène : un véritable petit coin de paradis pour moi. Je me suis installé une Steadycam et, en y ajoutant ma propre caméra, Billy m'a préparé un coffret spécial – y compris les instructions qui allaient avec ! Roy m'a passé plusieurs caméras haute définition pour m'amuser. Plusieurs réalisateurs se penchèrent sur moi alors que j'étais assise à côté de lui.

– Alors, Lisa, quand allez-vous diriger un épisode ?

Bien sûr, j'étais enchantée qu'ils me posent la question, mais je secouai la tête en riant.

– Non, je suis là pour Patrick. Peut-être la saison prochaine…

Leur reconnaissance et leur soutien m'ont rendu espoir dans une situation où je me sentais tellement impuissante. Et ça m'a fait plus de bien qu'un séjour aux Bahamas.

*

* *

La logistique de notre vie à Chicago pouvait être stimulante. En revanche, il était beaucoup plus difficile d'échapper aux paparazzi qu'à Los Angeles, simplement parce que certaines scènes devaient être tournées en extérieur, dans des lieux ouverts au public. Après quelques semaines dans notre hôtel, je nous ai trouvé un merveilleux appartement, spacieux, aéré, avec deux chambres, dominant le vaste lac Michigan aux eaux si bleues ; en outre, l'immeuble disposait de trois entrées différentes, ce qui permettait à Patrick d'aller et venir sans être vu. Nous avons pu le louer juste cinq mois et les chiens y étaient autorisés. Jusque-là, j'avais dû les promener trois fois par jour, et il me fallait une dizaine de minutes rien que pour les mener à l'endroit où ils allaient pouvoir faire leurs besoins ! J'avais l'impression d'y passer le plus clair de ma journée et c'était usant ! Tandis que dans notre location, il nous suffisait de traverser la rue pour emmener les chiens dans un superbe parc ; cela nous faisait de magnifiques promenades. Les mois d'été, nous étions aux premières loges pour les feux d'artifice durant le festival de l'air de Chicago. Nous avons donné une soirée à cette occasion et, bien sûr, en tant que pilotes, nous avons bien profité du passage de chasseurs devant nos fenêtres, si près qu'on a eu l'impression d'entendre le souffle des réacteurs.

Comme je l'ai dit, le rythme de tournage était dur. Déjà dur pour une personne en bonne santé, encore plus pour quelqu'un qui luttait contre un cancer du pancréas. À l'entrée de l'automne, les températures pouvaient tomber très bas la nuit. Patrick a persévéré. Parfois, il lui était difficile de continuer à cause de douloureux désagréments, que ce soient des digestions difficiles, des dérangements intestinaux ou autres.

Au beau milieu de ce tournage, nous avons pu nous réserver une journée de voyage à Los Angeles pour participer au téléthon « Debout contre le cancer ». Pour la première fois, Patrick acceptait de participer à une émission destinée à sensibiliser le public à la maladie. Jusque-là, il s'était efforcé de ne jamais se mettre dans ce genre de situation. Il ne voulait pas devenir l'incarnation vedette du cancer, ce n'était pas ainsi qu'il voulait qu'on le voie. Mais là, il s'agissait d'un événement spécial à l'impact énorme.

Arrivés sur place, on nous a conduits directement à un hôtel qui faisait face au théâtre Kodak, de façon à pouvoir nous changer. La présence de Patrick sur les lieux devait rester secrète, alors nous nous sommes faufilés en évitant tous les passages où on pourrait le voir, jusqu'aux coulisses de l'émission. C'était du direct et il y eut un petit moment de panique – Patrick arrivait toujours en retard, ne l'oublions pas –, si bien qu'il a eu à peine quelques minutes pour lire ce qu'il allait devoir dire ; j'avais participé à la rédaction de son texte. Peu après, le moment arriva pour lui de faire son entrée sur la scène, afin de lancer l'émission. Tout le monde se leva pour l'applaudir. Les lignes téléphoniques furent aussitôt surchargées. Ce fut une soirée incroyable : plus de 100 millions de dollars furent recueillis pour la lutte contre le cancer. Une partie est allée directement à la recherche contre le cancer du pancréas, jusque-là terriblement, scandaleusement mal dotée.

*

* *

Dès le début du tournage et au cours des deux mois qui suivirent, Patrick s'est mis à... aller mieux. Un jour du mois de septembre, il se tourna vers moi, le regard plein d'espoir, pour me dire :

– Je me sens tellement bien... presque normal.

Nous étions parvenus à creuser notre propre niche pour préserver notre intimité et nous courions nous y réfugier à chaque moment de répit. Nous luttions toujours contre une maladie grave et, derrière l'apparence que nous présentions au monde, il fallait bien continuer le combat jour après jour. C'était assez drôle parce que ça me donnait l'impression d'avoir une double identité : la série télé et tout ce qui allait avec ce travail, et puis notre autre vie, chimiothérapie et traitement. Comme « l'Ombre », ou Clark Kent : ça, c'était le côté public ; et puis, entrée dans l'hôpital secret le plus proche pour voir arriver « Chimio-Man », ou « Scanner-Man », selon les jours. Il y a quelque chose de surréaliste dans le tournage d'une série télé où il est question de vie ou de mort – des gens qui se faisaient tirer dessus, rouer de coups ou empoisonner –, suivi d'un authentique traitement de chimio où il est vraiment question de vie ou de mort. Aucun doute, ça vous ramène vite à la réalité.

Pour ajouter à notre sentiment d'identité secrète, nos rendez-vous à l'hôpital avaient habituellement lieu après les heures d'ouverture, quand les salles d'attente étaient désertes. George Fisher avait transmis tous nos dossiers au Dr Mary Mulcahy, à l'hôpital Northwestern. C'était une femme compatissante, intelligente, dévouée et vigilante. Tous faisaient de leur mieux pour se montrer souples et ouverts, nous avons donc pu fixer les traitements de Patrick le vendredi soir ou le samedi au plus tard, non seulement par discrétion mais aussi pour nous permettre de disposer des deux jours qu'il lui fallait pour se remettre de l'immense fatigue qu'il continuait d'éprouver avant de se rendre au travail le lundi matin. Un véritable grand écart.

Et puis, évidemment, les scanners nous rappelaient régulièrement à la réalité. À la mi-septembre, l'un d'eux montra une légère augmentation des taches sur le foie de Patrick.

*

* *

Nous n'allions pas céder à la panique. Pour commencer, il fallait se calmer, rester attentifs. Et une semaine plus tard... son CA19-9, ce prélèvement qui mesure l'augmentation des protéines, donc une possible activité tumorale, avait encore augmenté.

Ce n'étaient que les faibles signes d'un nouveau trouble, pas encore suffisants pour le pousser à abandonner son traitement. Néanmoins, nous étions déjà très inquiets.

Au début d'octobre, Patrick passa un autre scanner pour évaluer ce qui se produisait vraiment en lui. Les taches sur son foie restaient stables et, dans certains cas, avaient même diminué. Étonnamment, miraculeusement, il avait de nouveau esquivé la balle qui le visait. Nous ne savions pas ce qui avait causé ce changement dans ses scanners... peut-être une poche d'infection qui s'était soudain débouchée, à moins que le traitement ne soit soudain devenu efficace là où il n'avait pas encore agi. Allez savoir ! Il restait toujours la possibilité d'une évolution magique, de prières exaucées, de bons vœux qui se réalisaient. Toujours est-il que cette nouvelle alarme donnait à réfléchir. Bon sang ! Ça devenait vraiment dur de vivre constamment ces hauts et ces bas. Nous avions tenu le coup, et surmonté notre peur jusque-là. Il nous restait à nous reprendre, à poser de nouveau un pied devant l'autre. Mais nous ne pouvions nous empêcher de trembler.

Ce scanner nous a appris autre chose : Patrick avait développé une colite, une inflammation du gros intestin, responsable des douleurs abdominales qui le tourmentaient. Mary estimait que le coupable était le médicament PTK ; il faudrait donc l'arrêter le temps de vérifier si cela changeait quelque chose. Je n'aimais pas cette idée d'interrompre un traitement, mais... Lisa, on se calme ! En effet, si la colite s'apaisait, Patrick se sentirait mieux et cela améliorerait sa qualité de vie. D'autant qu'une colite non soignée pouvait fort bien entraîner une chirurgie. J'ai attendu, sur des charbons ardents, le temps qu'il puisse reprendre son traitement et, entre-temps, j'ai gardé l'œil sur tout signe de complication possible.

Outre ce problème de colite se produisirent quelques faits nouveaux, contre lesquels on nous avait prévenus depuis longtemps. Nous les considérions comme des « éléments de gestion » : le stent qui gardait son canal biliaire ouvert s'était à nouveau bouché et il avait fallu le remplacer ; en outre, la chimio commençait à vraiment saccager ses veines ; parfois, il fallait plus de sept douloureuses piqûres pour lui faire une intraveineuse. On lui posa donc un cathéter pour y remédier. Sans être vraiment glamour, cette technique est une merveilleuse invention, malgré son propre lot de complications, car un accès semi-permanent pour un traitement intraveineux est ouvert dans le haut de la poitrine, juste sous la peau, vers la veine jugulaire et la veine cave supérieure, courte veine épaisse qui transporte le sang vers l'oreillette droite du cœur. Finies les piqûres pour la chimio : il suffisait maintenant d'une aiguille de Huber insérée dans l'accès déjà relié à une veine. Comme par hasard, le lendemain même, Patrick devait tourner une séquence de combat. Bien entendu, l'acteur qui jouait son adversaire lui est rentré dedans, frappant directement son nouveau port à cathéter ! Inutile de dire que ça lui a fait un mal de chien !

*

* *

Un soir, l'un des scénaristes me demanda comment Patrick réagirait si on lui proposait un épisode au cours duquel son personnage, Barker, mourait. J'étais contente qu'il m'ait posé la question à moi, et non à lui. C'était la pire idée qu'on nous ait jamais soumise. Je ne pouvais même pas comprendre comment ils osaient nous proposer ça. Je savais qu'ils devaient nous en parler, qu'ils devaient tenir compte de l'état de Patrick. Extérieurement, je crois avoir gardé mon calme, avoir eu l'air d'y réfléchir. Néanmoins, pour me faire bien comprendre, j'ai dit :

– Non, non... Il n'aimerait pas du tout.

Voyez-vous, j'aurais aimé pouvoir mener une vie normale. J'avais beau apprécier la nôtre, on aurait pu dire que j'étais folle s'il n'y avait pas eu des moments où j'avais envie de tout lâcher. De temps à autre, la dépression s'emparait de moi ; témoin, cette note privée que j'avais rédigée à la mi-octobre de cette année-là – sans doute à peu près à l'époque des scanners. C'était une page pleine de colère, d'autocritique et d'amertume, sur les injustices de la vie. Disons seulement que j'y parlais de mon « inutilité », que je m'y trouvais « grosse », que « j'avais tort de croire en la beauté de la vie », que j'étais « une mauviette ». Et, par-dessus tout, « je pourrais bien perdre mon mari. Et je ne sais pas si je le supporterais. C'est insoutenable ».

Je ne donne ici que des bribes. C'est trop moche, trop lamentable. Je m'apitoie trop sur mon propre sort pour en parler davantage.

Mais que faire de toutes ces impressions ?

Je ne peux pas changer mes choix. Et je n'aurais su garder mon mari en vie si le destin en avait décidé autrement. Mais ce que je peux faire, c'est changer ma façon de voir les choses. Je peux décider de continuer, que chaque jour est un autre jour. Je peux choisir la personne que je veux être, adopter les options qui se présentent à moi et montrer l'amour que je ressens et désire donner à celui que j'aime.

*

* *

Il fait beau à Chicago. Je roule à vélo, promène mes chiens, achète de quoi manger, prépare les médicaments de Patrick, regarde la télé, l'aide à répéter ses scènes, m'occupe de ses relations et regarde les feux d'artifice. Pas mal. Maintenant, l'air se rafraîchit, commence à me picoter les joues. C'est revigorant, et quand il pleut, je navigue sous mon parapluie sans lâcher les laisses des chiens et je ris intérieurement en évitant de me faire mouiller.

Un week-end en octobre, je suis dans la cuisine à préparer le repas et je préviens Patrick que le réalisateur d'un épisode suivant s'est désisté et que certaines personnes m'encouragent à poser ma candidature pour le réaliser moi-même.

– Et... ? s'enquiert-il.

Comme je hausse les épaules, il ajoute :

– Tu devrais le faire.

– Peut-être la saison prochaine.

Ça m'attriste de dire ça, parce qu'il pourrait bien ne pas y avoir d'autre saison et que je n'aime pas trop y penser.

– Pourquoi attendre ?

– Je ne suis pas venue pour ça. Je suis là pour toi.

Je lui souris. Il lève les yeux au ciel.

– Je suis assez grand pour m'occuper de moi.

L'ai-je cru ? Pas vraiment. Non qu'il ne soit assez intelligent ou capable de s'occuper de lui... quoique, parfois, on pouvait se poser la question. Mais son traitement et ses médicaments suivaient encore un rythme complexe.

Or, Patrick n'est pas du genre constant. Sans parler des repas, de la promenade des chiens… et du fait que tout le reste était déjà bien assez lourd à porter pour lui.

Néanmoins, l'idée commençait à germer, et il ne s'agissait plus de l'écarter. Quand il s'était mis dans la tête que je n'allais pas laisser passer une occasion à cause de lui, Patrick ne cédait pas. Question de fierté.

Alors, non, je ne le croyais toujours pas. Quoi ? Il allait peut-être se mettre à faire tout ce que je faisais à sa place depuis huit mois ? Enfin, bon… Mais je commençais à m'habituer à l'idée que je pourrais me faire remplacer au cours des quinze jours de travail que me demanderait cet épisode. En l'occurrence, il était encore trop tôt pour s'emballer. Je n'avais pas obtenu le boulot. Et c'était là un obstacle majeur.

Sur le plateau de The Beast. *(Photo de Roy H. Wagner, ASC.)*

11

Si tu m'appelles commandant, je t'appellerai papa

– Il vous faut plus de temps pour vous préparer.

– Nous ne faisons appel qu'aux réalisateurs syndiqués de la télévision.

– Le planning est trop serré.

– Il est particulièrement difficile pour une femme de tourner un épisode pour la télévision.

– C'est compliqué.

– Le studio et/ou la chaîne ne sont pas favorables à cette idée.

– C'est trop compliqué d'organiser ça sur cette saison.

Voilà quelques exemples des réponses que j'ai reçues quand j'ai entrepris les démarches pour diriger un épisode. Et surtout…

– La saison prochaine ?

Là, je m'entretenais au téléphone avec le producteur délégué. Je respirai un coup avant d'ajouter :

– Écoutez… j'ai assez pratiqué ce métier pour savoir que c'est une autre façon de me dire « Non ».

Il éclata de rire. C'était vrai. Mais, parmi toutes ces excuses, pas une seule ne m'avait convaincue que je ne pouvais ou ne devrais pas diriger l'épisode encore disponible. J'avais réalisé un long métrage, que j'avais également écrit et produit ; j'avais aussi tourné plusieurs petits films dans lesquels je tenais caméra et micro et dont j'avais moi-même assuré le montage, sans compter la mise au point de la version définitive. Je fréquentais les plateaux de cinéma depuis plus de vingt ans et ne manquais ni d'expérience ni de talent. En fait, le plus gros de mon travail avait toujours concerné le cinéma. Mais j'avais passé ces quatre derniers mois derrière tous les talentueux réalisateurs de la série. Ce fut une merveilleuse expérience de les voir travailler et de noter leurs différences : comment ils dirigeaient les scènes, se comportaient avec l'équipe, les acteurs, les scénaristes et les producteurs, ce qu'ils tiraient du matériau... C'était une chance d'avoir pu approcher le métier à un rythme si concentré. Cela valait d'autant plus la peine que tout le monde travaillait à partir des mêmes bases. J'avais également commencé à diriger quelques rushes (plans additionnels ou scènes non écrites) et des prises pour l'équipe B ; j'avais même tourné une scène avec Patrick, avec une équipe minimale, pour donner un coup de main alors qu'ils avaient pris du retard. En outre, avantage non négligeable, je connaissais bien les personnages, sans parler des acteurs, de l'équipe, des scénaristes et des producteurs, ainsi que des consultants de la série.

Alors, quel était le problème ?

Pourtant, ils – quels que soient ces « ils » – restaient intraitables.

Quiconque aurait voulu faire profil bas aurait fini par laisser tomber. Mais je m'étais nettement enhardie par rapport à l'époque de mes vingt ans, quand je me sentais trop timide pour seulement dire « Bonjour » à la caissière du supermarché. Et pour tout avouer... quand on a pris l'habitude d'affronter un cancer, il n'y a plus grand-chose qui puisse vous faire peur. Pourquoi ? Parce que tout le reste devient incroyablement insignifiant, comparé à la maladie. Je bravais la mort, alors si vous croyez qu'un cadre de la télé risquait de m'en imposer... Dès lors, quelle importance qu'ils me croient capable ou non d'effectuer ce travail ? Aucune, je ne craignais pas de le dire. Ils ne me feraient pas reculer comme ça.

J'allais déployer toute l'étendue de mon *sisu*... Ce n'était pas la première fois qu'on me disait « Non ». Hollywood aime dire « Non ». Je le savais depuis que je m'étais lancée dans mes propres mises en scène, quelques années auparavant. Pourtant, je m'obstinai et je finis par les avoir à l'usure, jusqu'à ce qu'ils ne puissent plus dire « Non », jusqu'à ce qu'il leur devienne plus facile de dire « Oui » !

D'autant que pour *The Beast* je n'étais pas seule. J'étais soutenue, entre autres, par Roy Wagner, le directeur de la photographie. C'était d'ailleurs lui qui m'avait signalé le poste vacant dès le début.

– Ils peuvent raconter ce qu'ils veulent, commenta-t-il en apprenant leur refus. Vous pouvez le faire sans aucun doute ! Et puis, écoutez... Patrick est une star. Il peut insister.

Et de me raconter comment il avait débuté sur le plateau des *Experts*, après avoir obtenu le poste sur l'insistance de l'une des stars de la série, et une star beaucoup moins connue que Patrick.

Mon mari, pas plus que moi, n'aimait guère utiliser cet atout, en quoi il ne m'a jamais aidée dans ma réussite. J'ai toujours demandé à être engagée pour mon propre mérite, une idée follement naïve. Pourtant, cette fois, Patrick a téléphoné pour dire qu'il aimerait vraiment que je dirige un épisode. Néanmoins, rien n'a encore bougé. Pourquoi était-il si facile aux autres d'insister, mais pas à lui ? Était-ce une question de sexe ? Ou parce que j'étais sa femme ? Je ne sais pas. Cependant, je n'avais aucune raison de douter de la parole de Roy. Alors, Patrick et moi avons décidé de jouer cette carte. Puisqu'il le fallait. Et nous nous sommes accrochés, en sachant que le seul moyen d'obtenir ce qu'on voulait, c'était de ne pas abandonner. Nous avions eu de multiples occasions d'apprendre cette leçon, entre autres, pendant la carrière de Patrick.

*

* *

Patrick a toujours travaillé dur pour tourner les films auxquels il tenait. Et quand il avait obtenu un rôle, il travaillait tout aussi dur pour le jouer le mieux possible.

Pour *Dirty Dancing*, il passait toutes ses soirées avec l'auteur et le réalisateur afin d'améliorer le scénario. Il était infatigable. Quand il rentrait, la nuit ou pendant les week-ends, il passait encore son « temps libre » à apprendre la chorégraphie, à travailler ses pas malgré un genou gauche qu'il avait dû faire drainer à l'hôpital. Un an plus tard, il était nominé aux Golden Globes.

Pour *Ghost*, Jerry Zucker, le metteur en scène, s'était levé après avoir vu *Roadhouse*, pour dire :

– Il faudra me passer sur le corps avant que Patrick Swayze tourne ce film.

Cela n'a pas empêché Patrick de passer une audition et de lui lire à peu près tout le scénario. Les personnes présentes étaient en larmes et Patrick a obtenu le rôle… ainsi qu'une autre nomination aux Golden Globes.

Dans *La Cité de la joie*, l'un de ses films préférés, une fois encore, sa candidature n'allait pas de soi. Pourtant, il est parvenu à obtenir un entretien avec le metteur en scène, Roland Joffe, et lui a dit, en toute sincérité :

– Si vous me donnez ce rôle, je vous donnerai mon cœur.

Roland est allé voir son producteur et ses financiers pour affirmer :

– Il nous le faut.

Pour l'audition d'*Extravagances*, Patrick s'est rendu sur le plateau entièrement costumé et maquillé en drag queen. Une fois habillé en femme, il eut l'audace de demander d'improviser une scène dans le rôle de Vida Boheme plutôt que de lire un passage du scénario. Le metteur en scène, Beeban Kidron, et le directeur du casting ont présenté l'enregistrement de son audition à Steven Spielberg et aux autres producteurs. Sans leur dire qu'il s'agissait de Patrick, ils ont attendu de les voir béats d'admiration pour le leur révéler. Ce fut le cas de tous les spectateurs puisque Patrick y a gagné sa troisième nomination aux Golden Globes.

Nous avons toujours trouvé bizarre qu'il faille se battre pour les meilleurs projets, tandis que ceux de qualité moindre rapportaient toujours beaucoup d'argent. Attendez... il n'y a pas quelque chose qui cloche dans ce tableau ? Ne serait-il pas préférable que les projets les meilleurs soient ceux qui paient le mieux ? Nous n'avons jamais compris ce mécanisme. Encore que nous ne nous plaignions pas. Patrick était l'un des rares acteurs capables de vivre mieux que bien dans la profession de ses rêves. Alors, oui, il aurait pu choisir seulement des films qui rapportaient beaucoup, mais ce n'était pas notre genre. Il y avait des choses plus importantes que d'avoir des tonnes d'argent à la banque. Nous faisions le travail qui nous plaisait. Là ! Et si les choses déviaient, nous avions les moyens de retomber sur nos pattes. Nous pouvions toujours revenir à la menuiserie. Nous pouvions danser, rassembler du bétail, entraîner des chevaux ! Piloter des avions ! Et bien d'autres choses encore !

*

* *

En octobre 2007, quatre mois avant qu'on ne diagnostique un cancer à Patrick, nous sommes allés nous entraîner au pilotage à Simuflite, près de Dallas, au Texas. C'était obligatoire, au moins une fois par an, et un bon moyen pour nous de ne pas perdre la main. Nous allions essayer notre Beechcraft King Air 200 pour la première fois, apprendre à le connaître de fond en comble durant une session de six jours, les quatre premiers se passant dans une salle de classe et les deux derniers devant un simulateur. Nous avons pris cet entraînement très au sérieux, mettant toute notre fierté dans notre engagement. Patrick aimait à répéter qu'il s'agissait de « voler comme une équipe dans un cockpit » et que nous « opérions à un niveau professionnel ». Mais on allait nous présenter un tout nouveau concept avec la « Gestion des ressources du cockpit ».

Devant le simulateur à système de mouvement complet, nous avons alterné les places de pilote et de copilote, affrontant les pannes de moteur au décollage, les décrochages, les procédures d'urgence en approche, etc. J'étais à la place du pilote, exécutant une de ces procédures et, comme Patrick me noyait sous un flot de paroles, je lui ai fait signe de se calmer un peu et d'attendre que je termine ce que j'étais en train de faire. Il a alors attrapé le manche à balai pour lâcher :

– Si tu ne m'écoutes pas, c'est moi qui prends les commandes.

Inutile de dire que je n'étais pas contente. Mais je ne voulais pas d'une dispute devant l'instructeur. Celui-ci avait très bien vu ce qui se passait et, avec son lent accent texan, il a dit à Patrick qu'il valait mieux ne pas s'emparer ainsi du manche à balai dans un tel moment. Je m'en tirais bien et je gardais le contrôle des commandes. Quelques instants plus tard, il nous a soumis une idée...

– J'ai découvert que ça pouvait vraiment marcher dans un cockpit. Quel que soit le copilote, il devrait appeler le pilote, assis sur le siège de gauche, « commandant ». C'est un moyen de rappeler qui pilote le vol, qui prend les décisions.

– Mmm...

Patrick et moi réfléchissions à la question.

Je me disais que ce devait être difficile de s'en souvenir, surtout si on n'y tenait pas vraiment. Et j'ai bien vu que Patrick n'appréciait pas davantage. Son regard disait assez qu'il n'adhérait pas à l'idée. Mais tant pis ! En ce qui me concernait, j'étais prête à tout essayer pour que nous devenions de meilleurs pilotes.

– Ce n'est peut-être pas une mauvaise idée, commentai-je en haussant les épaules. Tu sais... ça nous rappellera qui tient les commandes de l'appareil.

Patrick y réfléchit un instant puis parut se décider, hochant fermement la tête.

– D'accord, je t'appellerai « commandant »...

Et d'ajouter, avec un sourire espiègle :

– Mais seulement si tu m'appelles « papa ».

J'ai éclaté de rire. Comment ne pas être sous le charme ? J'ai fait de mon mieux pour l'appeler « papa » tant que je me retrouvais sur le siège de gauche.

Mais cela a souligné une chose : malgré toute la générosité de Patrick, malgré sa tendresse, il aimait passer le premier. Et, au cas où vous ne l'auriez pas remarqué, il a l'esprit de compétition. Que dire d'autre d'un homme qui affronte son cancer comme un ennemi mortel qu'il pourrait battre par sa seule volonté ? C'était une gentille plaisanterie de se faire appeler « papa », mais ça soulignait aussi toutes ses contradictions. Il était le premier à me féliciter de tout ce que je faisais dans la vie, de mon talent, de mon intelligence, de ma beauté, et même de mes aptitudes au pilotage, disant avec fierté :

– J'ai créé un monstre quand j'ai persuadé Lisa de piloter. Maintenant, c'est elle qui me dépose quand je travaille.

Et il ajoutait parfois :

– Les femmes sont de meilleurs pilotes parce qu'elles ne prennent pas leurs décisions au niveau de l'entrejambe !

Mais, le moment venu, il aimait beaucoup jouer les commandants.

La plupart du temps, il semblait que c'était ma volonté qui l'emportait. Que tout se passait « à mon gré ». Mais, à y regarder de plus près, je voyais que tout se passait au gré de Patrick. Là, le tableau d'affichage devient plutôt imprécis. Si on se donnait la peine d'analyser les situations, il serait difficile de déterminer où l'un de nous cédait, où l'autre l'emportait. Qui pilote vraiment l'avion ? Je crois que cet échange faisait de nous des êtres vraiment complémentaires et nous équilibrait.

Patrick tenait du parfait « mauvais garçon ». Charmeur, imprévisible, excitant et parfois peu fiable. À vrai dire, presque toutes les femmes que je connais vivent de désastreuses expériences dès qu'elles se mettent à fréquenter des mauvais garçons. Ils les trompent, les traitent mal, s'en vont sans plus donner de nouvelles... Pas Patrick. Il pouvait me rendre folle, comme tous les mauvais garçons, mais il a su aussi rester fidèle, se dévouer corps et âme, aimer de tout son cœur, sans se poser de question, trente-quatre années durant. Il était comme un oiseau sauvage qui se laissait apprivoiser tout en restant parfaitement libre, d'une certaine manière. Ou, si on se rapporte à son signe du Lion, comme un lion, puissant et dangereux, mais capable de s'asseoir tranquillement et d'accepter les câlins tout en surveillant son royaume. Son royaume. Lui au centre du monde.

Et j'étais sa reine. Sa « déesse rebelle », comme il aimait à m'appeler.

*

* *

Bien que Patrick n'ait pas craint de se battre pour certains projets, il n'aimait pas pousser trop loin pour quelqu'un d'autre. Il gardait les pieds sur terre, et je suis certaine qu'il préférait ne pas donner l'impression de profiter de sa position ou de favoriser le népotisme. D'ailleurs, je crois qu'il rêvait secrètement de me garder pour lui seul, que je ne m'occupe que de lui. En fait, ce n'était un secret pour personne, puisque d'autres le disaient. Et je n'irai pas le lui reprocher. Parmi les spectacles que j'ai organisés, j'aurais tout donné pour que Patrick soit là, à me regarder, derrière une caméra. Rien de plus précieux que d'avoir auprès de soi une personne en qui on a toute confiance, dont on respecte l'opinion, parce que tout le monde ne prête pas toujours attention à vous. Et puis l'important, c'est que cette personne vous remet dans la bonne direction quand vous déraillez un peu. Surtout si on sait qu'elle ne cherche pas un quelconque avantage personnel, que ses intentions sont pures.

Est arrivé un moment où Patrick a paru revenir sur sa décision de m'aider à obtenir le poste pour *The Beast*. Il devenait clair qu'il allait devoir montrer ses biceps et sortir son « atout star ». Et tout ça commençait à le mettre mal à l'aise. Du coup, je reculai, moi aussi. Et puis, je réfléchis…

Au beau milieu de la nuit, j'entrai dans le salon pour le trouver devant son ordinateur.

– Quand on pense à tous les projets auxquels j'aurais pu être associée, soupirai-je, je crois que ça ne marchait pas parce qu'on ne s'accrochait pas, qu'on n'allait jamais au bout des choses. On a toujours reculé. Et dans tous ces projets… si on y réfléchit un peu… si j'avais obtenu le boulot, ç'aurait toujours été bien, pour ne pas dire mieux, dans certains cas.

J'étais capable de citer chaque occasion et ce que je disais correspondait à chacune d'entre elles.

– Alors, pourquoi les a-t-on laissés décider ? Comme s'ils en savaient plus que nous ?

Patrick hocha la tête. Il comprenait. Bizarre, mais… il était la seule personne à qui je n'avais pas encore vendu cette idée.

Quelques semaines plus tard, je dirigeais l'épisode.

*

* *

Roy, les scénaristes, l'équipe et moi-même étions enthousiasmés à l'idée que je dirige le tout dernier épisode. Une seule personne ne semblait pas ravie, cependant. Curieusement, à l'instant où je reçus la confirmation que j'allais me voir confier cette mise en scène, Patrick cessa soudain de se montrer si généreux ! Je n'arrivais pas à y croire ! À ses yeux, on aurait dit que j'étais passée de l'autre côté, dans le camp ennemi. J'imaginais bien son raisonnement : « Ouille ! Maintenant, il va vraiment falloir que j'appelle Lisa "commandant", et je n'y tiens pas forcément. »

Heureusement, l'avenir allait le démontrer : sa réaction était provisoire. Patrick n'était plus le même homme, désormais. Renonçant à cette réaction impulsive, il avait pris mon parti. Et il allait prouver sa loyauté au cours des semaines suivantes.

Il était temps maintenant d'appeler les renforts. Je passai un coup de fil à Donny...

– Est-ce que tu crois pouvoir venir à Chicago pour les deux dernières semaines de tournage, afin de promener les chiens, vérifier les médicaments de Patrick, lui prendre ses rendez-vous, t'assurer qu'il se lève à l'heure, et... ?

Je lui énonçai toute la liste.

– Euh... oui. Je ne fais rien en ce moment. D'accord, je viens. À partir de quand ?

Par la suite, il m'a avoué avoir dû prendre sur lui pour ne pas ajouter : « Je me demandais quand tu allais m'appeler ! »

Il s'était rongé les sangs en Californie à force d'imaginer comment les choses se passaient pour nous et de ne pas pouvoir nous aider. Il était très content que j'aie fini par le solliciter, c'était une bénédiction pour lui. Et, qu'il vienne m'aider, c'était une bénédiction pour moi !

Dieu merci, c'était le meilleur des frères ! Malgré son dévouement, la maladie de Patrick pesait encore sur mes épaules, et c'était beaucoup me demander que de me faire diriger cet épisode avec un tel fardeau émotionnel à porter. À certains moments, j'avais l'impression d'avoir eu les yeux plus gros que le ventre. Je me demandais si j'aurais l'énergie d'aller jusqu'au bout. Il arrive à tout le monde de se heurter à un mur. J'avais juste cru que le mien se trouvait encore bien loin. Et puis, voilà que j'étais lancée. J'allais devoir réaliser cet épisode.

Après ses derniers scanners, durant les semaines précédant ce tournage, Patrick avait recommencé à se sentir mal, assez mal pour ne plus pouvoir cacher sa difficulté à travailler. Bien qu'à certains moments tout le monde ait dû l'attendre sur le plateau, parfois pendant quatre heures, avant qu'il se sente mieux, il arrivait encore à assurer son travail et il n'a pas manqué une seule journée.

Bien sûr, il était fatigué. Tout le monde était fatigué, assommé par le rythme contraignant qu'il fallait suivre depuis près de cinq mois. Mais les désagréments abdominaux de Patrick s'aggravaient sans cesse. Au point qu'il lui devenait difficile de se lever le matin. Il décrivit ses sensations comme une immense crampe qui l'envoyait au tapis le temps que la vague passe. On a dû se battre pour tâcher de le soulager le plus possible ; mais il refusait encore de prendre ses analgésiques tant qu'il n'avait pas fini sa journée et qu'il ne disposait pas de tout le temps nécessaire pour les évacuer avant de reprendre le travail le lendemain. Il ne se ménageait pas ! Je sais à quel point ce pouvait être difficile pour lui, et lui aussi le savait – mais la décision de ne pas prendre d'antidouleurs lui appartenait. Néanmoins, je m'inquiétais de le voir ainsi souffrir.

Je me sentais alors en pleine urgence. J'avais du pain sur la planche avec le tournage de cet épisode, pourtant, je voulais toujours surveiller l'état de Patrick au cas où... Tout pouvait arriver. Je lui demandai s'il se sentait toujours d'attaque et, bien qu'il se sente plutôt mal, il a souri.

– Absolument.

J'étais quand même contente qu'il reste seulement deux semaines de travail. Encore un peu de persévérance et il aurait terminé la série. Quelle prouesse d'avoir ainsi pu tourner une saison entière !

Alors nous avons commencé l'étape finale, qui s'est révélée d'autant plus spéciale que nous y travaillions ensemble.

*
* *

J'ai embrassé les chiens pour leur dire au revoir et les ai laissés entre les mains expertes de Donny, avant de me lancer dans cette expérience merveilleuse, excitante et si stimulante qu'est la direction d'un épisode de série télé. J'avais fait tout ce que je pouvais pour me préparer, je partais d'un scénario d'une puissance exceptionnelle, j'avais mes sites, etc. Mais on a beau être préparé, il reste encore beaucoup de facteurs inconnus avant d'arriver sur le plateau, les imprévus, le planning qui pouvait changer… Enfin, j'aimais ça. Il fallait savoir se montrer souple. S'adapter. Et la télévision, en particulier, fait parfois penser à une descente à ski. On a intérêt à trouver rapidement des solutions. Je savais que le rythme était soutenu, mais je ne me rendais pas compte à quel point. J'avais déjà travaillé dans l'urgence, quand je tournais des films à petit budget. Mais là, c'était encore pire ! Cela n'en rendait le défi que plus grand.

J'aimais cette série et ce qu'on en faisait. Bien sûr, j'étais déterminée à faire de mon mieux.

Malgré la difficulté de ce tournage, je subissais encore une pression supplémentaire par rapport à tous les autres réalisateurs : en effet, je ne m'inquiétais pas seulement pour Patrick, je devais aussi soutenir le regard des autres – dans le Sud, on appelle ça « l'œil du chien ». Assise à ma caméra, je sentais les yeux d'au moins quatre personnes fixés sur moi ! Quand il n'y en avait pas cinq de plus, les patrons d'A&E, venus observer le tournage, ou encore l'équipe de la grande journaliste, Barbara Walters : elle voulait quelques images de Patrick et moi travaillant ensemble, afin de pouvoir les utiliser dans un reportage prévu pour le mois suivant. C'était pénible de se sentir comme un faisan empaillé, mais j'avais voulu ce poste, je l'avais ; et, si ça devait leur faire plaisir de me regarder comme ça, tant mieux pour eux.

L'appui de l'équipe, des acteurs et de tout ce monde était fabuleux. Ils me soutenaient de toutes leurs forces. Quant à Michael, le premier réalisateur et consultant de la série, il venait jouer les mentors dès que j'avais besoin de lui. Quand j'eus terminé ma première scène, j'aurais pu jurer lui voir les yeux humides, le sourire fier. Il ne se rendait pas compte à quel point ça comptait pour moi.

En deux jours, les places derrière moi se vidèrent. Je suppose que tous avaient désormais mieux à faire que de m'observer toute la journée. Même si je les amusais beaucoup.

Nous arrivions à la fin de novembre ; la nuit, la température baissait énormément. Durant le long tournage d'une scène de castagne, il faisait presque moins huit et des flocons voltigèrent. Heureusement, je portais ma parka en plume d'oie canadienne achetée dans le Manitoba, mes gants de ski, mes sous-vêtements spéciaux grand froid et mon bonnet de laine. Prête à affronter le gel, je m'amusais bien.

Je travaillais dur, et ça me plaisait bien. Je fus surprise de me rendre compte à quel point j'aimais cette histoire de « mecs ». *The Beast* était plutôt une série macho, pleine de bagarres, d'intrigues, d'actes criminels et d'une conduite agressivement masculine. J'adorais ça ! Sans vraiment savoir d'où ça me venait. Par la suite, quand j'ai raconté à mon chorégraphe, Doug, combien j'avais aimé tourner cette histoire de machos, il a observé :

– Ah oui ? Tu crois que c'est parce que tu es une femme forte ? Et que tu sais casser la gueule aux gens ?

Ça m'a fait rire. Je ne m'étais jamais vue ainsi. J'ai toujours cru que les gens me considéraient comme une personne très féminine, très délicate. Et c'est ainsi que je me sens, la plupart du temps. Alors, tant mieux si certains amis me rappellent mon autre face !

J'ai toujours eu envie d'effectuer le genre de tournage que représentait *The Beast*, cette espèce de docu-drame, au style rapide, râpeux, urbain. Une fois lancée, j'ai vite compris comment tout ça fonctionnait. Et je me suis follement amusée à tourner les scènes de rixes. Patrick avait toujours aimé ça aussi, dans tous ses films. Il essayait sans cesse de me faire venir sur ce genre de tournage, mais je trouvais toujours autre chose à faire parce que ça m'ennuyait prodigieusement. Or, tout d'un coup, je me rendais compte que ça m'ennuyait simplement parce que ce n'était pas moi qui les dirigeais. En fait, maintenant, j'étais au paradis ; j'aurais bien fait ça toute la journée. Ça tenait de la chorégraphie et de la bataille d'oreillers. Et personne n'en sortait blessé ! On y traitait de toutes ces émotions qu'il valait mieux éviter à la lumière du jour. Après ma première scène de baston, j'allai trouver Patrick :

– Maintenant, je comprends pourquoi tu aimes tant ça !

Il faisait de son mieux pour moi. Je savais qu'il ne se sentait pas bien, mais il s'efforça d'être présent aussitôt que j'avais besoin de lui, ce qui lui coûta un effort monumental. Il se rendait compte que le planning était dur pour moi, si bien qu'il arrivait à l'heure sur le plateau, quand il aurait été bien mieux dans sa caravane. Mais il le faisait pour moi et, comme je l'ai dit, c'était un autre homme : il serait là à chaque étape du parcours. Et je voulais qu'il sache à quel point j'appréciais le mal qu'il se donnait.

Voilà longtemps que je n'avais pas éprouvé un tel espoir. L'avenir m'avait paru tellement bouché, pendant de si longs mois. Travailler sur ce projet me rappelait ce que j'aimais tant faire.

De retour dans l'appartement, je trouvai enfin le bon moment pour me tourner vers Patrick, tout en tâchant de dominer mes émotions.

– Il faut que je te dise combien c'était important pour moi. Pour la première fois depuis longtemps, j'ai l'impression d'avoir un avenir… Je n'aurais pas cru éprouver ça de nouveau.

J'en avais les yeux pleins de larmes, et elles ruisselaient sur mes joues.

Patrick me regardait tranquillement, sans rien dire… Il n'avait pas besoin de parler, il lui suffisait de sourire. Je vis alors qu'il s'inquiétait pour moi… Il savait que je redoutais l'avenir. Et lui aussi le redoutait pour moi. S'il existait un seul moyen pour lui de le transformer, il le ferait. Je savais combien il m'aimait… Et pour ces deux dernières semaines à Chicago, il lui plaisait de me considérer comme son « commandant ».

*

* *

L'ultime week-end nous a permis de respirer pendant deux jours. Il me restait encore une journée de tournage, la plus difficile de toutes, et pas seulement à cause du planning.

Le dimanche 23 novembre, nous avions un rendez-vous à l'hôpital Northwestern, et Patrick y passa de nouveaux scanners. Ces scanners toujours si redoutés. Mary Mulcahy nous a ensuite accompagnés dans une salle pour y étudier les résultats avec elle. Le nombre de taches sur le foie avait augmenté. La masse dans le pancréas avait grossi. Il était désormais évident que le traitement n'agissait plus sur Patrick.

*
* *

Avec tout ce que nous avions au programme, nos cerveaux avaient fonctionné à très grande vitesse. L'annonce de l'extension du cancer nous est tombée dessus comme un coup de tonnerre dans un ciel déjà chargé. J'étudiais tous les scanners et, bien que je voie la maladie s'étendre, mon esprit devait se concentrer sur l'écran, pour bien comprendre ce que ça signifiait. Je me suis alors tournée vers Patrick, et j'ai vu sur son visage le reflet de tout ce que je ressentais. La peur s'est introduite en moi, comme un corps étranger qui s'insinuait soudain dans nos deux vies. Réfléchis, Lisa. Réfléchis encore…

Rapidement, on a décidé de changer son traitement en acceptant d'un signe de tête les suggestions de Mary pour un nouveau médicament. Et, avant de me rendre sur le plateau pour y tourner mes dernières scènes, je suis passée prendre à la pharmacie l'ordonnance de Patrick : du Xeloda. Ça me faisait bizarre de pouvoir acheter comme ça ce qui pourrait bien sauver la vie de Patrick. Comme de l'aspirine ou un anti-inflammatoire. La chimio se présentait sous la forme de pilules, et le traitement pouvait commencer aussitôt. Puis, à notre retour en Californie, débuterait un traitement nettement plus lourd, à l'oxaliplatine, par intraveineuse, qui viendrait en complément du Xeloda.

Mon dernier jour de tournage fut ardu, car il exigeait beaucoup de concentration après cette information reçue la veille. Bien entendu, nous n'avions confié à personne ce que nous venions d'apprendre, de peur des fuites. Pourtant, à la fin de la journée, nous éprouvions un extraordinaire sentiment d'accomplissement. La série était bouclée officiellement, et cela souriait autour de nous. Le lendemain serait consacré aux quelques plans de rattrapage nécessaires à plusieurs autres épisodes, dont un pour moi. Ce soir-là, Patrick et moi étions dans la rue en compagnie de deux scénaristes, Vincent et Bill, à discuter des plans à venir. Nous allions nous lancer dans une discussion approfondie quand Patrick leva la main pour soupirer :

– Écoutez… Avant d'aller plus loin, il faut que je vous dise. Je n'arrive pas à croire que j'ai réussi à continuer jusqu'au bout !

Une intense émotion faisait briller ses yeux qui se remplirent de larmes. Puis il a ri. Et a longuement inspiré l'air de la nuit.

Il était allé jusqu'au bout. C'était cela, l'étonnant. Non seulement pour tous ceux qui avaient participé à la production, mais pour tous ceux qui se débattaient avec leur propre maladie grave. Nous commencions à recevoir les témoignages de personnes qui avaient repris espoir en le voyant – « Patrick Swayze a la même chose que moi et il est toujours là. » Même Mary Mulcahy, de l'hôpital Northwestern, nous confia :

– Je ne saurais vous dire à combien de personnes vous avez rendu courage. Certains de mes patients s'accrochent plus que jamais et se remettent à vivre leur vie, et vous savez pourquoi ? Ils disent : « Patrick le fait bien, lui. »

Comme s'il ne leur en fallait pas davantage pour aller de l'avant.

Quel don !

*

* *

Aussitôt après avoir terminé la direction de mon épisode, je passai les deux jours suivants à ranger l'appartement en vue de notre retour vers Los Angeles. Les dernières semaines avaient été épuisantes et il nous restait encore tant à faire avant de partir ! La fermeture de l'appartement de cinq pièces représentait un travail herculéen pour moi. Pourtant, je m'y suis complètement consacrée. Je me reposerais à Los Angeles. Nous n'avions pour ainsi dire pas eu le temps de penser au changement de direction dans le traitement de Patrick. Mais, intérieurement, je m'en rendais bien compte. Alors que je me retrouvais seule au milieu de caisses vides ou remplies, je m'arrêtai pour écrire ceci :

Parfois, je me sens comme une toute petite fille
Une petite fille presque perdue
Si Buddy me lâche la main et m'abandonne.

Je suis si forte
Mon sang se rue
à travers mon corps
Tel un raz de marée
une force de la nature

Je peux plier l'acier
de mes mains nues
et tordre des cuillères avec mon esprit

Mais je ne sais pas comment je survivrai
Sans lui
Parce que quand on éteint la lumière

Dans une pièce sombre et froide
Je ne suis plus qu'une petite fille
une petite fille qui s'accroche à elle-même...

Et là, j'ai supplié la vie de ne pas me le reprendre... Après quoi, j'ai achevé de ranger l'appartement.

Au début de décembre 2008, au Rancho Bizarro, avec Barbara Walters.
(© Ron Tom/American Broadcasting Companies, Inc.)

12

Danser aussi vite qu'on peut

Ce n'était pas parce que Patrick et moi avions décidé de bien nous entendre dans les cockpits que nous n'avions pas, parfois, de sérieuses « divergences d'opinion ». Je me souviens d'un après-midi d'été menacé par de sérieux orages, alors que nous nous rendions dans notre ranch du Nouveau-Mexique. À bord de notre Cesna 414, nous survolions la frontière entre la Californie et l'Arizona, face à un nuage monstre qui se développait à droite de notre trajectoire. J'occupais alors le siège de gauche et j'inspectais les alentours... Pour le contourner, il faudrait effectuer un détour de plus de cent kilomètres, ce qui nous obligerait à prévoir un arrêt pour refaire le plein de carburant. L'orage n'en était qu'à ses débuts...

– Je crois qu'on devrait remonter à huit mille mètres, proposa Patrick. Ça nous placera au-dessus de l'orage.

– Non, dis-je en regardant les nuages. On devrait plutôt passer en dessous. Comme ça, si les choses se passent mal, on pourra toujours se poser et attendre. Il est encore tôt. Si on monte trop haut, on pourrait se retrouver coincés là-haut.

– Jamais de la vie. Tu es folle !

– C'est toi qui es fou.

– Noooon...

On était en pleine bagarre alors que les nuages s'accumulaient autour de nous. Je ne me rappelle pas ce que nous avons décidé de faire. Étant aux commandes, j'ai dû utiliser mon atout maître en faisant ce que je voulais et en le laissant râler dans son coin. Cependant, pour régler notre désaccord, nous avons téléphoné le lendemain à Frank Kratzer, notre principal instructeur et bien-aimé mentor des années durant, lui exposant chacun notre théorie du passage « par-dessus » ou « par-dessous » aussi clairement que possible.

– Vous aviez tous les deux tort, a-t-il conclu.

Nous avons échangé un regard surpris.

– On ne passe ni au-dessus ni au-dessous, mais à travers ! Vous, alors ! À quoi sert tout ce qu'on vous a appris ? À quoi servent vos instruments et votre équipement météo ? Il faut leur faire confiance et rester à l'altitude de croisière.

Dès qu'il nous a fallu affronter un autre nuage géant, Patrick et moi nous sommes regardés en souriant et en retenant notre souffle… avant d'entrer dedans et de faire confiance à nos instruments. Nous n'avons même pas été secoués et nous en sommes sortis comme si de rien n'était. Il nous restait juste la satisfaction d'avoir réussi, une certaine allégresse et beaucoup de fierté.

Oui. Et c'est comme ça qu'il faut faire. On passe à travers.

*

* *

Parfois, quand les choses allaient vraiment mal et nous heurtaient trop, je me sentais un peu hébétée. Je disais en plaisantant qu'il m'arrivait de perdre quelques cellules du cerveau. Je devenais nulle dans des domaines où j'avais été imbattable. J'avais du mal à retenir ce qui ne concernait pas la maladie de Patrick… ou le tournage d'un épisode télé. Depuis que nous avions appris son état, j'avais été à peu près incapable de lire des textes qui exigeaient trop de concentration, *a fortiori* un livre. Je commençais une page… et je devais recommencer, encore et encore. Après cinq tentatives, je passais à autre chose. J'estimais que je n'avais plus de bons filtres dans le cerveau. Une fois les mauvaises choses qui nous arrivaient évacuées, il en était de même pour ce que j'avais mangé au petit déjeuner ou ce que je comptais faire au dîner. Par la suite, j'ai appris que ces oublis, ces brouillards correspondaient en fait à un mécanisme d'adaptation. Le cerveau dit : « Ça devient trop lourd, je dois fermer. » C'est une façon de se protéger, afin de rester disponible pour les choses importantes. Eh oui, il faut parfois endurer des épisodes de stupidité temporaire, le temps que les instants les moins marquants soient éliminés de la liste !

Bien sûr, d'autres choses vous ramènent rapidement à la réalité. Des choses qui changent tout, vous réveillent d'un coup et vous laissent bien affûté…

*

* *

– Quarante mille dollars ! C'est ce que ça coûte ?

J'étais dans la salle de traitement à Stanford, parlant avec Michael, notre remarquable agent du service relations patients, pour confirmer ce qu'il venait de dire alors qu'il préparait les papiers pour le premier traitement de Patrick à l'oxaliplatine.

– Quarante mille, confirma-t-il. L'assurance peut couvrir cette somme, mais il faut signer le papier reconnaissant que vous êtes responsables au cas où on ne vous rembourserait pas. Et cela arrive, parfois, quand les assurances estiment qu'il s'agit d'un traitement expérimental.

– Ça coûte... quarante mille dollars ?

Je n'en revenais toujours pas. Après un rapide coup d'œil vers Patrick, je me tournai vers Michael.

– Il s'agit de plusieurs traitements, d'un cycle complet, ou...

– C'est pour un seul traitement, assura Michael.

– Waouh ! s'exclama Patrick, assis sur le lit, les pieds surélevés.

Il était impressionné mais restait calme. Comme s'il avait la certitude que tout cela allait marcher, que ça en valait la peine, qu'il ne s'inquiétait pas pour ça.

– Quarante mille dollars pour un traitement ?

Comme vous pouvez le constater, j'étais encore sous le choc.

– Croyez-le ou non, expliqua Michael patiemment, certains traitements coûtent cent cinquante mille dollars, parfois deux cent mille. Nous avons des gens qui viennent de pays étrangers avec deux cent mille dollars en espèces. C'est de la folie !

– Je ne me doutais pas...

– Je peux appeler un ami qui pourrait me dire assez vite si c'est couvert par votre police d'assurance. Voulez-vous ?

– Oui, dis-je en souriant. Ce serait sympa.

Il s'absenta une dizaine de minutes.

Pendant ce temps, mon esprit tournait et retournait toutes les implications si notre assurance ne marchait pas. Effrayant ! surtout quand on pensait aux autres personnes dans la même situation. Je comprenais que le seul fait de tenter de se soigner pouvait leur faire perdre leur maison, les endetter jusqu'au cou, eux et toute leur famille.

Cela m'a rappelé une femme qui, peu après le diagnostic, avait utilisé le nom de Patrick sur un site Web pour tenter d'obtenir d'un laboratoire de Caroline du Nord qu'il lui donne son nouveau médicament pour traiter son cancer du pancréas. À voir le site, on avait l'impression qu'elle bénéficiait du soutien total de Patrick dans sa démarche, et qu'en aidant cette dame, ses fans aideraient en même temps Patrick. Si elle avait tort de se servir de son nom, je commençais néanmoins à comprendre sa démarche. Elle avait voulu participer à ces expériences cliniques en raison de leur gratuité. Et on l'avait refusée parce qu'elle ne remplissait pas les conditions – exactement comme Patrick avant qu'on découvre que son taux de bilirubine était correct. Cela donnait à cette dame deux raisons pour demander ce médicament expérimental : 1) les traitements officiels ne se montraient pas assez efficaces contre le cancer du pancréas ; 2) les essais cliniques étaient gratuits.

Concentrée comme je l'étais sur la lutte contre la maladie, je n'avais encore jamais pensé à l'argent. C'est à ça que servent les assurances, non ? À présent, je me rappelais les Drs Fisher et Cabebe psalmodiant, la première fois que nous avions signé à Stanford :

– Et comme il s'agit d'un essai clinique, c'est gratuit !

Nous avions la chance de posséder une assurance, d'avoir pu profiter d'un programme expérimental qui avait aidé Patrick à survivre ces dix derniers mois. Les hôpitaux, les traitements sont tellement chers. Et nous étions loin d'en voir la fin.

Michael revenu auprès de nous, je retins mon souffle.

– Oui, confirma-t-il, l'oxaliplatine est couverte par votre assurance.

J'ai lâché un profond soupir et signé les papiers.

Et je me suis de nouveau félicitée d'avoir une assurance.

En fait, un mois plus tôt, à Chicago, nous avions failli la perdre. J'avais reçu une lettre m'annonçant qu'elle allait expirer trente jours plus tard, Patrick n'étant plus éligible selon leurs critères. Incroyable ! Il avait payé ses cotisations depuis qu'il avait commencé à travailler, soit près de trente ans ! Et il continuait à payer. J'ai appelé Melissa Gilbert qui avait travaillé avec lui deux ans plus tôt sur un projet musical. Ancienne présidente de la Guilde des acteurs, c'était quelqu'un de bien. Elle m'a mise en contact avec une personne susceptible de m'aider, et j'ai pu constater que c'était vrai. On était en train d'annuler la police de Patrick pour une obscure question de seuil de cotisations. Melissa me comprenait.

– Malheureusement, c'est comme ça, commenta-t-elle. Même Patty Duke n'y a plus droit.

Cette actrice réputée, elle-même ancienne présidente de la Guilde des acteurs, ne pouvait plus y prétendre. J'étais écœurée. Par chance, la série *The Beast* allait permettre à Patrick de passer à l'assurance des artistes de télévision. Il nous fallait juste attendre un mois, et ce serait bon. Seigneur !

Par bonheur, nous pouvions user de cette alternative. Ce n'était vraiment pas le moment de se retrouver sans assurance santé ! Au fond, Patrick avait eu de la chance. Je savais combien ce pouvait être difficile pour ceux qui n'étaient pas couverts, les épreuves qu'il leur fallait surmonter, l'impossibilité de tout recours à des traitements d'avant-garde, l'angoisse des longues attentes. Je sais que j'aurais donné n'importe quoi pour que Patrick aille mieux. J'imaginais bien que d'autres pouvaient ressentir la même chose pour ceux qu'ils aimaient.

*

* *

En général, quand nous terminons un travail, nous disposons d'un peu de temps pour récupérer. Malheureusement, le cancer, lui, n'accorde aucun répit. Et puis, nous avions d'autres cookies sur le feu. Trois jours après notre atterrissage à Los Angeles, Patrick subissait son premier traitement par oxaliplatine à Stanford. Et, trois jours plus tard encore, nous recevions la journaliste Barbara Walters pour une interview dans notre Rancho Bizarro, à Los Angeles.

C'était la première interview que Patrick accordait depuis son diagnostic, aussi la vivait-il comme un moment particulièrement intense. Après avoir participé au Téléthon et tourné sa série, il était temps pour lui de s'adresser au public. En effet, il tenait à ce qu'on se concentre sur les aspects positifs : il vivait sa vie, ne faisait pas que subir une maladie fatale pour tant de gens. En tout cas, c'était ce que moi je voulais.

Nous avions choisi Barbara pour l'interview, non seulement parce que c'est une professionnelle avérée mais aussi à cause de certains détails passés. Depuis une vingtaine d'années, nous entretenions une relation chaleureuse avec elle, grâce à son entrevue avec Patrick après *Dirty Dancing* et le tourbillon qui s'en était suivi. Son interview était restée longtemps dans les mémoires, essentiellement à cause de l'émotion de Patrick quand il avait évoqué la mort de son cher papa. Quant à Barbara, elle allait rester parmi ses préférées. Il se trouve que je me rappelle – et je suis sans doute la seule – qu'à la fin de cette première interview elle nous avait regardés, Patrick et moi, en murmurant :

– J'aimerais revenir dans vingt ans pour voir où vous en êtes.

À cette époque, je m'étais dit : *Waouh ! elle est drôlement optimiste quand on pense à la durée moyenne des mariages à Hollywood !* Et voilà qu'elle revenait, vingt ans après, dans cette même maison. Malheureusement, ce n'était pas une statistique hollywoodienne qui menaçait désormais de nous séparer.

Nous faisions confiance à Barbara pour exposer avec élégance la situation de Patrick. En même temps, nous savions qu'elle pouvait se montrer extrêmement directe et brutale dans ses questions. Mais nous l'acceptions. Elle n'était pas du genre à fouiner dans les détails de la vie intime pour en tirer des titres sensationnels ; mais, à partir des mêmes informations, elle savait exposer sobrement les faits. Pour tout dire, nous n'avions aucun besoin de sensationnalisme : ce qui nous arrivait constituait déjà l'étoffe du pire des drames. Seulement, tout le monde ne sait pas raconter ce genre d'histoire comme le faisait Barbara.

Quelques semaines avant sa venue, on m'a demandé si je voulais participer à l'interview, et j'avais refusé. Je craignais de ne pouvoir en supporter le poids émotionnel.

– Ils insistent, m'avait annoncé notre agent, Annett. Ils aimeraient bien que vous soyez là.

Je lui avais alors exposé mes inquiétudes :

– Ça risque d'être trop dur pour moi. Et ma réaction pourrait donner deux sortes de résultats : je risque de m'effondrer à la télévision nationale, et je ne le veux pas ; ou alors, je parviens à me contrôler, mais si bien que le public pourra se demander comment je peux rester aussi détachée dans une situation pareille, et croire que je m'en fiche.

À mes yeux, j'avais tout à y perdre. Mais, à mesure que la date fatale approchait, on insistait pour que je sois présente, et j'ai fini par céder. Je n'avais qu'à me fier à la situation. Quant à ce qu'en penserait le public...

Une équipe de télévision déploie toujours une énorme activité quand elle s'installe dans une maison, et celle de

Barbara n'a pas fait exception. La journaliste pratiquait depuis des dizaines d'années, et tous étaient de grands professionnels qui s'arrangeaient pour que tout se passe au mieux. Néanmoins, la journée ne s'est pas déroulée sans anicroches ni retards, et les réactions empressées de tout un chacun au moindre incident ont été des plus comiques. Même notre femme de ménage, Celinda, et le Dr Fisher, venu lui aussi témoigner, restaient sur le qui-vive.

Durant l'interview de George, une mouche voletait autour de sa tête et de son visage. Finalement, Barbara interrompit le tournage pour demander :

– Quelqu'un peut-il nous débarrasser de cette mouche ?

Et d'ajouter, agacée :

– D'abord, d'où viennent-elles, ces bestioles ?

– Il fait chaud, aujourd'hui, ai-je répondu en souriant. Et nous sommes dans un ranch où vivent des chevaux. C'est normal qu'il y ait des mouches.

J'ai tenté d'écraser celle qui nous gênait, mais une autre personne pourchassait déjà la coupable, et une troisième était allée chercher une gigantesque bombe aérosol dans sa voiture pour en répandre le contenu autour de la tête de George qui s'efforçait de ne pas respirer. C'était assez drôle de voir ce médecin, la tête aspergée d'insecticide. Mais... bienvenue dans le show-biz ! Quoi qu'il en coûte !

Comme si cette interruption n'avait pas suffi, cinq minutes plus tard, la machine à café dans la cuisine commençait à gargouiller. Sans doute Celinda avait-elle voulu en préparer pour tout le monde et l'eau débordait...

Barbara s'interrompit de nouveau.

– Quelqu'un fait du café ? s'écria-t-elle d'un ton incrédule.

Je n'étais pas dans la cuisine, mais j'entendis plusieurs personnes aller et venir dans cette direction et, quelques instants plus tard, le calme était revenu. Barbara reprit et termina son interview du Dr Fisher sans autre incident.

Pour Patrick et moi, ce fut plus dur. Avant de commencer, j'ai dû aller le chercher dans notre chambre pour lui remonter le moral avant qu'il sorte devant tout le monde. Pendant l'interview, j'ai eu la surprise de le sentir amer, presque en colère, lui qui s'était jusque-là montré si positif ; d'un seul coup, c'était comme s'il exposait son « côté sombre ». Certes, ce « côté sombre » existait, mais j'aurais préféré qu'il ne parle pas seulement de ça, à l'exclusion de tout le reste.

Il subissait tant de pression ! D'autant que c'était sa première interview depuis le début de sa maladie. Une histoire pareille ne se raconte pas facilement. Bon, c'est l'occasion de remettre les pendules à l'heure. Vous concentrez-vous sur les aspects positifs de votre vie, ou sur les autres ? Idéalement, on devrait se concentrer sur les deux, mais Patrick tendait à ne plus voir que le mauvais côté des choses. Et je ne cessais de ruminer : pourquoi fait-il ça ? Il s'était effectivement senti merdique ces derniers temps. Au point d'en oublier qu'il se sentait si bien, à peine deux mois auparavant ? Et si moi-même je ne me rendais pas compte de sa souffrance actuelle ? Il venait de commencer une nouvelle chimiothérapie, peut-être cela venait-il de là ? Au cours d'une coupure durant l'interview, je l'ai entraîné dans un coin pour lui rappeler qu'il devait raconter l'itinéraire dans son ensemble, pas juste ses côtés négatifs. Lui qui avait été si fort et positif durant ces onze mois, je me demandais comment il pouvait soudain paraître avoir tout oublié. Il est allé jusqu'à dire que la chimio, « c'était l'enfer ». D'accord, c'était dur, mais il semblait avoir oublié les nombreuses journées de bonheur qu'elle lui avait permises, sans compter qu'elle l'avait tout simplement gardé en vie ces onze derniers mois !

Ai-je l'air mesquine en disant cela ? D'accord, je lui en voulais un peu. Mais sous cette colère, ce qui se produisait en ce moment impliquait une terrible question. Me serais-je complètement trompée sur ce que j'ai cru voir ? Et si c'était infiniment plus terrible que ce que j'imaginais ? Alors je me suis rappelé…

Il venait de terminer un tournage.

Patrick était de ces acteurs qui peinent à sortir d'un personnage. J'avais toujours dit :

– S'il vous plaît, ne lui faites pas jouer un assassin armé d'une hache, parce que je n'ai pas envie qu'il rentre comme ça à la maison !

Patrick venait de passer cinq mois dans la peau de « Barker », personnage essentiellement négatif, colérique, lesté d'une bonne dose d'amertume. Si vous regardez sa façon de parler à Barbara, et que vous comparez avec un extrait de *The Beast*, vous comprendrez aussitôt : il n'avait pas encore complètement quitté Barker !

Au fait, je l'ai trouvé magnifique en Barker. Je crois que c'était un de ses meilleurs rôles. Il s'est totalement fondu dans ce héros. Patrick avait complètement disparu pour faire place à Barker. J'étais fière de sa prouesse. Il y a des choses dans son incarnation de *The Beast* que personne n'aurait pu rendre comme lui. Personne. Il était brillant.

Et là, dans cette interview, il semblait saisir la moindre occasion pour dire tout ce qu'il avait de négatif à l'esprit. Moi, j'étais bouleversée !

Plus tard, quand je me suis vue à l'écran – j'ai dû me forcer pour regarder –, j'ai perçu aussitôt l'état de stress dans lequel je me trouvais, les mâchoires serrées, le corps et le visage complètement bloqués, souriant sans cesse. En bonne fille du Sud. Nous sourions quand nous sommes en colère, pour ne pas pleurer. Comme pour beaucoup de femmes, c'est une réaction plus ou moins automatique à n'importe quelle émotion intense. Malheureusement, ça vient de ce qu'on nous a répété : les femmes colériques sont des mégères, et les larmes enlaidissent quand elles ne vous rendent pas exaspérante. J'avais ravalé mes pleurs pendant le tournage, mais, finalement, j'étais contente de ne pas avoir éclaté en sanglots, ce que j'avais un moment redouté. À quelques exceptions près, j'avais bien tenu le coup toute cette année. Et si je lâchais tout maintenant, si je laissais s'ouvrir la sombre crevasse du chagrin… je n'allais pas le faire à la télévision. Bien sûr, Barbara devait poser des questions du genre :

– Avez-vous envisagé la perspective d'une vie sans Patrick ?

Certaines personnes estimèrent qu'elle n'aurait jamais dû poser cette question. Mais je m'y attendais et j'ai fait de mon mieux pour répondre, tout en continuant à me maîtriser, parce que j'y avais réfléchi. Et j'en étais arrivée à… ne pas savoir ce que j'allais faire : j'y réfléchirais le moment venu.

Le tournage s'acheva sur quelques plans de chevaux pris dans l'écurie, et puis Patrick fit valser Barbara comme il l'avait fait à la fin de son interview, vingt ans plus tôt. Enfin, tout le monde partit. Je me demandais quel serait le résultat, une fois le montage effectué. Patrick et moi restions très vulnérables. Il y avait de quoi faire une longue émission, et c'est difficile de se livrer ainsi entièrement à quelqu'un d'autre. Mais c'était fait. Je n'avais plus qu'à espérer que tout se passerait bien. Si nous devions faire confiance à quelqu'un, nous ne pouvions tomber mieux.

*
* *

Après l'interview, Patrick et moi avons regagné la maison pour nous détendre un peu, parler de ce qui s'était passé, de la mouche autour de la tête du Dr Fisher, de ce que nous allions faire jusqu'au soir. Je me suis rendue à la cuisine pour préparer du thé et, là, je me suis arrêtée, stupéfaite... Où était passée la cafetière ? J'ai regardé autour de moi, rien. Alors je me suis rappelé avoir entendu Barbara crier :

– Quelqu'un fait du café ?

Et puis un tohu-bohu. En fait, Celinda, terrifiée de l'entendre si mécontente, s'était précipitée dans la cuisine pour arracher le fil branché au mur et... avait sorti l'appareil de la maison pour faire le silence. On a retrouvé la cafetière le lendemain dans le petit pavillon d'amis, abandonnée sur la table.

*

* *

Comme Patrick ne dépendait plus des recherches expérimentales de Stanford et qu'on trouvait l'oxaliplatine partout, nous avons pu lui faire administrer sa deuxième dose chez le docteur, à Los Angeles. C'était infiniment plus pratique que de se rendre à Stanford toutes les semaines, et on aurait pu penser que ça nous soulageait. Mais aucun changement de traitement ne s'effectue sans crainte ni hésitation.

Nous avions tiré la quintessence de l'étude PTK qui l'avait gardé vivant des mois durant. Mais le cancer avait finalement pris le dessus et trouvé le moyen de résister ; il fallait désormais passer à autre chose. Ces nouveaux médicaments, l'oxaliplatine complétée par du Xeloda, nous étaient inconnus, et il restait toujours la possibilité que Patrick n'y réponde pas. Nous commencions à inventorier les quelques choix encore possibles pour Patrick, et même celui-ci nous semblait un rien arbitraire, pas assez scientifique à mon goût. C'était un peu comme jouer à pile ou face. Outre l'oxaliplatine et le Xeloda, nous pouvions nous tourner vers l'Abraxane, le Tarceva, ou encore le protocole Folfox, mélange d'acide folinique et de 5-Fu associé à la forme intraveineuse de Xeloda et à l'oxaliplatine. En outre, il existait des médicaments qui, pour la plupart, n'avaient pas donné de résultats probants dans le traitement du cancer du pancréas. Notre liste restait discutable dans la mesure où nous ne savions pas si ces substances étaient assez agressives pour attaquer son cancer. Nous avons continué l'oxaliplatine tout en tenant compte des avertissements contre ses effets secondaires, dont une sensibilité extrême au froid. Une nuit fraîche pouvait vous geler la gorge et les poumons, et il n'était pas question d'ouvrir le réfrigérateur sans passer d'abord des gants. Pourtant, l'oxaliplatine restait plus acceptable que d'autres médicaments qui pouvaient causer soit : 1) la perte des cheveux ; 2) une grave éruption cutanée, de type acné. Comme Patrick avait l'intention de participer à la promotion de sa série le mois suivant, nous en avons conclu que la sensibilité au froid restait le meilleur choix. Et c'est ainsi que nous avons pris cette décision.

Je n'aimais pas changer de médicaments. Je voulais que Patrick reste avec moi encore longtemps et je ne tenais pas à épuiser toutes les possibilités qui se présentaient. Passer à la deuxième étape était comme un premier pas vers la fin.

Mais nous allions d'abord effectuer un petit détour…

– Je ressens une telle pression dans l'estomac, se plaignait Patrick au Dr Hoffman, comme si mes repas s'accumulaient de nouveau. Je suis obligé de dormir pratiquement assis à cause de la nausée.

Le médecin l'a aussitôt renvoyé à Cedars-Sinai pour une nouvelle série de scanners. Patrick a avalé de la teinture radiographique et passé des radios de l'estomac et de l'intestin grêle pour voir à quelle vitesse la teinture traversait ses organes et s'il existait des obstructions. On a ainsi découvert que le stent posé à la sortie de l'estomac avait rétréci d'environ quatre-vingts pour cent. Bien sûr, cela provoquait un retard dans tout le système d'évacuation.

Les médecins s'étonnaient toujours de la connaissance qu'avait Patrick de son corps, et l'attribuaient à sa formation de danseur.

Nous étions rentrés de Chicago depuis quinze jours seulement, et nous nous retrouvions à Stanford pour examiner ces nouvelles obstructions. Patrick avait de plus en plus mal au cœur, vomissait souvent et n'avait plus rien mangé depuis quarante-huit heures. Inquiétant. Nous le savions, nous allions vers de nouvelles complications, mais nous restions calmes et déterminés, tels des tireurs à la main sûre.

Il fallut un autre scanner pour tenter de déterminer où se trouvait l'obstruction. Et cet examen nous offrit une bonne nouvelle. La maladie s'était de nouveau stabilisée. Oui ! Même un seul traitement à l'oxaliplatine donnait déjà des résultats. On nous spécifia aussi que Patrick avait besoin d'un pontage gastro-intestinal, et il se vit emmener en chirurgie pour être opéré dès le lendemain matin.

On appelait ça une laparotomie exploratrice avec gastrojéjunostomie. Disons plutôt un by-pass gastrique. La masse pancréatique avait grossi au point d'obstruer la première partie de l'intestin grêle (le duodénum), ce qui empêchait les aliments de sortir de l'estomac. Donc, le chirurgien allait prendre la deuxième partie, inférieure, de l'intestin grêle (le jéjunum) pour le remonter vers l'estomac où il installerait une ouverture rattachée au jéjunum afin que les aliments y descendent directement de l'estomac, évitant ainsi l'issue obstruée. En gros, c'est comme si, en raison d'une porte bloquée, on perçait simplement un trou à côté dans le mur pour y placer une nouvelle porte. À l'hôpital, chacun fit bien attention à nous garantir discrétion et sécurité.

De nouveau, j'ai dû passer la nuit sur un lit de camp. Bien sûr, j'avais appris à préparer nos bagages en fonction de chaque situation pour nous assurer un maximum d'avantages et de confort. J'avais aussi apporté des films à regarder sur mon portable. Je m'installais à côté de Patrick dans le lit et nous nous pelotonnions l'un contre l'autre, les pieds surélevés, l'ordi sur la desserte. Douillet ! Un soir, le Dr Fisher était entré et nous avait aperçus dans la chambre obscure, assis l'un à côté de l'autre, et s'était exclamé :

– Ah, le cinéma en drive-in !

Notre chambre se trouvait dans l'aile cancer. Pour la première fois, nous n'étions pas dans le service général. Ça m'impressionnait un peu, surtout quand je suis sortie chercher quelque chose à manger ; il y avait beaucoup plus de visiteurs dans les chambres des patients que dans les autres services. L'atmosphère y était différente, et cela me déconcerta un peu. Certaines portes fermées affichaient des panneaux sentencieux spécifiant : VOUS DEVEZ VOUS DÉSINFECTER LES MAINS AVANT D'ENTRER. Je ne comprenais pas pourquoi c'était si important de se laver les mains avant de pouvoir regarder derrière ces portes. Comme si elles dissimulaient l'Homme au masque de fer ou une version terrifiante d'Hannibal Lecter. En longeant ce couloir, j'ai ressenti un besoin urgent de sortir Patrick de là. Et j'ai compris pourquoi. Certains patients se mouraient du cancer, ce qui expliquait le grand nombre de visiteurs, la décoration destinée à rappeler un peu sa propre maison. J'en suis restée perturbée et m'est venue une pensée absurde ! Pourquoi nous ont-ils installés ici ? Ils ne savent pas que Patrick n'a rien à voir avec ces gens ? En même temps, je me rendais bien compte que je refusais de voir la vérité en face, je voulais conjurer la mort le plus longtemps possible. Et là, arrivée devant notre porte, j'ai découvert que nous avions également droit à un panneau : ENREGISTREZ-VOUS À LA RÉCEPTION AVANT D'ENTRER. Mais, là, c'était pour une raison différente : nous ne voulions pas que les gens sachent qui occupait la chambre et entrent jeter un coup d'œil !

Le chirurgien qui allait effectuer le by-pass était le Dr Norton. Sa réputation l'avait précédé et nous nous sentions entre de bonnes mains ; en fait, nous l'aimions beaucoup. Mais toute opération restait impressionnante en ce qui concernait Patrick. Par-dessus tout, la chimiothérapie affaiblit le système immunitaire et rend plus vulnérable à l'infection. Patrick allait donc devoir se passer de traitement durant six à huit semaines, le temps qu'il se remette. Le cancer du pancréas est très agressif : je craignais donc que cette interruption lui donne l'occasion de faire d'autres ravages dans son corps. On nous avait prévenus que ce by-pass pourrait être nécessaire, alors nous tâchions de nous préparer aux conséquences que pourrait entraîner cette opération. Mais, comme le dit Patrick à Barbara Walters :

– Ce n'est pas le cancer qui vous tue. C'est tout ce qu'il y a autour.

Impossible de le laisser dans l'état où il était alors.

À son retour du bloc, je les aidai à réinstaller Patrick dans son lit. Tout s'était très bien passé. À présent, il ne lui restait qu'à se remettre. Et c'était bien la première fois depuis l'annonce de sa maladie que je le voyais assommé par les analgésiques. Il racontait des trucs bizarres, comme lorsque l'infirmière s'assurait que l'équipement au pied de son lit fonctionnait correctement. Là, il a expliqué tout à trac :

– Vous n'obtiendrez rien comme ça. Tout doit bouger. C'est complètement bloqué.

Avec l'infirmière, nous nous sommes regardées, tandis qu'il ajoutait :

– Il faut commencer par déplacer ce camion. Commencez par le camion. Il bloque tout le reste !

La dernière fois que je l'avais vu aussi défoncé, c'était à New York, il avait environ vingt-quatre ans. Il sortait d'une anesthésie locale et quelqu'un devait le ramener.

– Je peux rentrer tout seul ! avait-il assuré. Je vais prendre le métro jusqu'à Colombus Circle.

– Non, je te dépose. Ça ne me dérange pas.

Je l'attendais sur le trottoir devant l'immeuble, avec notre Honda 750, baptisée Buford. Heureusement que j'étais passée le prendre, parce qu'il y avait un monde fou dans la rue et je le voyais qui commençait à errer en se faisant bousculer, un sourire niais sur le visage. Je lui fis signe et il me répondit, vint me rejoindre mais mit près de cinq minutes à enfiler son casque. Je le fis asseoir à l'arrière et je démarrai. Je ne sais toujours pas comment il n'est pas tombé, mais on est rentrés à la maison sans encombre.

Et voilà que dans la chambre d'hôpital à Stanford, il donnait ses instructions d'un ton tranquille, puis parlait de choses et d'autres, dans un discours décousu, totalement dénué de sens. J'ai éclaté de rire et ça faisait du bien. L'infirmière a ri, elle aussi, mais Patrick a paru se fâcher, insistant pour qu'on l'écoute. Il était trop drôle mais n'avait aucune envie qu'on se moque de lui. Finalement, avec un gros effort, j'ai réussi à hocher la tête en faisant semblant de suivre ce qu'il disait. C'était tout ce qu'il voulait. En même temps, je riais intérieurement. Il a fini par se taire et a fermé les yeux pour se reposer.

Quelques jours plus tard, alors que tout se passait comme prévu, qu'il allait de mieux en mieux, j'ai refait nos bagages pour rentrer à la maison. Toute cette épreuve se révélait plutôt une authentique bénédiction. Pendant que le Dr Norton « y était », il a confirmé que Patrick avait un gros abcès sur la paroi externe de l'estomac. On avait pu le drainer et Patrick a été mis sous antibiotiques. Cet abcès m'intriguait, mais je n'en mesurais pas la gravité, jusqu'à ce que le Dr Fisher nous dise combien nous avions de la chance d'avoir pu le découvrir.

– S'il avait duré quelques jours de plus, Patrick aurait été très, très malade. Ce serait devenu dangereux. En fait, je m'étonne qu'il ne l'ait pas déjà été.

Patrick avait donc encore esquivé le boulet. Décidément, des anges veillaient sur lui... et nous guidaient.

Le Rancho de Dias Alegres sous la neige, au Nouveau-Mexique.

13

Nuits noires, embellies par la neige

Quelques jours à peine avant Noël, nous rentrions de Stanford quand j'ai soudain décidé d'inviter ma famille pour le réveillon du 24 décembre, et celle de Patrick pour le jour de Noël, comme nous le faisions chaque année. Ce fut plus difficile à organiser parce que, jusque-là, j'avais eu le temps d'aller faire les courses en laissant Patrick seul. Donny avait d'ailleurs paru surpris au début que je puisse faire quoi que ce soit. Les gens s'imaginaient que Patrick était invalide. Pourtant, il était actif, complètement sain, et gardait les idées claires. Bien assez pour tourner une série télé entière ! Et s'il se passait quelque chose, il pouvait toujours décrocher le téléphone. Mais les choses évoluaient, maintenant. Depuis son opération, il se sentait faible et avait du mal à se déplacer. Et il recourait de plus en plus aux médicaments pour lutter contre la douleur, ce qui lui embrumait l'esprit.

Nous allions apprendre à considérer d'une toute nouvelle façon les analgésiques. Pendant presque toute sa vie, Patrick avait refusé d'en prendre. J'avais toujours trouvé un peu ironique qu'il soit parfois capable de boire à en perdre la tête mais rejette même un demi-comprimé de Vicodin alors que son genou avait enflé comme un Zeppelin. Enfin, comme il disait dans une phrase citée dans un magazine :

– Je ne suis que contradiction, et c'est bien comme ça.

Comme je l'ai déjà dit, il n'avait pris aucun antidouleur sur le plateau de tournage de la série, et en dehors c'était au coup par coup. Une erreur, en fait, comme nous l'avons appris par la suite. Quand on affronte de telles douleurs, il faut rester sous traitement. Sinon, la douleur risque de n'en revenir que plus violemment. Il est beaucoup plus efficace de la combattre avant l'attaque, mais cela allait complètement à l'encontre de ce que nous avions appris auparavant, et la transition fut difficile pour Patrick : en effet, comme je l'ai dit, il n'aimait pas se sentir dépendant de quoi que ce soit. Il voulait pouvoir laisser tomber quand ça lui plairait ; en restant constamment sous traitement, il se sentait dans la peau d'une victime et ça le vexait un peu. Pourtant, nous avons obéi à ces nouvelles instructions et, quand Patrick a décidé d'y avoir recours, nous nous sommes adaptés à cette approche inédite.

Entre les médicaments et cette impression de fragilité, je m'en serais voulu de le laisser seul sans personne pour veiller sur lui. Et s'il commençait à se sentir mal ? S'il avait besoin de quelque chose ? S'il était pris de vertiges et tombait ? Cette inquiétude accrue rendait les choses encore plus difficiles, épuisantes. Je n'avais même plus le droit de sortir faire trois courses au supermarché du coin. Je dus mettre au point toute une organisation dès que je devais bouger ou m'occuper de choses importantes. Et, quand je pouvais faire venir quelqu'un pour veiller sur Patrick, j'en profitais au maximum pour en faire le plus possible.

*

* *

De temps en temps, seul dans la nuit, Patrick ne pouvait s'empêcher de « broyer du noir », comme il disait. De retour au Rancho Bizarro de Los Angeles, il avait discrètement pris Donny à part…

– Tu sais que je ne vais pas vaincre ce truc, n'est-ce pas ? lui murmura-t-il à l'oreille.

Donny avait fait de son mieux pour ne pas se troubler et réagir aussi calmement qu'honnêtement. Pourtant, son frère venait de lui faire part de ce qui devenait sans doute inévitable. Après un moment, ils avaient changé de sujet.

– Et moi, je pourrais me faire renverser par une voiture demain.

C'était ce que je répondais quand lui ou quelqu'un d'autre évoquait devant moi l'éventualité de sa mort. Nous allons tous mourir. La question étant : quand ? Bon, c'était un moyen pour moi d'alléger un peu le sujet. Je savais très bien que je n'allais pas me faire écraser le lendemain ; d'ailleurs, je ne risquais pas de seulement approcher une voiture dans les jours à venir… mais je savais que Patrick avait un cancer du pancréas et que sa vie était en danger.

Tous les deux, nous nous traitions de « réalistes optimistes ». Nous n'allions pas perdre l'espoir, pour autant, de le voir devenir le premier à vaincre cette maladie et à retrouver la santé. En même temps, nous savions que la maladie risquait fort de l'emporter.

– Il me reste ce minuscule espoir d'arriver à vaincre cette saleté, me disait-il.

Chaque fois qu'il disait ça, il ne pouvait cacher son émotion. Cela voulait tout dire. C'était sa vie, et il refusait de la perdre.

Il disait rarement « broyer du noir ». Je me demandais si c'était pour éviter de me bouleverser. Mais, encore une fois, nous étions tellement occupés à rester positifs qu'il ne voulait peut-être pas laisser des pensées négatives trop prendre pied dans nos vies et tout briser. Les tabloïds étaient déjà assez pessimistes comme ça, qui le tuaient semaine après semaine. Cela nous suffisait.

Je savais que Patrick luttait pour rester positif, et il y parvenait étonnamment bien, d'autant que ce genre de maladie entraîne la dépression. Qui n'aurait pas déprimé en s'entendant annoncer une issue fatale possible ? Mais le cancer du pancréas peut aussi causer une dépression physique. Toujours est-il que, s'il en souffrait, Patrick savait le cacher. Bien que cet état ait pu le frapper à certains moments ou durant de longues et sombres nuits, il ne se laissait jamais aller. Néanmoins, je savais quel défi ça pouvait représenter pour lui.

– Comment alimenter une attitude positive quand toutes les statistiques vous disent mort ? demandait-il, comme s'il me défiait de lui répondre.

Bonne question. Et qui amenait un espoir, une crainte et une incertitude plus durs à affronter. Pourtant, lui naviguait à travers tout ça avec un réalisme et un courage acharnés, une sagesse intrépide que je ne lui avais jamais vus.

En de rares occasions, il confiait ce qu'il avait sur le cœur et cela me semblait tellement profond qu'il m'aurait paru... indigne de seulement discuter sa phrase initiale.

– Où vais-je aller si je meurs ? Qu'est-ce qui va m'arriver ?

Quand il exprimait à haute voix ce genre de pensée, je la sentais emplir l'atmosphère d'un tel poids que rien d'autre ne pouvait s'y mesurer.

Mon cœur bondissait mais je ne savais que répondre et le regrettais amèrement. Simplement, je sentais que je devrais m'en tenir à certains clichés du genre : « Tu seras au paradis. » « Ton corps ne peut pas contenir toute l'énergie qu'il y a en toi. » « Ta vie prendra une autre forme et tu reviendras dans ce monde quand tu seras prêt. »

Mais je ne me voyais pas lui dire ce genre de chose. Ce ne serait pas un mensonge, mais pure invention. Moi, je voulais le réconforter. Je savais ce que je voulais croire, mais comment en être certaine à cent pour cent ? Et je ne pouvais dire quelque chose en quoi je ne croyais pas complètement sans me sentir hypocrite. En ce sens, je lui ressemblais beaucoup. Je saurai quand j'y serai. En attendant, je ne ferai que supposer. Il faudrait bien que je me contente de ce que je savais. Et je savais que je comprenais sa peur.

Aussi sa question tombait-elle à plat, dans un grand bruit qui se réverbérait et secouait la poussière à travers les moindres recoins de la maison, et pesait lourd dans les airs.

Il méditait sur la trace qu'il laisserait dans le monde. Se demandait si cette trace signifierait vraiment quelque chose… S'il avait légué un héritage grâce à son travail, à ses chevaux, à la forêt de notre ranch… Et aussi : avait-il été quelqu'un de bien, quel souvenir laisserait-il en tant qu'homme ? Ce n'était pas souvent qu'il exprimait de telles pensées, mais il y réfléchissait.

Le plus clair de son temps, il avait vécu sur le fil du rasoir, et on ne peut faire ça constamment sans commettre d'erreur. C'est une position dangereuse. Je sais aussi qu'il gardait certains regrets sur sa conduite dans des circonstances qu'il avait du mal à admettre. À présent, il en souffrait. Mais, à la vérité, c'était un être hypersensible, doté d'un cœur énorme. Le plus dur pour lui, ce n'était pas tant qu'il ait pu blesser quelqu'un par ses actes que de s'être laissé aller. Il avait une idée précise de ce qu'il voulait être : quelqu'un de bon, de fort et d'honorable. Un héros...

Depuis le début de sa maladie, une chose me surprenait. Il devenait humble, lui qui s'était toujours conduit en être invincible. Il plaisantait en disant qu'avoir été éduqué par sa mère, c'était un peu comme être à l'école des demi-dieux. Cette femme avait toujours exigé le meilleur, l'avait rendu exigeant avec lui-même, et parfois Patrick se conduisait comme si le monde tournait autour de lui. Bien sûr, il lui arrivait de rencontrer des obstacles, comme lorsqu'il tomba de cheval et se brisa les deux jambes contre un chêne durant le tournage de *Lettres pour un tueur.* Pourtant, il revint et refusa d'être doublé. Et voilà que, tout d'un coup, avec la maladie... il devenait mortel. Certaines personnes pouvaient se révolter de choir ainsi de leur piédestal, en concevoir de l'amertume, réagir violemment devant ce coup cruel du destin. Alors que Patrick, au contraire, n'en est devenu que meilleur. C'est un côté que j'ai toujours admiré en lui, et il m'a amplement prouvé que je ne me trompais pas. Il y a fait appel pour affronter son cancer. S'il a connu des moments plus difficiles que d'autres, ceux-ci constituaient plutôt l'exception que la règle. Il se montrait humble, doué d'une sorte de sagesse indomptable ; il faisait preuve de gentillesse, d'amour et d'un héroïsme qui semblait lui venir aussi naturellement que le reste. Pourtant, il restait un combattant redoutable, un authentique cogneur. Simplement, il avait emprunté une autre voie. Et, à mes yeux, cela le rendait encore plus grand, surtout quand je voyais ce dont il restait capable, physiquement, émotionnellement et spirituellement dans une situation aussi incroyablement difficile, et qu'il fallait attribuer à la force impressionnante qui l'habitait.

*
* *

Nous n'allions pas laisser Noël passer sans le fêter. Alors nous avons reçu nos familles au Rancho Bizarro. Bien qu'encore en pleine convalescence, Patrick fit une apparition, mais je voyais bien que le cœur n'y était pas. Neuf jours à peine s'étaient écoulés depuis son by-pass gastrique ; pourtant, même s'il se sentait toujours faible, désorienté, mal à l'aise, il parvenait encore à sourire quand on l'appelait, à rire à une plaisanterie. Il provoqua même l'hilarité en essayant un chapeau qu'on venait de lui offrir et qui lui allait affreusement mal. Tout le monde s'esclaffa quand il fit la grimace puis remercia sa belle-sœur pour le cadeau. Elle aussi éclata de rire. Ha ! C'est qu'on sait être dur chez les Swayze ! On sait encaisser les coups durs et on apprécie les bons moments.

D'une certaine manière, j'aurais préféré esquiver Noël pour laisser Patrick se reposer. D'ailleurs, ça m'aurait facilité les choses à moi aussi ! Mais, franchement, il fallait le garder à l'esprit : c'était peut-être le dernier Noël que nous passions ensemble. Alors, que de regrets si on n'avait rien fait du tout… Je tenais à nos familles. Je savais à quel point c'était important pour eux aussi.

Évidemment, tout le monde se rendit compte de son état, je le lisais dans leurs yeux. Patrick avait l'air très malade. Pour eux, ce n'était pas celui qu'ils connaissaient, notre « Buddy », comme on l'appelait, qui faisait plutôt partie des agitateurs les plus infatigables. En tant que frère aîné, il prenait habituellement les commandes et y mettait toute son énergie, qu'il s'agisse d'engueulades entre frangins ou simplement de rester à trôner sans rien dire. À présent, il se retrouvait là, fragile, calme, amaigri. Personne ne fit la moindre allusion à son aspect chétif, continuant comme si de rien n'était à célébrer Noël, dans l'habituel brouhaha qui accompagnait toutes nos fêtes. Patrick se remettait d'une intervention importante, mais tous paraissaient pessimistes, estimant que son état se dégradait à vue d'œil.

En fait, quand je le regardais avec leurs yeux, je supportais mal ce que je voyais. Ça faisait mal. Je savais qu'il fallait lui laisser le temps de se remettre, mais la patience n'est pas mon fort. Mon cerveau ne cessait de faire le bilan à chaque instant qui passait, d'évaluer sa respiration sans relâche... Dans un sens, sa maladie m'obligeait à ralentir le pas, à ne pas mettre la charrue devant les bœufs. Ralentis, ralentis... Quand j'y arrivais, le temps s'ouvrait à moi et me devenait un agréable refuge.

Je savais que Patrick allait se rétablir. Au fond de mon cœur, je le savais. Il fallait juste que le cancer reste tranquille jusque-là, après quoi nous pourrions reprendre le combat. Entre-temps, nous allions repartir pour notre ranch du Nouveau-Mexique.

*
* *

Le 1er janvier, nous pliions bagages avec chiens et chats pour nous envoler vers le Rancho de Dias Alegres. Voilà près d'un an que le cancer de Patrick avait été diagnostiqué et nous allions accueillir le nouvel an. Nous restions optimistes à l'idée que cette année serait bonne, sinon meilleure que la précédente. Sans autre complication. Le Nouveau-Mexique était un endroit fabuleux pour se refaire une santé. Nous allions pouvoir nous y reposer, nous y ressourcer, alimenter la force de nos cœurs. Pour couronner le tout, Donny nous accompagnait. Très fatiguée, je n'avais pu reprendre des forces depuis les semaines de tournage de *The Beast*, et décembre avait été un mois des plus agités. Bien entendu, Donny était vite passé expert en technique de soins pour Patrick, si bien qu'il me fut d'un grand secours en même temps qu'un agréable compagnon.

Nous aimions ce ranch, et Patrick s'y sentait toujours heureux. Il l'aimait tellement qu'à l'été 2002, alors que tout allait mal entre nous, il y était venu, laissant sous-entendre qu'il ne rentrerait jamais à Los Angeles. À ce moment-là, ça m'allait très bien, j'en étais presque soulagée !

– C'est ça, avais-je dit. Restes-y, tout le temps que tu voudras.

Quand il comprit que je n'allais pas céder, il sauta dans un avion et revint chez nous. Bien entendu, ça se passait à une époque où il buvait beaucoup, peut-être la pire de toutes. L'ironie voulait qu'il ait fallu ce cancer pour lui faire dire une bonne fois adieu à la bouteille. Si je l'avais souhaité, j'aurais préféré que ce ne soit pas à cause de cette terrible raison. Plus d'une personne lui suggéra de s'y remettre aussitôt, de s'étourdir un bon coup et de vivre comme il l'entendait le peu qui lui restait à vivre. Au point où il en était... disaient-ils. Patrick ne rejetait pas totalement cette façon de voir les choses. Il aurait aimé pouvoir s'évader un peu. Pourtant, un jour, il tourna vers moi son sourire sardonique en disant :

– J'irais bien faire la fête, mais je ne peux pas boire !

L'alcool le faisait souffrir. Comme cette coupe de champagne au réveillon de la nouvelle année 2008, qui lui avait donné l'impression de se verser de l'acide dans les tripes.

Nous étions plus isolés au Nouveau-Mexique, et j'avais bien l'intention de lui faciliter les choses autant que possible pour assurer son confort. J'installai une télévision supplémentaire dans la chambre pour les moments où il aurait besoin de se reposer, et j'étais arrivée avec six grands sacs de provisions, de matériel et de nourriture qu'il pouvait manger. Je savais parfaitement m'organiser avec tous ses médicaments, afin qu'ils restent toujours à portée de main. Je savais qu'il aimait cet aménagement. Ça lui donnait l'impression que tout était « sous contrôle ». Il avait toujours agi ainsi, par exemple avec ce sac à dos qu'il portait en permanence, devenu célèbre parmi nos amis. Il le remplissait de toutes sortes de choses : photos, couteaux, adaptateurs, carnets d'adresses, agendas, briquets, scénarios, outils, matériel de bricolage, tournevis de toutes tailles, torches, pastilles de menthe, boussoles, ordinateur, sacs de Nylon, sacs en plastique... Je le taquinais dès que j'en avais l'occasion, car il trimballait constamment tout ce matériel qui devait peser une vingtaine de kilos !

– C'est bon, moque-toi de moi, maugréait-il devant les amis avec une grimace de dédain, mais tu vas voir ! Si on a une panne en rentrant au ranch, je serai le seul à pouvoir nous en sortir.

Et c'était vrai. L'unique fois, en douze ans, où nous avons crevé sur la route du ranch, Patrick avait les outils nécessaires pour réparer et nous ramener à la maison. Alors oui, tant mieux s'il était prêt ! Et chaque fois que je pensais à un truc qui pourrait lui être utile – Visine, sirop pour la toux, walkie-talkie –, je le lui procurais.

Il avait perdu beaucoup de forces et parlait très lentement. Il quittait de plus en plus rarement son lit ; quand il se levait, c'était pour se réfugier dans ce qu'il appelait sa Cambrousse. C'était « sa » pièce, consacrée à tout l'équipement extérieur, tentes spéciales, sacs de couchage, torches, sacs de pique-nique, batteries, équipement de pêche, cartes, armoire à fusils, gants, tablettes de purification de l'eau, etc. Nous avions un autre entrepôt dans le dortoir des cow-boys, à proximité de la sellerie, pour le plus gros du matériel de camping ; mais là, c'était tout ce qu'il avait rassemblé lui-même pour nous. Et, même s'il ne se sentait pas très bien, il y passait des heures à farfouiller et à ranger.

Il en émergea un soir pour se diriger lentement vers la cuisine.

– J'aimerais bien organiser un week-end camping au printemps, annonça-t-il. Tu sais, rassembler quelques personnes.

J'en fus assez bouleversée... Il disait ça alors qu'il n'était pas encore remis de son opération. Incroyable ! Cela prouvait qu'il avait encore des pensées positives, comptait bien rester là et voulait qu'on utilise ce fichu équipement.

– Bon, dis-je, on va organiser ça. On commence par une liste.

Il faut le reconnaître : on ne campait pas léger. On ne se contentait pas d'un simple sac de couchage et d'un petit réchaud à gaz. Il nous fallait des tentes, des matelas de mousse, des chevaux avec leurs selles, des réserves d'eau, des poêles à frire. Une fois, j'avais même apporté un générateur et accroché des guirlandes de piments pour nous éclairer, avant de lancer un concert country au ghetto-blaster. Ça leur faisait tout drôle, à nos invités, d'arriver au milieu de nulle part et de trouver non l'obscurité et le silence, mais un magnifique camp tout éclairé en rouge et pétaradant de musique ! Chouette ! Si Patrick voulait camper, il allait falloir envisager ce genre d'installation. Ce serait même plus compliqué que d'habitude, étant donné tous les médicaments et tout le matériel qu'il faudrait trimballer dans la forêt, mais nous avions connu des aménagements plus dingues. S'il en avait envie, je trouverais un moyen. Il me fallait juste un peu de repos d'abord ! Mais j'avais jusqu'au printemps pour y réfléchir.

*

* *

Un an avant le diagnostic, notre couple avait failli se désintégrer. Nous avions traversé une longue et difficile période, et je nous sentais au-delà du point de non-retour. J'avais lâché prise. Et là, l'impossible s'est produit. Nous avons largué tout ce qui se dressait sur notre chemin et recommencé à vivre ensemble, de tout notre cœur, mieux que jamais, partageant le véritable amour que nous ressentions l'un pour l'autre. Un peu comme le Prince charmant et Blanche-Neige – l'homme et la femme de nos rêves.

Je ne pouvais imaginer ce qu'aurait été ce parcours à travers la maladie si nous n'avions pas connu cette profonde guérison dans notre relation avant son diagnostic. Une véritable chance, qu'il nous ait fallu ensuite affronter le cancer ou juste continuer à vivre ensemble en pleine santé. Bien que je ne puisse croire à la cruelle coïncidence de cette maladie, j'étais contente que nous nous soyons retrouvés avant. Bien entendu, le diagnostic établi, même si nous avions été séparés, je serais revenue auprès de lui. Comme je l'ai dit, je l'aimais, et ça, ça ne changerait jamais. Mais il aurait cru que je revenais par devoir et par remords, non par amour. Étant donné que nous venions de vivre cette réconciliation de quasi-conte de fées avant d'entrer dans la forêt noire du cancer, Patrick savait sans l'ombre d'un doute combien je l'aimais. Nous affrontions le parcours ensemble, de même que nous affrontions le reste de notre vie. Ma présence lui facilitait les choses, parce qu'il me faisait toute confiance, de tout son cœur, de tout son esprit, de tout son corps, parce qu'il pouvait se reposer sur ma force et sur mon amour. D'un autre côté, elle les rendait plus difficiles : il savait exactement à quel point je ressentais les choses.

Au Nouveau-Mexique, nous avons échangé un vœu pour la nouvelle année, et voilà qu'il se réalisait : il neigea. D'énormes flocons blancs couvrirent les montagnes, alourdissant les branches, revêtant le sol d'une blancheur veloutée. C'était beau. Et la neige ne cessa de tomber jusqu'à ce que nous soyons complètement envahis et que le générateur se mette en route. Oui ! Ce qui pouvait paraître une malédiction pour d'autres fut un délice pour nous. Comme toujours, nous en avons bien profité, isolés du monde, jusqu'à ce qu'un chasse-neige vienne à nous, deux jours plus tard.

Quand la neige eut assez fondu dans notre aéroport local, nous avons repris chiens et provisions pour charger l'avion et regagner Los Angeles. Patrick se sentait plus fort maintenant. Et il était attendu en Californie pour une conférence de presse en vue de la première de *The Beast*, dont la diffusion était prévue la semaine suivante. Nous avons décollé en fin d'après-midi, comme toujours, parce que, décidément, Patrick détestait quitter le ranch. Il se sentait un peu fatigué, un peu faiblard ; aussi, au lieu de prendre la place du copilote, il s'assit à l'arrière avec Donny et je restai seule aux commandes. Le ciel nocturne était constellé d'étoiles, et moi j'écoutais de la musique sur mon iPod, éclairé par mon tableau de bord. Comme ça ne parlait pas beaucoup derrière, je supposai que Patrick s'était endormi. De temps à autre, je jetais un coup d'œil par-dessus mon épaule, et Donny hochait la tête avec un sourire…

Ce fut un vol agréable et paisible. On atterrit à Van Nuys, et l'avion roula vers la passerelle où nous nous sommes garés avant de couper les moteurs dont le ronronnement tomba dans le silence. Alors, Donny s'éclaircit la voix et lança derrière moi…

– Euh, Lisa ? On n'a pas voulu te le dire pendant que tu pilotais, pour ne pas te troubler. Mais Buddy n'a pas cessé de cracher du sang depuis deux heures.

Lucas pose devant l'objectif de Patrick.

14

Donnez-moi du réel

Si vous aviez lu les rapports médicaux de Patrick, comme je l'ai fait il n'y a pas longtemps, vous vous seriez demandé pourquoi on se cassait encore la tête, tellement tout semblait perdu. « Ooooh ! ce type est fichu… » Mais c'est autre chose de le vivre ! C'était différent quand on le regardait dans les yeux. Différent quand on racontait une blague et que son rire fusait. Un sourire, le contact d'une main tiède… Et quand on voyait que la personne en question n'avait aucune envie de s'en aller, quand on la voyait préparer la journée et quand on percevait sa gratitude devant le privilège d'être là… Alors, lisez les rapports médicaux : ils n'en ont rien à faire, du mystère de la vie. Ils peuvent seulement nous rappeler que nous sommes mortels. Mais ce n'est pas un mot écrit, en soi, qui saurait nous faire mourir.

Même notre subtil Dr Fisher avait répété combien il était important de voir le patient en personne.

– En voyant quelqu'un, on apprend tant de choses sur lui, qu'on ne saurait lire dans un rapport.

Nous ne sommes pas des statistiques dans un rapport, nous ne sommes pas notre pronostic et nous n'obéissons pas toujours aux lois de la médecine.

*
* *

J'avais appris à réagir aussi vite et efficacement que possible quand un événement inattendu se produisait. Je n'avais pas l'intention de prendre quoi que ce soit à la légère, surtout si Patrick crachait du sang. Je m'assis auprès de lui dans l'avion et il me montra ce qu'il avait expectoré. De la bave ensanglantée. Je sortis mon téléphone mobile.

– On va rentrer à la maison, dit Patrick. De là, on appellera quelqu'un.

Il n'avait pas l'air trop inquiet.

Je composais déjà le numéro du Dr Fisher.

– Non, je vais l'appeler tout de suite, c'est trop important.

Je portai le téléphone à mon oreille.

– De toute façon, on a les chiens, objecta-t-il, et nos sacs…

Le Dr Fisher répondit et m'écouta. En raccrochant, je me tournai vers Patrick.

– On file aux urgences, dis-je, sans lui laisser le temps de protester. C'est plus sûr. Donny ? Tu veux bien appeler Paul et voir s'il peut passer te prendre avec les chiens et nos bagages ?

Quelques minutes plus tard, Donny confirmait que mon frère Paul arrivait ; ainsi, Patrick et moi pouvions sauter dans notre voiture pour nous rendre directement à Cedars-Sinai. En route, j'appelai le Dr Hoffman et, le temps d'arriver, il nous attendait pour nous précipiter vers les urgences en espérant que personne ne nous reconnaîtrait en route. Au cours des heures suivantes, on procéda à une batterie complète de tests et de radios. Je n'avais strictement rien emporté à part mon sac, et j'étais gelée ! Non sans quelque remords, j'ouvris un placard pour prendre une couverture dans laquelle je m'enveloppai, mais je commençais à savoir comment procéder dans les hôpitaux. Il était minuit quand les résultats nous arrivèrent.

Pneumonie.

Une grosse poche d'une masse infectieuse située au bas du poumon gauche. On nous fit transférer dans une chambre où commença le traitement aux antibiotiques. Les médecins nous assurèrent que Patrick ne pouvait être mieux soigné qu'à l'hôpital. On ne plaisantait pas avec ça.

– J'ai déjà eu une pneumonie, précisa Patrick. Tu te rappelles ? ajouta-t-il à mon endroit. On appelait ça une pneumonie ambulatoire.

– Oui, c'est vrai.

Cela remontait à une vingtaine d'années. Il se sentait alors un peu flapi et, en allant voir le médecin, apprit qu'il s'agissait d'une « pneumonie ambulatoire », forme légère de la pneumonie, si bien qu'il put reprendre ses activités tout en se soignant à coups d'antibiotiques. C'est drôle, dès lors, chaque fois que j'évoquais la « pneumonie ambulatoire », je me suis toujours représenté Patrick en jean, sortant de notre corral empoussiéré, voisin de la maison, l'air fatigué mais heureux, et… à pied. Cette infection était facile à traiter. Nous n'avions aucune raison de penser qu'il pourrait en être autrement cette fois. Il fallait juste se montrer prudents, mais c'était bien pour ça que nous étions à l'hôpital, pas vrai ?

– Combien de temps va-t-on devoir rester ici ? demandai-je aux Drs Fisher et Hoffman.

Ils parurent un peu surpris par ma question. Ils me trouvaient peut-être un peu trop pressée ?

– Euh, si tout va bien, disons une semaine ou deux, répondirent-ils.

Je dressai une liste de tout ce dont j'aurais besoin et m'apprêtai pour un autre séjour à l'hôpital. Par bonheur, le lit de camp n'avait pas, cette fois, de barre qui me blessait le dos. Au cours du week-end, nous avons encore reçu d'innombrables visites : le Dr Hoffman, un chirurgien des poumons, et le Dr Geemee Chung, notre adorable spécialiste des maladies infectieuses… Bien que Patrick se sente encore faible, il ne s'est pas laissé démonter. Mais on voyait bien l'inquiétude que cette pneumonie donnait aux praticiens, comme s'ils craignaient que les antibiotiques n'y suffisent pas ; alors l'état de Patrick pourrait terriblement s'aggraver. Dans une telle éventualité, ils discutaient déjà d'approches beaucoup plus radicales, la plus raisonnable consistant à ôter la partie infectée du poumon. Jusqu'alors, j'avais prêté une oreille attentive à la situation, mais là je commençais à éprouver une forte appréhension.

– Est-ce qu'il pourra fonctionner avec un poumon si atrophié ? demandai-je en grimaçant d'angoisse.

– Oui, ça ne devrait pas poser de problème, dit le Dr Hoffman. Il faut juste s'assurer que…

Bien sûr, une intervention chirurgicale comporte toujours ses propres risques, et toute infection ultérieure pourrait poser de gros problèmes ; mais le plus important à mes yeux, c'est que cela empêchait Patrick de reprendre son traitement pour six ou huit semaines supplémentaires. C'était affreusement long pour bloquer la maladie et ça me faisait plus peur que n'importe quoi d'autre. Quant à la chirurgie, Patrick et moi étions d'accord : s'il faut en passer par là, faisons ce qu'il y a à faire. Je reconnaissais bien son regard : l'air de trouver tout ça fascinant. Le plus étonnant restant qu'on vous annonce qu'il faudra peut-être vous ôter la moitié de votre poumon mais que vous pourrez marcher dans une semaine. Là, moi aussi j'étais fascinée.

Donny vint nous rendre visite et ne comprit rien à notre attitude. Ainsi que je devais le découvrir plus tard, personne n'était plus confiant que nous quant aux chances de Patrick de s'en sortir. À vrai dire, tous craignaient que ce ne soit le coup fatal. En voyant son frère, Donny s'inquiéta plus que jamais. Pour couronner le tout, Patrick trouva le moyen de lui annoncer :

– Ah oui ! Si l'infection ne répond pas aux antibiotiques demain matin, je repasserai sans doute sur le billard dans l'après-midi pour me faire enlever cette partie du poumon.

Donny sourit bravement, mais il était anéanti. Son frère vient de dire qu'on va peut-être lui ôter une partie du poumon ! Comment peut-il rester si calme ? Lui aussi avait peur que ce soit la fin pour Patrick.

La fin. Traitez-nous d'ignorants, mais nous n'avions jamais envisagé la situation sous cet angle. Pour nous, il s'agissait encore d'une longue bataille. D'ailleurs, le regard de Patrick venait me confirmer cette impression.

Le lundi matin, une autre radio fut préconisée. Et devinez ! La grosse poche d'infection diminuait. Elle répondait aux antibiotiques.

Patrick esquivait une autre balle. Mais là, on se croyait plutôt dans *Matrix*, quand Neo se penche au ralenti en tous sens pour éviter les projectiles métalliques. Je devrais souligner à quel point nous pouvions nous féliciter d'être arrivés directement à Los Angeles quand Patrick s'était mis à cracher du sang. Décidément, les anges veillaient sur lui. Ce ne serait pas la dernière fois que ce genre d'incroyable coïncidence se produirait.

Les nouveaux résultats de cette radio dessinèrent des sourires sur tous les visages. Mais il ne fallait pas non plus s'emballer. Patrick n'était pas sorti d'affaire et on le considérait encore comme très malade. Il resta sous observation serrée tandis qu'il poursuivait son traitement d'antibiotiques.

Pendant ce séjour à l'hôpital, nous avons reçu pas mal de visites, entre autres : Annett ; notre avocat, Fred ; notre agent, Nicole ; et notre imprésario, Jenny ; tous travaillaient dans les parages et firent aussi envoyer des cookies aux infirmières. Quant à moi, je reçus un dîner de steak de la part de mon ancienne école. De nombreux parents et amis purent venir un moment. Ce fut une agréable diversion, ces visites me permirent non seulement de sortir un peu me changer les idées, mais aussi de faire un saut à la maison, pour prendre d'autres vêtements et dire bonjour aux chiens, aux chats et aux chevaux. Cela nous fit du bien : personne ne resta très longtemps et Patrick put ainsi se reposer autant qu'il en avait besoin.

Ce fut durant l'une de ces visites que notre agent, Nicole, signala qu'elle avait été de nouveau sollicitée par l'éditeur William Morris pour proposer à Patrick d'écrire son autobiographie. L'idée ressurgissait, suite à l'interview de Barbara Walters, diffusée alors que nous nous trouvions au Nouveau-Mexique, et qui avait ému beaucoup de monde. Les gens voulaient connaître l'histoire de Patrick.

– Je ne fais que vous informer de sa demande, conclut Nicole.

Pas de pression.

En tête à tête avec Patrick, je lui demandai ce qu'il en pensait. Il haussa les épaules, l'air de ne pas trop savoir, de me demander : « Dis-moi ce que tu en penses. »

Voilà des années que je le pressais d'écrire un livre.

– Tu as tant à dire…

J'avais même commencé un plan, chapitre par chapitre ; mais, à la fin, Patrick se dérobait toujours. Je crois qu'il résistait parce qu'il mettait toujours tant de lui-même dans ce qu'il faisait ; et puis, il n'était pas certain d'avoir le talent d'écrire un livre. En outre, autrefois, je n'étais pas disponible pour l'aider comme maintenant. Désormais, je relançais régulièrement l'idée, espérant le faire changer d'avis. J'avais quelques belles petites caméras et, quand il est tombé malade, j'ai même proposé de le filmer pendant qu'il raconterait sa vie, exprimerait ses pensées, ses idées, de façon que je puisse les transcrire, les rédiger. Mais ce film se révélait de moins en moins faisable parce que Patrick ne se sentait pas aussi présentable qu'auparavant.

Et maintenant… maintenant que l'idée de ce livre revenait sur le tapis, il ne faisait que hausser les épaules : ni « oui » ni « non ».

– Je crois que si tu veux le faire, c'est le moment, dis-je d'un ton détaché. Les gens qui te le proposent sont très importants. C'est la bonne équipe, et elle nous laisse toute liberté.

Il hocha la tête.

– D'accord, pourquoi pas ? Allons-y.

Alors, douze mois après le diagnostic de son cancer, après la fin du tournage de sa série télévisée, assis dans ce même hôpital où il avait reçu pour la première fois la terrible nouvelle de cette maladie fatale et où il se remettait d'une menaçante pneumonie, nous avons décidé d'écrire un livre. Et nous avons commencé par un synopsis.

– Et si je ne peux pas le terminer ? finit-il par demander.

Je m'étais moi aussi posé cette question. Et si… ? Mais je ne voulais pas penser à ça. Bien sûr qu'il va pouvoir le terminer ! Il va le terminer ! Cependant, comme je ne voulais pas paraître hystérique, j'ai lâché la « plus calme » des réponses :

– Eh bien, il faudra trouver quelque chose.

Ça lui a paru raisonnable. Et j'en fus heureuse. Heureuse qu'il accepte enfin de le faire. Et heureuse qu'il ait quelque chose sur quoi se concentrer. Je voyais bien l'énorme différence que cela produisait tant dans son attitude que dans son énergie. Je savais également que ce pourrait être un peu bizarre étant donné son état de santé ; mais quels que soient les obstacles à venir, j'ai expliqué que nous y ferions face un par un.

*

* *

Il peut paraître étrange que nous nous soyons lancés dans cette entreprise alors que l'avenir restait tellement incertain. Dans un sens, je crois que la nature de ce travail nous a permis de mieux en assumer la pression. Patrick et moi connaissions depuis notre enfance le monde du spectacle. Et si une chose est certaine quand on donne un spectacle, c'est qu'il n'existe aucune garantie de le mener à bien. Tout artiste en reste conscient. Il ne cherche ni à copier, ni à imiter, ni à mimer, mais à présenter quelque chose de nouveau, de réel, comme si c'était sa première fois. Ça équivaut chaque fois à un exercice de trapèze volant. Quand arrive son tour, on lâche prise tout en espérant attraper la barre de l'autre côté. Parfois, ça ne marche pas ! Mais si on veut faire du bon travail, il faut savoir prendre ce genre de risque. C'est électrisant, terrifiant, ça demande un courage très particulier. Pour Patrick et moi, nous lancer dans un livre à l'issue si incertaine, c'était presque de la routine. Si nous nous jetions dans les airs sans filet, et attrapions la barre de l'autre côté… fantastique ! Et sinon…

*

* *

Exacts au rendez-vous – le nôtre, en l'occurrence –, une semaine précisément après être entrés à Cedars-Sinai, nous en sortions et rentrions chez nous, juste à temps pour regarder le premier épisode de *The Beast*.

Certes, en revenant du Nouveau-Mexique, nous avions filé tout droit à l'hôpital au lieu de nous rendre à la conférence de presse prévue le lendemain. Nous savions d'expérience à quel point la presse pouvait influer sur le succès d'un projet : s'ils ne sont pas au courant, les journalistes ne peuvent y assister. De nos jours, avec tous ces médias qui sautent à la figure des gens, difficile de retenir leur attention ! Où qu'on se tourne, on reçoit sans cesse toutes sortes de nouvelles ! Et maintenant, après un by-pass gastrique suivi d'une pneumonie, Patrick était terriblement efflanqué. D'autres demandes d'interview arrivaient, mais cela le mettait mal à l'aise et il refusait catégoriquement…

– Tu m'imagines sur un plateau de télé ? Devant les gens assis chez eux et qui vont dire : « Regarde, Martha, il est si maigre. Seigneur ! Je me demande combien de temps il lui reste. »

Il avait dit ça avec son plus bel accent du Midwest.

– Je pourrais raconter ce que je voudrais, ajouta-t-il, ils ne penseront qu'à mon poids.

J'aurais voulu que ce ne soit pas vrai, mais ça l'était.

*

* *

Sorti de sa pneumonie, Patrick s'était vu prescrire des antidouleurs beaucoup plus puissants – le Dilaudid, également appelé hydromorphone. Que ces médicaments plus forts lui soient prescrits me confirmait à quel point il souffrait. L'hydromorphone est considérée comme cinq à huit fois plus puissante que la morphine ; je la tirais d'une ampoule pour l'injecter directement dans le port à cathéter, additionnée avant et après d'une solution de sérum physiologique. Ça vous assomme complètement ! En plaisantant, je comparais Patrick au personnage de la mère dans *Le Long Voyage vers la nuit*, d'Eugene O'Neill. Dans cette pièce, Mary est morphinomane et passe à peu près toute la journée à planer en racontant n'importe quoi. Patrick semblait flotter à peu près comme elle, avec ce dérivé de morphine. En revanche, les effets ne durent pas longtemps et je lui en donnais une dose en fonction de ses besoins, outre ses analgésiques habituels.

Le Dilaudid nous fut fourni peu après notre retour à la maison, avec tous les autres médicaments. Ça en faisait des tonnes ! Je n'en revenais pas qu'on nous apporte tant de choses à la fois. Moi qui avais toujours été du genre économe, qui n'aimais pas gaspiller... J'ai grandi dans une famille nombreuse et pas très riche, de plus, sensible aux problèmes de l'environnement bien avant l'heure : on éteignait l'électricité quand il n'y avait plus besoin de lumière, on ne laissait pas couler l'eau inutilement. Tous ces médicaments me semblaient dépasser l'entendement ! Mais je me rendis vite compte que j'allais devoir les utiliser tous. J'avais sous-estimé la quantité de sérum physiologique dont j'aurais besoin et je m'en voulus de ma bêtise. J'allais devoir faire une croix sur mon sens de l'économie pour commander tout ce dont j'avais besoin. Apportez ! Et tout sembla fonctionner comme prévu.

José, notre infirmier-sur-Harley-Davidson rencontré chez le Dr Hoffman, nous libéra quelque peu en venant lui-même faire les prises de sang – c'est lui qui m'avait appris à effectuer ces piqûres un peu spéciales. Cela mis à part, je m'étais arrangée pour pouvoir assurer moi-même tous les soins de Patrick à la maison. Ça l'aurait stressé de voir un inconnu venir trop souvent s'occuper de lui, sans compter que, sorti de notre sanctuaire, l'inconnu en question aurait pu raconter ce qu'il voulait à la presse. Nous souffrions déjà bien assez des fuites provenant de membres de la profession médicale. Nous tenions à notre intimité. Quant à moi, je me spécialisais nettement dans mon rôle d'infirmière. Outre les injections de Dilaudid dans le port à cathéter et les piqûres de Lovenox, j'administrais aussi à Patrick ses antibiotiques plusieurs fois par jour, ajoutant des fluides et de l'albumine à l'occasion (ce qui peut provoquer de sacrées complications !). Je faisais attention, tentais de suggérer d'autres solutions pour lui rendre la vie plus facile, anticipant ses réactions au traitement. Peu à peu, je passai maître dans les changements des tuyaux de son port, qui exigeaient les procédures les plus stériles et une sacrée bravoure pour l'y relier à coups d'aiguille ; je sécurisais ainsi l'emplacement jusqu'à la semaine suivante, avant de les changer de nouveau. Tout cela en plus du programme habituel de ses médicaments, l'épreuve des aliments, les coups de main pour l'hygiène… Cela faisait beaucoup. Et cela commençait à me miner.

Mauvaise journée…
Tout avait commencé par une si belle matinée ! J'avais pu dormir tard. J'organisais ma journée, optimiste à l'idée de tout ce que j'allais pouvoir faire ce jour-là. Ce jour-là… jusqu'à ce que j'aille donner à Buddy ses premières pilules.

Il dormait. Tard, lui aussi. Plus qu'à l'accoutumée. Je crois avoir compris qu'il n'allait pas bien avant même qu'il ouvre les yeux ou articule un mot. Aussitôt je déprimai. Pas du genre : « Oh ! quelle surprise ! » Mais juste parce que tout avait si bien commencé et que je me voyais soudain rappeler à quel point la vie pouvait être triste. Alors je peux essayer de m'enfuir, sûrement pas de me cacher. Il va juste falloir que je trouve un moyen de vivre avec.
C'est déprimant. Et est-ce que je lui en veux ? Pas un seul instant. Oh, mon Dieu, pas un instant !

Février 2009

J'étais épuisée depuis la fin du tournage de *The Beast*. À cela s'était ajouté le by-pass à Seattle, Noël, puis le stress d'un nouveau séjour à l'hôpital pour la pneumonie, en attendant la reprise de la chimiothérapie… Tout s'accumulait, je n'en pouvais plus. Pour la première fois, je commençai à me demander comment j'allais résister sans me laisser envahir par la panique. Que se passerait-il si je ne tenais pas le coup ? Qui allait reprendre le flambeau ? J'essayais de lutter pendant les brefs instants de pause que je pouvais m'accorder, mais ça ne servait plus à rien. Curieusement, ça faisait presque un an que je m'étais glissée dans le lit auprès de Patrick pour lui dire en pleurant que je ne pourrais supporter de lutter contre la maladie. La première fois, j'étais émotionnellement anéantie ; là, j'étais physiquement exténuée. Je me disais qu'il y avait sans doute des limites à mes capacités de résistance, car j'allais droit dans le mur. Mais quelqu'un vint à la rescousse… Donny.

Il s'installa à la maison pour m'aider. Et son incroyable soutien allait me permettre de prendre les pauses dont j'avais besoin. Soudain, ma charge de travail diminuait du tiers ou de la moitié, et je pouvais me reposer autant que nécessaire. Donny était génial, doué d'un fabuleux sens de l'humour, et se donnait beaucoup de mal. Je me rappelle lui avoir montré comment administrer à Patrick son injection de Lovenox dans le ventre, en lui expliquant posément la procédure ; il s'est d'abord exercé sur le morceau de caoutchouc, comme moi, en suivant les instructions données sur le DVD. Après quoi, les yeux à peine plissés, il s'est lancé et a fait sa piqûre à Patrick sans tambour ni trompette.

– C'est bon ? m'a-t-il ensuite demandé.

Ouf ! À moi, il m'avait fallu deux mois avant de me sentir vraiment à l'aise. Pour Donny, un claquement de doigts avait suffi.

– Oui, approuvai-je. C'est bon.

*

* *

Maintenant, nous n'avions plus qu'à nous accrocher jusqu'à ce que Patrick puisse reprendre son traitement. Encore quelques semaines.

Nous avons commencé à réfléchir au livre en discutant, en nous rappelant toutes les anecdotes qui nous revenaient à l'esprit et en tâchant de les retranscrire. Ce travail allait exiger beaucoup d'efforts et de concentration ; parfois Patrick était prêt, parfois non. Mais il fit de son mieux et nous avons progressé, plus ou moins régulièrement. Tout se mettait peu à peu en place… Dans le prologue du livre que nous avions fini par intituler *The Time of My Life*, je disais…

« On s'imagine qu'apprendre qu'un être cher est condamné vous inspire et vous élève. C'est ce que je croyais aussi. Mais, après le diagnostic et une fois remise de la perspective du cauchemar interminable qui m'attendait, j'ai eu beau chercher : cela ne m'inspirait pas la moindre leçon grandiose. Pourtant, petit à petit, après le chagrin et l'angoisse, alors que j'enchaînais chaque journée en me préparant à l'impossible, ces leçons ont commencé à se révéler. C'est quelque chose qu'on ne peut pas forcer : elles apparaissent quand elles sont prêtes et que vous l'êtes aussi. »

Tellement vrai... Ces choses passent presque inaperçues quand elles arrivent. Parce qu'elles atteignent un tel degré de vérité ! On les ressent comme si elles étaient déjà présentes en soi. Cela semble-t-il plausible ? Tenez... On n'a pas le temps de s'en rendre compte qu'elles sont déjà là.

J'étais stupéfaite de la façon dont Patrick et moi en venions à nous accepter l'un l'autre. En général, je déteste ce mot, « accepter ». Ça semble tellement... ennuyeux. Pour moi, ça sonne comme « renoncer ». Vous savez : je n'y peux rien, alors je vais bien devoir l'accepter. Mais là, c'était tout autre chose.

D'ailleurs, « accepter » n'est peut-être pas le mot qui convient. Dans sa définition, l'un des premiers exemples est : « consentir à recevoir, donner une réponse affirmative, accueillir comme bienvenu »... Pour ma part, j'ajouterai : « de grand cœur ». De grand cœur... C'est quelque chose d'ouvrir son cœur, d'y accepter aussi profondément quelqu'un. Et on voit ce quelqu'un ressentir la même chose. C'est comme si on se donnait libre accès l'un à l'autre, un raccourci vers sa vérité.

« Compromis » est un autre mot qui ne m'a jamais vraiment plu. Mais... compromis, engagement, sacrifice : ces mots ne constituent-ils pas une grande partie du mariage ? En eux-mêmes, ils sonnent mal, trop calibrés, trop restrictifs. Cependant, s'il s'agit d'une personne qu'on risque de perdre, ils décrivent un amour inconditionnel, sans équivoque. N'est-ce pas l'amour dont tout le monde rêve ? Bien sûr, quand on rêve de ce genre d'amour, on n'imagine pas le prix à payer.

Notre relation, à Buddy et à moi, était ce qu'elle était. Je me suis découvert une merveilleuse liberté du jour où j'ai abandonné l'idée qu'il fallait transformer notre relation ou le transformer, lui. Il y eut tant de périodes où je ne pouvais en supporter certains aspects, où je pensais avoir besoin de certaines choses pour me sentir heureuse. Mais ces choses avaient disparu de ma vie, elles s'étaient envolées. Je suis sûre que ça venait de la probabilité de ne plus pouvoir compter sur lui bien longtemps.

Mais sur qui, sur quoi peut-on compter longtemps ? Ne serait-ce que sur notre propre vie ? Je me suis toujours comportée comme si ma situation actuelle allait durer éternellement, et ce n'est pas le cas. Tout est passé si vite...

Pendant la maladie de Patrick, le temps a semblé s'étirer pour moi. Il avait un timbre différent : je n'entendais que des tics, plus de tacs... et il filait devant moi si vite, alors que mes pensées me retenaient en arrière. Que signifiait un jour ? Rien. Deux jours. Ce n'est que du temps, ça ne fait rien. Mais...

Que signifie cette pensée dans ma tête ? Un baiser, une caresse sur le bras de mon mari. La lumière qui filtre par la fenêtre d'une certaine manière ? Toutes choses plus importantes que le temps, et les seules qui me donnent l'impression d'être réelle.

Je commençais à me rendre terriblement compte de ce qu'était la réalité de ma vie. Elle n'avait aucun rapport avec l'avenir, ni aucun avec le passé. Aussi, dans le prologue du livre, ai-je écrit que j'avais toujours peur de ne pas disposer d'assez de temps...

J'avais tendance à craindre le temps... à redouter d'en manquer, de ne pas en avoir assez pour faire tout ce que je voulais. À présent, je considère chaque minute qui passe comme une victoire dont je peux être fière. Je peux rassembler toutes ces minutes dans mes bras comme un immense tas de pierres précieuses. Regarde : un moment de plus !

Comment ne pas aimer quelqu'un de tout son cœur si ce plaisir ne vous est accordé que pour la journée, que pour ce moment ? Et là... un jour encore ajouté à la joie qu'on ressent déjà en compagnie de cette personne ne peut qu'ajouter du plaisir à tant de plaisir.

J'essaie de me le rappeler aujourd'hui. Quand je regarde le ciel, mes amis, mes animaux... difficile d'évoquer ce genre de bonheur. Non, disons plutôt que, parfois, en tant qu'humains, nous avons du mal à retenir tant de bonheur. Mais j'essaie.

Tina fait la sieste avec Patrick.

15

Abraxane – le médicament du cancer du sein

Étonnamment, tout se déroulait selon nos plans. Après trois semaines et demie de prises de sang et de scanners pour vérifier les progrès de ses poumons, Patrick était prêt à reprendre son traitement. C'était une bonne chose. Il se sentait plus fatigué et les résultats de son CA19-9 (le dosage qui aide à mesurer l'activité de la tumeur) avaient de nouveau augmenté, indiquant que la maladie progressait et qu'il fallait absolument la stopper. Juste à temps, Patrick remontait en selle pour chevaucher à nouveau ce « chimio-poney ». Cette fois, il serait traité à l'Abraxane, combinée à son puissant acolyte, la Gemcitabine.

– L'Abraxane, c'est la chimio du cancer du sein ! aimait répéter Patrick à qui voulait l'entendre.

Il avait trouvé l'information intéressante et un rien hardie, le genre de baliverne qu'on lance devant un verre de vin et des hors-d'œuvre.

La profession médicale avait découvert que ce traitement provoquait aussi des réactions favorables contre le cancer du pancréas, et il faisait partie de notre liste d'alternatives. Bien qu'il ait obtenu de bons résultats avec l'Oxi, au début de décembre, Patrick avait exprimé son désagrément dû à l'extrême sensibilité au froid. Je voulais continuer l'Oxi. Après tout, ça marchait, non ? Mais ses médecins assurèrent qu'il n'y avait aucun risque à essayer l'Abraxane dont il pourrait tolérer fort bien les effets secondaires.

Semaine après semaine, avec ce traitement, les dosages de CA19-9 donnèrent des résultats stupéfiants et les scanners montrèrent un progrès immédiat. Exactement ce dont nous avions besoin. En revanche, Patrick semblait mettre beaucoup de temps à se sentir mieux. Il avait toujours été très fatigué deux jours après le traitement ; mais là, ça semblait durer plus longtemps, pour peu qu'il récupère entre deux séances. Il avait aussi plus de nausées et il vomissait, sans parler de ses doigts ankylosés. Cependant, les bilans du CA19-9 et des scanners restaient encourageants, c'était le moins qu'on puisse dire.

*

* *

Parvenus à cette étape, nous commencions à nous sentir comme des pros. Étonnant comme on peut s'adapter vite à des situations difficiles. Je m'occupais maintenant d'à peu près tous les aspects du traitement de Patrick, de façon presque… automatique. Je n'avais plus trop besoin d'y réfléchir, je n'avais qu'à me lever pour m'y mettre. J'en arrivais à compter sur un certain niveau d'alerte permanente et j'acquérais un peu du calme, de l'aisance tranquille qu'apporte l'expérience. Je ne me suis pas affolée quand Patrick a adopté la pompe à antalgiques qui lui permettait de recevoir automatiquement sa dose de Dilaudid, même si les premiers dosages trop élevés l'ont presque amené à l'overdose. Refusant de lui laisser courir à nouveau ce risque, je l'ai emmené consulter le Dr Hoffman pour nous entendre confirmer que de là provenait le mal, et non d'ailleurs. Dès que nous avons eu la certitude que la faute incombait bien au Dilaudid, donc qu'il ne fallait pas s'affoler, j'en ai profité pour discuter avec le médecin des autres traitements possibles… pendant que Patrick restait dans les vapes, à peine capable de se redresser dans son fauteuil. À croire qu'il ne se passait rien d'extraordinaire… Rien qui ressemble non plus à la « routine », encore que ça le soit devenu pour nous. On s'attend à l'inattendu et on se fait à l'idée qu'il pourrait vous guetter au détour du chemin.

Chaque aspect de la thérapie de Patrick revêtait son importance et, avec Donny, nous veillions à tout faire dans les règles de l'art. Il y avait bien sûr le traitement, mais aussi l'hygiène, les mesures contre toute forme d'infection, l'administration des médicaments, l'alimentation afin que Patrick garde des forces pour pouvoir continuer de se battre. Je faisais de mon mieux pour ne commettre aucune erreur. Il aurait suffi d'une ou deux petites fautes pour le mettre en danger. Il devait se sentir bien et fort, afin d'aller mieux.

Comme toujours, les repas nous posaient les plus grandes difficultés. Patrick devait consommer 1 000 à 1 500 calories de plus par jour qu'une personne en bonne santé, dans la mesure où le cancer dévorait la part du lion de tout ce qu'il ingérait. Seul problème : le cancer du pancréas détériore l'appétit et les papilles gustatives. Dingue, non ? Le cancer coupe l'envie de manger tout en consommant les protéines et autres nourritures du corps ! La pure recette du désastre. Patrick s'appliquait à tâcher de manger assez pour conserver ses forces. Mais c'était difficile, un combat de chaque jour.

Quand Donny s'est installé à la maison, il a proposé de lui confectionner des milk-shakes à partir de poudres hyperprotéinées puisque son frère se plaignait de manger toujours la même chose. Je lui ai ouvert le placard à double battant où je gardais toutes ces poudres...

– Regarde ce qu'il y a ici, proposai-je.

Les suppléments débordaient quasiment et j'ai commencé à énoncer le contenu de chaque paquet... Donny jeta un coup d'œil aux différentes piles, aux divers parfums.

– Oh, là, là ! commenta-t-il en souriant. Je ne sais pas pourquoi tu t'es crue obligée d'acheter tout ça. Oublie !

– Et j'ai d'autres trucs, là, ajoutai-je en m'emparant d'un grand panier que j'avais accroché à une poutre dans la cuisine. Que des produits de grande qualité. N'hésite pas à taper dedans. De toute façon, il n'aime rien.

Une grande partie du problème, qui rendait mon travail, et maintenant celui de Donny, si difficile, venait de ce que Patrick avait du mal à trouver quelque chose à son goût. D'autant que si un plat lui plaisait, ça durait deux jours avant qu'il le rejette. Alors, il fallait de nouveau trouver autre chose.

Ce dernier mois, il se sentait encore faible, et nous avions de plus en plus de mal à maintenir son poids. En avril, il fut mis sous TPN (nutrition parentérale totale) par intraveineuse ; il fallait le raccorder matin et soir à une grande poche emplie d'une solution blanche qui le nourrissait pour la journée. La fête ! Plus besoin de craindre qu'il meure de faim. Tout ce qu'il avalait en plus devenait du bonus. J'étais tellement soulagée ! Cela nous ôtait une pression énorme.

Mais cela présentait un inconvénient : Patrick devait désormais rester accroché au moins deux heures par jour et deux par nuit à ce dispositif. Je le sais, il n'aimait pas ça, parce que ça lui donnait l'air d'être malade et qu'il ne pouvait plus circuler à sa guise pendant ce temps-là. Mais ça n'allait pas l'arrêter. Il trouva un cartable dans lequel il pouvait fourrer la TPN et la pompe, et il jetait le tout sur son épaule, afin d'aller vaquer à ses occupations comme il l'entendait. Il lui arrivait même de monter à cheval avec cet équipement… pourtant pas des plus légers !

Par-dessus tout, nous devions faire très attention aux dangers de contamination qui pouvaient générer une infection. Avec la TPN, c'était particulièrement risqué. Il fallait chaque fois préparer des doses fraîches ; or, le mélange était des plus compliqués et présentait de nombreux risques de contamination. Avec Donny, nous ne plaisantions pas sur l'hygiène. Parfois, on aurait cru voir deux savants fous préparant Dieu sait quelle potion dans leur labo, parmi les seringues, grandes et petites, les fioles, les sachets tirés du réfrigérateur, notre technique de « mélange » si particulière, la préparation des tubes, la connexion à la pompe, l'accrochage et la mise en route… le tout en nous lavant les mains à plusieurs reprises avec un gel antibactérien. À la longue, je me suis lancée dans des techniques de mesure de plus en plus sophistiquées, transférant l'air de la seringue à la fiole pour le laisser repasser automatiquement avec la quantité adéquate de substance. Malheureusement, à plusieurs reprises, ça m'a sauté à la figure, m'arrosant de vitamine liquide pour adultes. Beurk !

On ne peut pas dire que je n'y mettais pas du cœur.

*

* *

Pendant cette période, Patrick n'a pas fait que perdre du poids. Jusque-là, il n'avait pas perdu ses cheveux. Il n'en avait plus autant qu'auparavant, mais il lui en restait.

– À présent, vous allez dire adieu à vos cheveux, lui annonça le Dr Hoffman en lui prescrivant l'Abraxane.

Pas de « si », ni de « et », ni de « mais »... Patrick allait devenir complètement chauve. Je me demandais comment il le prendrait, lui qui avait toujours attaché tant d'importance à sa coiffure. À plusieurs reprises, j'avais voulu lui couper les cheveux, mais sans grand succès.

– Je ne vais pas les porter si court ! s'indignait-il. J'ai trop de bosses sur le crâne, à force de m'être battu, et tout...

Il se passait la main sur la tête, essayait de me montrer :

– Là, tu vois ?

Il avait effectivement des bosses. Mais rien de terrible. En tout cas, pas question de le faire changer d'avis. Je crois qu'il aimait l'aspect romantique des cheveux longs, c'était ainsi qu'il se voyait. Je sais que, jusqu'à l'âge adulte, il a toujours craint d'être chauve ; il me l'a même avoué au début de notre relation, citant le seul membre de sa famille qui perdait ses cheveux, et redoutant d'être le suivant. Quoi qu'il en soit, il y attachait beaucoup d'importance.

– J'ai toujours pensé que tu serais magnifique le crâne rasé ! lui assurai-je quand il commença de prendre l'Abraxane. Tu l'es toujours, de toute façon.

Ça ne lui a arraché qu'un ricanement.

Moi, je tenais à ce qu'il voie le bon côté des choses. Qu'importait d'être chauve, après tout ? Et peut-être bien que ça lui irait vraiment.

– C'est moins grave pour un homme, commenta Donny à la maison. Ce doit être beaucoup plus difficile pour une femme de perdre ses cheveux.

Patrick savait que son frère avait raison, mais, là non plus, il n'a fait aucun commentaire...

De toute façon, nous avons attendu le moment adéquat pour lui raser la tête. Il en était venu à perdre tellement ses cheveux que n'importe quoi aurait été préférable à ce qui lui restait sur le crâne. Alors je suis allée à l'écurie chercher une tondeuse pour chevaux et je me suis mise au travail.

J'ai reculé pour le regarder et je l'ai trouvé superbe. Squelettique, le visage marqué par la maladie, le ventre gonflé par l'accumulation de liquide, et se plaignant de ses chevilles gonflées comme chez une vieille dame. Pourtant, plus je le regardais, plus je le trouvais beau...

Je me fiche que tu aies des taches sur le nez
Je me fiche que tu transpires, que tu empestes et que tu aies le ventre rond comme un bouddha
pourvu que je puisse le caresser et faire un vœu,
Et j'ai frotté, frotté... et j'ai oublié de demander quelque chose.
Je me fiche que tu aies les jambes gonflées et que tu ressembles à une vieille dame
Je me fiche que tu me dises que si tu dors mal, ce sont tes hanches qui gonfleront,
ou même tes joues et ta mâchoire.
Et je veux frotter ton ventre de bouddha,
J'aurai finalement trouvé quel vœu me retient ici...
Et je frotte et je dis que je te désire.
Je forme le vœu que tu me désires toi aussi.

Printemps 2009

Bien sûr, ce n'était pas le beau Patrick classique, mais la beauté est vraiment un concept curieux, mystérieux. En le regardant, je voyais... lui. Comment ne pas trouver un être magnifique quand on le regarde avec tant de bonheur ?

Malheureusement, les tabloïds aussi ont adoré ce nouveau Patrick chauve, mais pour de tout autres raisons. Même l'un de nos amis m'a confié :

– C'était la première fois qu'en l'apercevant j'ai vu une victime du cancer.

C'est vrai, la calvitie évoque souvent le cancer et donne l'air plus maigre. L'une des pires photos publiées par cette presse impitoyable a été prise à cette époque, et Patrick y a l'air horriblement malade.

Mais, là encore, je n'avais pas besoin de m'inquiéter sur la façon dont Patrick allait prendre tout ça. Quand ses cheveux ont commencé à tomber, il n'a plus été question de vanité. Quand les photos ont été publiées en première page, il ne s'est pas emporté ; c'est tout juste s'il a vaguement secoué la tête d'un air contrit. Il a assumé les choses exactement de la même façon qu'il assumait douleur et malaise. Avec une grâce paisible, avec force et dignité. Mais moi, j'étais curieuse : est-ce que, vraiment, ça ne lui faisait rien ? Ou devait-il lutter pour conserver sa dignité ? Parce que, à la place où il se tenait, on aurait dit que rien ne pouvait l'atteindre, surtout pas ces misérables pétarades de méchanceté.

Le port à cathéter. J'ai pris cette photo pour me rappeler comment le poser.

16

Juste une urgence de plus

En ce dernier lundi de février, j'avais demandé à Donny de conduire Patrick à son rendez-vous de chimiothérapie. Pour la première fois, je ne m'en chargeais pas personnellement. Habituellement, j'y tenais. Mais j'avais trouvé une misérable excuse et, curieusement, il m'a crue. Dès que j'ai vu la voiture passer le portail, je suis allée vérifier les horaires d'atterrissage à Los Angeles, puis j'ai sauté dans notre pick-up et filé à l'aéroport réceptionner...

Notre nouveau chiot, un rhodesian ridgeback.

En fait, j'en cherchais un depuis juillet de l'année précédente, dans le plus grand secret. Je savais que Patrick voulait un autre ridgeback depuis que nous avions perdu notre cher Gabriel, presque trois ans auparavant. Au cours des deux années qui ont suivi, Patrick a parlé de prendre un nouveau chiot, mais j'avais freiné des quatre fers : la disparition de Gabriel m'avait bouleversée, c'était encore trop tôt pour moi.

Patrick a compris, et accepté d'attendre quelques mois avant de revenir à la charge. À l'été 2009, après sa pneumonie...

– Je crois que j'aimerais reprendre un autre chiot ridgeback, a-t-il dit à haute voix en me regardant.

– C'est encore trop tôt, ai-je répondu.

Ça m'a fait frissonner, mais j'étais devenue bonne comédienne.

Je me suis aussitôt lancée dans la recherche d'un nouveau chiot. Nous avions trouvé Gabriel chez un éleveur en Grande-Bretagne, et nous l'aimions tellement que j'ai commencé par m'adresser à ce même éleveur. Julie ne disposait d'aucun chiot à ce moment-là, mais elle m'a aidée à trouver un éleveur qui allait en avoir. Après quoi, j'ai juste dû attendre la naissance d'une portée. Finalement, les chiots sont nés le 13 décembre, et Julie m'a aidée à en choisir un.

– Il est absolument extraordinaire, a-t-elle précisé. Et c'est un grand garçon !

J'avais hâte de le voir, mais il m'a fallu attendre encore douze semaines, le temps qu'il puisse voyager. Après huit mois de complots et de planification, notre nouveau « bonhomme » fut mis dans un avion direct pour Los Angeles.

J'étais pleine d'enthousiasme en arrivant à l'aéroport pour le récupérer, et je me demandais comment présenter la surprise à Patrick. Par chance, quand je suis rentrée, Donny avait déjà ramené son frère qui se reposait dans sa chambre. Parfait. J'allais promener le chiot autour de la maison et le faire batifoler devant la porte-fenêtre pour que Patrick le voie.

À peine descendu du pick-up, le chiot s'est lié d'amitié avec le caniche, Lucas, ce qui allait me faciliter les choses !

J'ai lancé une balle devant la porte. Lucas est aussitôt allé la chercher, suivi par le chiot, ravi, et ils me l'ont rapportée ensemble. J'ai attendu... Pas de Patrick... J'ai relancé la balle et, de nouveau, ils ont filé la récupérer devant la chambre, avant de revenir... Rien. J'ai essayé une troisième fois, et ils sont revenus... Ça ne marchait pas ! Flûte.

J'ai fini par aller voir ce qui se passait, mine de rien. Alors que j'entrais discrètement dans le couloir, Patrick a ouvert la porte et s'est arrêté dans l'encadrement, en me regardant d'un air soupçonneux. Sans rien dire.

– Hé ! Tu as vu les chiens dans le jardin ? lançai-je d'un air innocent.

– Oui.

– Tu as remarqué... le chiot ?

On l'apercevait par la fenêtre, qui gambadait sur la pelouse, se frottait aux pattes de Lucas.

– Oui, souffla Patrick. Je croyais que c'était le chien d'un voisin, ou que Paul l'avait amené pour nous le montrer. Et ça m'a énervé.

Ouille ! Il croyait que quelqu'un d'autre venait le provoquer avec son ridgeback ! Cette pensée m'arracha un sourire malicieux. Patrick eut tôt fait d'oublier son agacement, remplacé par un sentiment délicieux...

– Et là, quand je t'ai vue... ajouta-t-il en souriant, j'ai compris qu'il devait se passer quelque chose.

– Bon, alors tu viens le voir, ton nouveau chiot ?

Encore en pyjama, Patrick l'a soulevé dans ses bras et bercé comme un gros bébé paisible. Sortant la langue, Kuma lui a donné un bon gros bisou mouillé sur la joue. Nous l'avons appelé Kuma, qui signifie « ours » en japonais. C'est un gros bonhomme, le plus gros ridgeback que nous ayons jamais vu, et sans doute le plus mignon.

Ce fut une merveilleuse journée, suivie de bien d'autres. Et figurez-vous qu'entre les paperasses et la caisse spéciale dans laquelle Kuma a dû voyager durant son vol transatlantique, j'ai dépensé pas mal d'argent pour le faire venir. Mais j'étais certaine que Julie me trouverait l'animal parfait. Et puis, zut ! ce n'était que de l'argent. J'aurais donné n'importe quoi pour rendre Patrick heureux. L'argent comptait de moins en moins à mes yeux. Qu'en ferais-je, de toute façon ? Cette vie ne va pas durer éternellement.

Ce parcours continuait de m'enseigner des leçons sur la vie et l'existence. Si je considérais le passé, je n'en revenais pas d'avoir toujours tout tellement pris au sérieux. Avec sincérité, mais aussi quel sérieux ! À présent, je n'y voyais que des « moments gâchés ». Non pas que Patrick et moi ayons perdu notre temps. Nous avons bâti notre destinée, nos carrières, en améliorant chaque fois notre virtuosité, en nous bonifiant nous-mêmes. Quand je regardais en arrière, je ne voyais que des occasions ratées. Nous avons travaillé si dur que nous consacrions rarement du temps à savourer ce que nous possédions déjà. Dans notre situation actuelle, je le regrettais. De plus en plus, je me rendais compte que je ne profitais en rien de ce que la vie m'avait offert. Peut-être est-ce ma réserve de Finlandaise, l'idée que je devais toujours « faire mieux » ou qu'il est « impoli de s'accorder une récompense ». C'est certainement un trait de danseurs que Patrick et moi partagions : on ne s'installe jamais, on peut toujours en apprendre davantage, et on s'efforce constamment de dépasser ses limites. Pourtant, j'ai appris, depuis, qu'il n'y a pas que ça dans la vie. S'efforcer, oui… mais si on ne peut se réjouir, on manque une des meilleures parts de la vie. Et il me restait à m'émerveiller de ce que j'avais vraiment. Tant de richesses, tant d'amour, un monde si fascinant autour de moi ! Quelle folie d'en avoir manqué ne fût-ce qu'une partie !

Je découvris ainsi qu'en de nombreuses circonstances j'aurais dû faire la fête et en profiter au lieu de m'accrocher à mes seules responsabilités. Soudain, me vint cette illumination que ces occasions de se réjouir, cet amour, cette vie existaient toujours. Qu'ils m'attendaient. Il ne me restait qu'à choisir de les vivre. Alors, quelle importance si les choses s'effondraient un certain temps ? Je pourrais toujours les reconstruire par la suite.

L'une de nos amies, Sheree, a travaillé pour nous comme assistante pendant plus de dix ans. Elle est très anglaise, intelligente, d'une grande classe, très consciencieuse dans son métier. Et son mari, Randy, a été mon coach en aérobic ; il était drôle, brillant, merveilleux. Il est mort dans un terrible accident d'avion. J'en ai été effondrée, et beaucoup d'autres gens avec moi. Mais pour Sheree... c'était l'amour de sa vie, avec son esprit unique, un homme qui s'arrangeait toujours pour s'amuser où qu'il aille, quoi qu'il fasse. Je la vois encore disant quel mal il s'était donné de son vivant pour la divertir, pour la faire rire et aimer la vie.

– Il tentait, il tentait toujours... dit-elle dans un soupir désabusé.

Elle avouait n'avoir compris ses efforts que beaucoup plus tard.

Maintenant, je savais ce qu'elle voulait dire. Au moins avais-je la possibilité de profiter de cette leçon dès maintenant. Avant de perdre Patrick. Pas après l'avoir perdu.

*

* *

Quelques mois après l'arrivée de notre nouveau chiot, nous avons acheté une nouvelle voiture. Il m'en fallait une, car celle que je conduisais depuis vingt ans commençait à donner des signes de fatigue et se révélait de moins en moins fiable. Nous aurions pu choisir une Prius ou quelque chose de ce genre par souci d'écologie. Pourtant, nous avons pris une tout autre direction, optant pour un véhicule de haute performance : la Nissan GTR, hyper rapide. Un jour, nous l'avons prise pour conduire Patrick à sa chimio : on a emprunté l'autoroute, mis *Tush* de ZZ Top à plein tube… et j'ai enfoncé la pédale. On avait l'impression de décoller, comme dans un avion. À vous coller sur votre siège ! Les joues aspirées vers les oreilles. Ravie, je me suis tournée vers Patrick pour le découvrir qui regardait la route devant lui… le sourire en banane.

– Waouh !

*

* *

Je n'ai pour ainsi dire jamais pleuré devant Patrick. Il m'a surprise deux fois, la première en sanglots sous la douche, effondrée sur le sol carrelé pendant que l'eau me coulait dessus. Quelques jours plus tard, alors que nous étions seuls tous les deux, son regard s'est perdu dans le lointain et il a murmuré :

– Je t'ai entendue pleurer sous la douche, l'autre soir.

Je n'ai fait que hocher la tête. Que pouvais-je dire ? Que j'avais le cœur brisé ? Je savais qu'il savait que je pleurais. Je crois qu'il avait juste besoin de me le dire.

C'était tellement lourd à porter… Et puis il y avait ces chansons d'amour, de chagrin. Au point qu'un soir j'ai dû écrire…

Comment vivre ?
Sans toi… J'écoute cette chanson qui me serre tellement le cœur que je n'arrive même pas à comprendre comment je peux continuer… Pourtant je continue, parce que… tu sais pourquoi ? Parce que c'est comme si j'étais quelqu'un d'autre que moi, en train de me regarder. Je me regarde et le chagrin que j'éprouve… Je note mentalement, comme si j'observais une extraterrestre. « Écoute ce que cette femme ressent. » « Pourquoi cette femme a-t-elle tant besoin de

sentir la caresse de cet homme ? » « Qu'est-ce qu'elle a ? Je ne comprends pas. » Et je suppose que c'est le « Je ne comprends pas » qui m'habite tout au long de la chanson. Cette impression tellement immense... qu'elle en devient extraterrestre. Je peux écouter une chanson de ce genre... tout en m'émerveillant... devant la douleur qu'elle évoque chez cette femme que j'observe.

Mars 2009

Nous trouvons le moyen de continuer, un moyen d'assumer.

*

* *

Dès que Patrick fut sous Abraxane, ses analyses et ses scanners montrèrent des améliorations immédiates. Pourtant, il restait encore la plupart du temps au lit, épuisé. Ses troubles abdominaux avaient augmenté, à en devenir parfois intolérables. Il souffrait de fréquentes nausées et luttait toujours pour ne pas perdre du poids. Malgré les progrès spectaculaires de ses dosages CA19-9 et de ses scanners, son état empirait. Il y avait là quelque chose d'incompréhensible. L'Abraxane marchait... mais ne marchait pas.

Nous étions retournés au Nouveau-Mexique entre deux traitements et, pendant le peu de temps qu'il a passé debout, il n'a marché que très lentement, avec précaution, comme sur des œufs. Quand il fut temps de rentrer à Los Angeles, nous avons repris nos affaires et décollé comme d'habitude. Et le lendemain... Patrick avait de la fièvre. Je l'emmenai voir le Dr Hoffman qui lui fit passer une radio et découvrit qu'il avait contracté une infection, pas une pneumonie cette fois.

– C'est quelque chose qui sonne comme « Club Med », dis-je au téléphone à ma belle-sœur, Maria.

– Klebsiella ? suggéra-t-elle.

– Oui, c'est ça !

Une infection bactérienne qui se soignait à coups d'antibiotiques. Mais la première dose n'y a pas suffi, alors on en a ajouté une autre, la Rocéphine. Une fois encore, avec ses infections, nous ne pouvions risquer d'affaiblir le système immunitaire de Patrick et il a fallu interrompre le traitement à l'Abraxane.

Alors j'accrochais la Rocéphine deux fois par jour à sa perfusion, avant sa TPN, en attendant patiemment que l'infection disparaisse. Il avait l'air misérable, mais ce n'était pas la première fois. Moi, je n'avais aucune raison de croire que ça n'allait pas s'arranger une fois encore. Il fallait juste se montrer un peu patients.

J'énonce ça comme une certitude, comme s'il s'agissait de trois fois rien. Mais, après avoir passé près de trente-quatre années avec Patrick, dans une relation extrêmement proche, je ressentais tout ce qu'il ressentait. C'était génial parce que ça faisait de moi une meilleure infirmière. Mais ça représentait aussi un fardeau qui pesait de plus en plus sur mon énergie et sur mon corps. Particulièrement quand lui se sentait vraiment mal fichu…

Quand il se sent mal, je suis malade aussi. Et c'est presque insupportable. Sous mon visage quotidien, avec tous ces actes que j'accomplis, les sourires que je m'impose et ces choses positives que je me répète, je suis au-delà du chagrin.

15 mars 2009

Mais aussi… grâce à cette proximité, je savais que l'infection allait disparaître. Patrick allait s'en sortir. Qui sait ? Peut-être que j'étais « gâtée » par tous les petits miracles qui ne cessaient de se produire et de se répandre sur nous. Peut-être que je pouvais me montrer optimiste parce que je sentais le soutien de tous ces gens à travers le monde, qui nous envoyaient leur énergie, leur amour et leurs prières. Patrick était dans un état affreux, mais je le sentais... à l'intérieur... et je percevais de la force.

Pourtant, certains médecins estimaient la situation désespérée. Ils nous ont prévenus de cette « déferlante d'infections » qui, dans son état alarmant, pouvaient se succéder, s'additionner, jusqu'à ce que son corps n'en puisse plus. Aïe ! Le genre de chose à garder en mémoire. Mais pour moi, ce n'était qu'une petite infection. Nous n'avions même pas donné aux antibiotiques leur chance d'agir.

La faiblesse de Patrick devenait si préoccupante que le Dr Fisher passa nous voir au Rancho Bizarro, à Los Angeles. Je pris sa venue pour une visite de courtoisie, une occasion de passer nous dire bonjour puisqu'il était en ville. Mais il avait tout autre chose à dire.

Patrick était assis sur le lit, adossé à ses coussins, regardant la télé, quand George entra. Aussitôt il l'examina, comme pendant une consultation courante. Nous avons parlé des vieilles voitures déglinguées que nous conduisions autrefois et Donny est venu se joindre à nous. Mais, après ces bavardages, le Dr Fisher entreprit de nous parler du concept du NPR, abréviation qui correspondait au « ne pas ranimer ».

– Je vous suggère d'y penser, dit-il, l'air de ne pas y toucher.

Et moi de me demander : *Pourquoi nous dit-il ça ? Il croit qu'on en est là ? On n'en est pas encore là quand même, si ?* Pourtant, je lui accordai toute mon attention.

– Par exemple, vous avez le hoquet et votre cœur s'arrête, entama prudemment le Dr Fisher. Ce sont des choses qui peuvent arriver.

Je regardai Patrick qui écoutait attentivement.

– Les tentatives de résurrection ne sont pas aussi propres et jolies qu'à la télévision, le prévint gravement le Dr Fisher. Ce peut être une intervention brutale. Les poumons aussi peuvent s'effondrer. Et vous pourriez vous retrouver obligé de décider si vous allez appeler ou non les urgences.

Là, j'avais le choix entre continuer à écouter, absorber l'information, ou bien fondre en larmes. Je choisis la première option et prêtai l'oreille.

Mais cela me prouva à quel point je n'étais pas prête. Je ne savais pas quoi faire. Et cela me poussa à m'interroger encore davantage... Comment survivrais-je ? Comment ne pas perdre la tête ?

– Je n'aimerais pas vous voir, continuait le Dr Fisher à l'adresse de Patrick, ni vous ni quelqu'un d'autre, subir un tel traitement s'il ne doit pas vous faire du bien à long terme.

Nous hochions tous la tête lentement. Le silence s'installa un moment...

Puis Patrick pencha la tête de côté, posant sur le Dr Fisher un regard quelque peu sceptique...

– Vous dites que ça va me tuer ? s'enquit-il.

Je les considérai l'un et l'autre en fronçant les sourcils. Mais, au fond de la chambre, Donny pouffa.

Pour lui, c'était encore un de ces moments parfaitement « Patrick ». Depuis plus d'un an, nous luttions ensemble contre un cancer du pancréas métastatique. Et voilà que Patrick, assis dans son lit, demandait : « Ça va me tuer ? » comme s'il s'agissait d'un concept étranger qui ne l'avait pas encore effleuré ! Le Dr Fisher dut reculer d'un pas, se reprendre, avant de répondre du mieux qu'il pouvait.

Il y avait de l'incrédulité dans la voix de Patrick, un ton calme, l'air de dire « Personne ne peut encore le prouver ». Donny l'avait entendu. Moi aussi. À moins que je ne l'aie interprété ainsi parce que c'était ce que je croyais, moi. D'accord, on parlait NPR, c'était une information intéressante et nous étions reconnaissants au Dr Fisher d'oser nous en présenter le concept... mais je ne voyais pas encore en quoi il pouvait nous concerner. Personne n'allait continuer dans ce sens. Enfin, bon, ne pas oublier le NPR...

Une semaine après cette conversation, Patrick allait mieux.

*
* *

Durant cette infection, son CA19-9 avait grimpé d'environ 2 000 à 4 000. Mais cela allait mieux. Patrick avait vaincu l'ennemi et rentrait à la maison, reprenait meilleure allure et récupérait enfin des forces. Néanmoins, nous allions devoir encore faire des claquettes jusqu'à la fin du mois.

Mais finie cette fichue Abraxane ! Ça ne lui correspondait pas et l'anéantissait plus vite que n'importe quoi d'autre. La semaine suivante, nous passions au Tarceva et au Folfox. Le premier avait pour pénible effet secondaire de donner des rougeurs, genre acné envahissante. Et c'était particulièrement vrai quand le médicament commençait à faire effet. Chez Patrick, l'éruption n'apparut que sur sa tête, et seulement après qu'il eut cessé ce traitement. Comme souvent dans ces circonstances, les effets de la chimio peuvent durer très longtemps.

Pour lui, ça durait souvent un mois après avoir arrêté le médicament. C'était un bonheur quand on continuait à profiter de l'amélioration de son état, mais une vraie poisse quand il s'agissait de désagréments qui ne voulaient pas cesser.

À propos de la chimiothérapie du cancer du pancréas, Patrick aimait rappeler aux gens que ça revenait à traiter un cancer à l'aide d'outils d'homme des cavernes. Malgré moi, je ne pouvais m'empêcher de trouver qu'il avait raison. Actuellement, tout le monde cherche des moyens plus adéquats de lutter contre le cancer ; mais nous savions que les options contre celui du pancréas restaient des plus limitées et les statistiques de survie des plus défavorables. D'ailleurs, voilà pourquoi nous préférions suivre un programme expérimental. Rien n'était trop agressif contre cette maladie. Nous devions chaque fois fouiller dans notre boîte à idées parce qu'il n'existait pas grand-chose dans les protocoles classiques. Néanmoins, je n'aimais pas beaucoup la comparaison de Patrick avec les outils d'homme des cavernes : alors, je lui fis poliment remarquer que l'étude PTK et la Gemcitabine lui avaient permis de survivre une dizaine de mois à son diagnostic, non seulement de survivre mais de tourner une série télé, et maintenant, quinze mois plus tard, de se rétablir encore. Pour moi, c'était une réussite. Je chérissais comme une victoire chaque mois, chaque jour que je passais avec lui, et j'étais prête à défendre tout ce qui pourrait l'aider encore. La chimio lui permettait de rester en vie mais, non, elle n'allait pas le guérir. Le mieux que nous pouvions espérer, c'était qu'il vive assez longtemps pour que soit découvert un nouveau traitement plus efficace. Mais, nous avions beau avancer dans l'année 2009, rien ne se profilait à l'horizon.

*

* *

Encore un accroc… À la fin d'avril, la NGB de Patrick, sa numération des globules blancs, avait augmenté, annonçant une autre infection. Alors il reprit davantage d'antibiotiques auxquels il ajouta du PO Flagyl pour traiter toute infection pouvant surgir pendant un traitement antibiotique. Enfin, tant que ça marchait…

Et ça marchait…

L'infection se résorbait, Patrick « se libérait » de son étape Dilaudid avec sa nouvelle pompe, et Donny l'avait emmené à Cedars-Sinai pour un drainage de l'excès de fluides dans son ventre – ils s'accumulaient pour des raisons trop contrariantes pour les mentionner ici. Le fluide fut drainé un vendredi. Le samedi, nous chargions dans la voiture tout le matériel médical, nos ordinateurs, nos joggings et nos tongs, pour filer par ce que nous appelions maintenant notre « Bat-Sortie secrète », qui nous permettait de quitter discrètement notre propriété de Los Angeles.

Mais, avant d'atteindre notre GTR (la super voiture que nous avions surnommée *The Beast*), Patrick tira sur le tube qui émergeait de sa pompe à antalgiques et serpentait jusqu'au port à cathéter.

– Qu'est-ce que tu veux que j'en fasse ? me dit-il d'une voix fataliste. Je ne vais pas me balader avec ça.

– Attends !

J'enroulai le tube autour de lui, comme si j'habillais un petit garçon pour l'école.

– Tu mets ça dans ton sac… et… et le tuyau peut sortir par ta chemise…

Ça ne se passa pas aussi facilement que je l'aurais cru, mais je restai positive.

– Là, ça se voit à peine.

Ça n'allait pas nous empêcher de partir ! Pas question ! Nous nous sommes installés dans la voiture, Paul a ouvert le portail, et en avant vers le sud.

Nous allions nous offrir une luxueuse semaine dans un spa niché dans les collines juste au nord de San Diego où nous allions récupérer, nous faire servir et bichonner, et passer de bons moments à travailler au livre de Patrick.

Devant notre GTR, dite The Beast*, avec Kuma, alors âgé de trois mois.*

17

Où l'on sème les vautours

La Bat-Sortie secrète de notre propriété de deux hectares à Los Angeles nous donnait le moyen d'échapper aux paparazzi. Il y avait bien le portail principal, que tout le monde connaissait. Quand Patrick le franchissait avec Donny, je lui disais toujours de ma voix sucrée :

– N'oublie pas de sourire, chéri !

Les photographes l'attendaient au tournant. Jusqu'à ce que nous finissions par nous ménager une autre sortie, à l'autre extrémité de la propriété. C'était un peu compliqué, surtout qu'il fallait rouler dans la prairie, mais ça marchait. Et moi, je ne pouvais plus supporter tous ces paparazzi qui nous suivaient sans cesse !

Même quand nous utilisions notre Bat-Sortie, je restais hypervigilante, poussant Patrick à se tasser sur son siège et le couvrant de ma capuche noire. Croyez-moi, il n'aimait pas ça. Il n'était pas du genre à « fuir » qui que ce soit. Mais j'y tenais, et je crois qu'il lui était plus facile de s'y plier que de refuser.

Bien sûr, les journalistes pouvaient prendre des photos de Patrick : qu'importait, au fond ? Beaucoup, justement ! Il était malade, se battait contre la mort, et je n'avais pas envie que quiconque se fasse de l'argent sur sa maladie. Vous savez ce que racontent ce genre de magazines ! « Le public a le droit de savoir. » Sauf que Patrick ne travaillait pas dans les services publics et que ces informations ne présentaient aucun intérêt public. C'était une star de cinéma et cet argument du « public qui a le droit de savoir » servait seulement d'excuse pour détourner son terrible combat personnel et en faire une distraction triviale. Je n'allais pas leur faciliter la tâche, leur permettre de se faire du fric grâce à cette horrible maladie.

Autour de nous, on s'étonnait de ce que nous ne sautions pas sur l'occasion pour dénoncer toutes les fausses nouvelles sur la maladie de Patrick. « On » ne comprenait pas qu'en agissant ainsi, nous entrerions justement dans leur jeu, ce qui nous aurait obligés à sans cesse renvoyer la balle. Autant dire que nous serions alors comme eux puisque nous les aiderions à gagner encore plus d'argent. Ils se croient tout permis en vous obligeant à répondre à tout ce qui leur passe par la tête, en se permettant ce qu'on ne leur aurait jamais accordé. Nous n'allions pas laisser un tabloïd décider à notre place de ce que nous allions dire ou pas. Non mais !

Il existe mille raisons pour lesquelles il vaut mieux ne pas répondre, la dignité n'étant pas la moindre. Ainsi courait un article bourré d'erreurs qui rendait Donny particulièrement fou. Il ne pouvait croire que nous ne fassions rien au sujet de cet article blessant. J'ai dû lui expliquer ce que je savais déjà, après avoir été exposée aux regards du public depuis tant d'années.

– Crois-moi, ça ne fait pas du bien en ce moment, mais on va s'en tirer. Tu verras, dans plusieurs années peut-être, mais tu verras qu'on a fait le bon choix.

Et le bon choix, pour un être humain, n'apporte pas toujours une gratification instantanée. Mais à la longue, ça compte beaucoup.

Est-ce que ça fait mal ? Oui, très. Songez à la souffrance d'une femme dont on a publié une photo où elle se trouve trop grosse… Dois-je en dire davantage ?

Nous avons toujours dû faire très attention à ce que nous disions à la presse sur la maladie de Patrick. J'avais tendance à me montrer trop ouverte, à « dire les choses telles qu'elles sont ». Mais notre équipe me retenait toujours. Très vite, j'ai compris qu'ils avaient raison. Si nous donnions trop d'informations, ça nous revenait en pleine figure. Ça ouvrait la porte à la presse, qui posait d'autres questions, faisait d'autres spéculations, ajoutait d'autres interrogations. Et toutes nos réponses pouvaient être interprétées selon le bon vouloir des journalistes... ce qui menait à de nouvelles questions !

Il y avait toujours ces fuites provenant de notre cercle le plus proche. Des amis d'amis, des amis de la famille qui ne « faisaient que passer » voir sa maman ou son frère, ou Dieu sait qui d'autre ! C'était terrible, mais, malheureusement, nous n'étions pas les premiers à être trahis de la sorte. Nous avons dû prévenir nos parents et amis de ne communiquer aucune information à quiconque n'était pas digne d'une totale confiance. Parfois ça marchait, parfois non. Bizarrement, ce fut particulièrement difficile pour ma belle-mère, Patsy, très ouverte et parfois bavarde. Nous avons dû le lui rappeler sans cesse :

– Ne donnez aucune interview aux gens qui téléphonent. Répondez juste « Pas de commentaire » et raccrochez.

– Mais c'est ce que je fais ! protestait-elle.

Nous levions les yeux au ciel dès que nous lisions un nouvel article qui la citait, sans pouvoir nous empêcher de pouffer de rire. Bien qu'elle m'agace, je me laissais toujours avoir au charme.

– Patsy, expliquai-je, quand vous dites « Laissez-le tranquille ; c'est à fendre le cœur, il ne mérite pas ça ; je sais qu'il va se battre ; seulement je ne veux pas qu'il souffre », vous donnez une interview.

Elle poussait un soupir impuissant.

– Oh… je ne sais pas comment les prendre au téléphone !

Cette dame élevée au Texas était trop polie pour leur raccrocher au nez.

Il y eut aussi des fuites sur le plateau de *The Beast*. Quand on me demandait ce que ça faisait de donner de « bonnes nouvelles » de Patrick pour contrer toutes les informations négatives publiées sur lui, je devais répondre, aussi gentiment que possible :

– Nous préférerions les choisir nous-mêmes. C'est sa vie, c'est la mienne. Nous aimerions pouvoir décider de notre destinée, pas laisser les autres le faire pour nous. Même s'ils ne veulent que notre bien.

*

* *

Comme on dit, une photo en dit plus que mille mots. Et les photographes mitraillaient Patrick. Donny et moi avions appris à les repérer dans la rue, face à notre portail. Ils savaient très bien où se placer, pas toujours au même endroit. Donny, en particulier, arrivait souvent à les dénicher pour leur faire honte. Au cas où vous ne l'auriez pas remarqué, les Swayze ne se laissent pas facilement faire. Et Donny avait beau avoir un cœur d'or, il ne faisait pas exception à la règle.

Impossible d'évoquer la lutte contre les paparazzi sans le mentionner. C'était lui la star du spectacle !

Voici quelques-unes de ses initiatives… Il a trouvé le moyen de les lancer tous à sa poursuite dans un parc où il s'est soudain retourné contre eux en les engueulant ; ils n'eurent plus qu'à regagner leurs voitures, dégoûtés. Une autre fois, il conduisit son véhicule à Foothill Boulevard et stoppa brusquement devant l'un d'entre eux, lui bloquant totalement la vue, l'air de le provoquer :

– Dis-moi de disparaître, si tu l'oses.

Il les déroutait en roulant devant nous, installant parfois une couverture surmontée d'un chapeau à côté de lui pour faire croire que c'était Patrick. Grand cycliste devant l'Éternel, il inspectait l'intérieur des voitures durant ses balades, pour vérifier celles qui transportaient du matériel genre appareils photo, trépieds, etc. On nous a dit que ces véhicules avaient des générateurs pour faire fonctionner l'air conditionné en permanence par ces longues journées d'été… Je me demande comment ils s'y prenaient.

Au cours d'une de ses dernières confrontations, Donny remarqua une voiture aux vitres sombres, garée sur Foothill, non loin de l'entrée de l'autoroute. Il rangea sa bicyclette pour aller y regarder de plus près, mais les vitres étaient si sombres qu'il ne distinguait rien. Alors il regagna la maison, alla chercher une torche ultralumineuse et revint pour la braquer sur le siège avant. Là, il vit un homme, qui le fixait d'un regard… haineux. Lentement, grimaçant, le type mit le contact et démarra.

Non sans une certaine jubilation, Donny nous confia espérer que l'un d'entre eux allait un jour sortir pour le défier. Il avait déjà préparé sa phrase et jouerait la comédie comme il savait si bien le faire grâce à ses nombreux rôles de méchants.

– Dites-vous bien une chose, vous ennuyez ma famille et il se trouve que je n'ai pas peur de la prison.

Quand il nous a raconté ça, nous avons éclaté de rire, et la seule évocation de cette idée m'a fait pouffer des semaines durant.

Bien sûr, cette situation était pénible pour lui aussi, et pour toute la famille. Quand il entrait dans son supermarché habituel et trouvait pour la énième fois des photos de son frère en couverture d'un tabloïd, accompagnées de commentaires atroces, il en retournait tous les exemplaires sans prononcer un mot et s'en allait. Mais le plus incroyable, c'est que, quand il repassait dans le magasin, ces journaux avaient disparu. Il pouvait penser qu'on les avait ôtés de la vente par respect pour lui et pour son frère. Ou alors ils le voyaient venir et marmonnaient :

– Encore ce fou de Swayze. Vite ! Enlevez-moi tous ces magazines avant qu'il les voie !

Donny, mon héros ! Tant de gens se laissaient faire. Ma solution consistait à tasser Patrick dans la voiture, à me faufiler plutôt par les petites routes, à me méfier des endroits où je me garais. C'était une attitude très enfantine... Donny leur faisait face. Et j'adorais ça. Voilà une personne qu'on est heureux d'avoir dans son camp. Il m'enseignait d'excellentes leçons.

*

* *

Mai 2009 fut un de ces mois où la presse s'acharna plus que jamais sur Patrick. Ça commença le 8, quand ils annoncèrent qu'on lui avait ôté un poumon et qu'il avait fait « tout ce qu'il pouvait » !

« ABLATION D'UN POUMON... Dans une déchirante décision, Patrick Swayze a refusé l'ultime effort pour prolonger sa vie en se faisant retirer un poumon... Après des mois de douloureux traitements et de lutte permanente pour se lever le matin, il estimait avoir fait tout ce qu'il pouvait. »

Et le 9 mai, on put lire : « ADIEU PATRICK SWAYZE [...] commencé à dire adieu à sa famille et à ses amis en se préparant à la mort suite à la propagation de son cancer du pancréas. »

Et le 17 mai : « PATRICK SWAYZE ET SON CANCER DU PANCRÉAS […] a refusé une chirurgie qui aurait pu lui sauver la vie […] l'infection des poumons n'a pas répondu au traitement […] cette longue et pénible convalescence, ce n'était pas ainsi qu'il voulait passer ses derniers jours. »

Le 19 mai : « LE TENDRE ADIEU DE PATRICK […] incapable de parler à cause des plaies dans sa bouche et sa gorge causées par son traitement chimiothérapique. Patrick communique avec sa femme depuis plus de trente ans, Lisa Niemi, et son frère Donny, par gestes ou par messages écrits […] message (à Donny) de bien vouloir veiller sur Lisa. »

Oh là ! Et il faut se rendre compte que si ces articles paraissaient quelque part, ils étaient copiés par cinq à trente-cinq autres tabloïds de par le monde ! Ça fait beaucoup de fausses informations. Et puis… les 20 et 22 mai : « SWAYZE TOUJOURS VIVANT… ! Patrick Swayze n'est pas mort hier malgré l'annonce erronée d'une radio de Floride […] Twitter a échoué dans sa tentative de tuer Patrick Swayze mercredi ! »

C'en était trop ! Après plusieurs articles annonçant la mort de Patrick, nous avons décidé de publier une réponse. Et de diffuser une photo. Nous étions au Nouveau-Mexique, où nous passions de bons moments avec quelques amis, dont un merveilleux photographe. Patrick lui a demandé s'il voulait bien prendre quelques clichés.

– J'en serais ravi, répondit Brian avec enthousiasme.

Alors, Patrick a mis son chapeau de cow-boy, il est sorti avec les chiens qu'il a commencé à faire jouer devant les objectifs. Nous avons pris quelques photos puis les avons envoyées. Nous pensions qu'un portrait de lui vivant suffirait à prouver nos dires. Il manquait une seule chose :

que Patrick brandisse un journal, comme une victime d'enlèvement, en montrant sa date, 23 mai 2009. Preuve de vie !

*

* *

Nous ne pensions qu'à une chose : que Patrick se porte mieux, tandis que les photographes les plus méprisables, les faux reporters des tabloïds semblaient sans cesse frapper à notre porte, rôder dans ce monde périlleux qui commençait juste derrière notre portail. À croire qu'ils étaient payés pour relever le gant en nous exposant au monde. À coups de fausses informations. Bien sûr, ils se fichaient de ce que nous pouvions en penser. Voyez-vous, Patrick et moi étions, et sommes encore, des gens plutôt costauds. Mais lire que son mari vous « adresse son ultime adieu » et « ses derniers au revoir » car « il touche à sa fin »... Même si c'est faux, ça fait quelque chose. J'ai bien essayé de rester positive, mais comment réagir devant un article qui vous crache à la figure : « Ton mari va mourir ! » ? Même s'il n'avait pas été malade, s'entendre affirmer plusieurs fois par mois que l'être que j'aimais le plus au monde allait mourir... vous ne croyez pas qu'après un certain temps ça ressemble à une torture insidieuse ? À première vue, je tenais très bien le coup. Je parvenais même à me convaincre que ces articles mensongers ne pouvaient m'affecter. Pourtant, certains jours... La matinée pouvait bien commencer, mais, dans l'après-midi, je me sentais soudain déprimée, puis furieuse, râleuse, avant de fondre en larmes. Apparemment sans raison ! En repensant à la journée pour tâcher de comprendre ce qui avait pu provoquer cette réaction, que trouvais-je ? Un article abominable et complètement faux. En fait, ça m'affectait beaucoup plus que je ne l'aurais cru. J'ai du mal à l'admettre, franchement, et je me réserve le droit de retirer ce que je viens de raconter. Question de fierté, histoire de ne jamais reconnaître qu'ils ont pu m'« avoir ». Mais voilà, ils m'ont eue.

Alors, que faire ? Se battre ? Sûrement pas, à moins d'y consacrer des fortunes. Et à quoi bon passer un temps infini à les laisser régir votre vie ?

Si je me sentais si blessée, triste, furieuse, qu'en était-il de celui qui avait le plus à y perdre ? Il semblait ne pas se laisser démonter, mais je savais que c'était encore plus difficile pour lui. Un jour, après avoir lu un énième article négatif annonçant qu'il vivait ses dernières heures, Patrick a replié le journal en disant d'un ton sardonique :

– Un de ces quatre, ils finiront bien par avoir raison.

Donny et moi imaginions ces reporters assis dans leurs chambres, à leurs bureaux, occupés à mener toutes sortes de recherches sur le cancer du pancréas pour tenter d'en conclure ce qui pouvait se passer dans la vie de Patrick. Nous plaisantions en nous représentant ces types arrivant au bureau le matin, leur premier café de la journée à la main, et se disant : « Quelle merde je vais inventer aujourd'hui ? » N'est-ce pas terrible de se dire que ce genre de personne peut répandre à travers le monde l'idée que vous êtes en train de mourir, que vous allez mourir, que vous êtes mort ?

« C'est de la cruauté émotionnelle. »

Nous avons ainsi conclu notre déclaration. Quand je l'ai vue écrite noir sur blanc, j'ai trouvé ça un rien excessif. « Cruauté émotionnelle… » Pourtant, la triste vérité veut qu'un paparazzi vous dévore l'âme comme un ver. Même dans ma vie de tous les jours, alors que je marchais, que je m'activais, que je riais, je me sentais dévorée intérieurement, jusqu'au cœur, et j'allais en mourir.

Alors, oui, l'expression « cruauté émotionnelle » est un reflet fidèle de la réalité.

Un formidable proverbe dit, dans la Démarche en douze étapes : « Dieu, accorde-moi la sérénité d'accepter les choses que je ne peux pas changer, le courage de changer les choses que je peux changer, et la sagesse de faire la différence. »

Nous ne pouvions changer la démarche des tabloïds. En les accusant de cruauté émotionnelle, nous n'y changions absolument rien, et même si j'en parle maintenant, ça ne bougera pas davantage. Mais peut-être – seulement peut-être –, celles et ceux qui liront ce livre verront ces gens tels qu'ils sont et comprendront l'absence d'intégrité de leurs articles. Et ne l'oublieront pas.

J'ai vu, à la télévision, un reporter du *National Enquirer* (l'un des tabloïds avec lesquels j'ai eu un différend) à propos de *The View*. La rédaction venait de se porter candidate au prix Pulitzer pour avoir annoncé la liaison illégale du sénateur John Edwards. Et ce type répondait à Whoopi, Barbara, Sherri et Elizabeth, les plus célèbres présentatrices de la télévision, en se vantant des sublimes enquêtes du *National Enquirer*. De leur travail fouillé pour vérifier leurs sources. D'accord… Si je faisais la liste des titres de ce tabloïd et des autres, sans parler du fond des articles eux-mêmes, vous verriez à quel point ils sont inexacts. Et je me régalerais sans doute à descendre en flèche quelques-uns de ces journaux. Mais je ne le ferai pas. Car, à vrai dire, qu'est-ce que ça changerait ? Le temps d'arriver à la fin de cette histoire, et plus rien de tout ça ne comptera.

Alors, revenons à la grand-route !

*

* *

Attendez, nous sommes sur une route encore plus importante. Nous nous déplaçons vers les montagnes au nord de San Diego, après nous être échappés par la Bat-Sortie secrète et avoir semé les paparazzi. Nous embrayons vers un sentier privé, roulons sur un vieux pont de bois et venons nous garer devant le spa, notre destination.

Randonnée à cheval avec des amis.

18

Remise en forme

Ces moments me sont comme des pierres précieuses. Je les ramasse dans mes bras…
Chacun de ces joyaux me donne de l'assurance pour me redresser et regarder la mort en face en disant : « Aujourd'hui, personne ne bouge. » À l'instant même où j'écris ces mots et célèbre ma victoire, je recule avec humilité. Parce que je sais combien la vie est fragile, et que je ne pourrai jamais en contrôler l'issue. Mais dites-vous que tous ces moments, toutes ces pierres me sont très chers. Et font de moi une personne très riche.

7 juillet 2009

Nous avons passé une semaine entière dans ce spa, Cal-A-Vie. Patrick a adoré. Et moi donc ! J'avais l'impression de voler ces moments à la vie. Je ne crois pas avoir vu Patrick sourire autant depuis bien longtemps. C'est un excellent moyen de se remettre en forme. Le spa offre jusqu'à trente-cinq cours d'exercices par jour : cardio, amincissement, Pilates, longueurs dans la piscine olympique, et même Zumba. Quant à moi, j'en profitais à fond, espérant donner un coup d'accélérateur à mes bonnes résolutions de faire plus d'exercice. Peut-être même commencer à perdre le poids que j'avais gagné à force de manger dans tous ces hôpitaux des cheeseburgers et des frites. Alors je me levais tôt pour travailler dur et gaiement dans les divers cours, avant d'aller m'effondrer dans notre bungalow pour le déjeuner. Ensuite, nous passions l'après-midi et la soirée à travailler sur l'autobiographie de Patrick – sauf si un traitement de thalasso était prévu…

Patrick a toujours aimé le luxe et, comme il n'était pas du genre snob, on aurait dit un gamin tout content de se voir offrir une glace en douce ou un truc du même genre. Il semblait prendre le même plaisir avec ses vêtements. La plupart du temps, il portait de vieux jeans déchirés et des tee-shirt usés, bien avant que ça soit à la mode. C'était l'un des rares hommes qui pouvaient rester séduisants dans un débardeur sans manches qui proclamait : « En cas de désastre nucléaire, mets la tête entre tes jambes et dis adieu à ton cul ». Pourtant, il appréciait les beaux costumes qu'il devait porter à l'occasion et tirait bien sur sa veste devant une glace avant de sortir, appréciant au passage la matière et la coupe, et s'exclamant :

– Ce qu'il est beau, ce costard !

Et moi d'approuver en souriant. J'aimais bien sa garderobe pourrie, mais je préférais encore le voir superbe dans une tenue de luxe.

Patrick s'est bien arrangé durant cette semaine de spa, même son teint s'est amélioré. Le personnel faisait des pieds et des mains pour lui plaire, lui prodiguant force massages et soins, inventant même des gestes pour soulager ses jambes gonflées et apaiser tout ce qui pouvait le faire souffrir. Quant au chef, il nous mitonnait des milkshakes délicieusement protéinés dès que Patrick en voulait un.

Bien sûr, tous souriaient dès qu'ils le voyaient. Et ils ne le traitaient pas comme s'il était malade. Je crois que c'est ce qui a fait toute la différence pour Patrick : pour la première fois depuis longtemps, on voyait davantage en lui un être humain qu'un patient. Un humain gâté, ce qui lui faisait un bien fou.

De retour au Rancho Bizarro, nous avions retrouvé la forme et pris des quantités de notes pour son bouquin.

*

* *

Avant de reprendre un nouveau traitement au Folfox, nous sommes repartis avec des amis pour le ranch du Nouveau-Mexique, où nous attendait une randonnée à cheval. Depuis qu'il avait cessé l'Abraxane, les cheveux de Patrick repoussaient et ses petites mèches épaisses lui allaient très bien.

Notre voisin et ami, Steve, recevait lui aussi des amis et nous avions tous décidé de partir depuis son corral pour rejoindre notre campement dans la forêt. Steve avait beaucoup de chevaux : « Vous n'avez qu'à venir choisir », disait-il. J'avais travaillé dur et fus contente de ne pas avoir encore à m'occuper de quatre chevaux à panser et à seller ! Nous remplissions nos sacoches de gourdes pleines d'eau et de baume à lèvres lorsque Patrick annonça qu'il prenait finalement son propre cheval, Nation, un grand et superbe hongre arabe à la robe grise. J'en eus le cœur serré. Je n'aimais pas l'idée qu'il monte Nation. Une brave bête, mais au caractère bien trempé, et qu'il fallait travailler régulièrement pour le rendre un peu docile. Or, il y avait bien longtemps que personne ne l'avait plus monté. De plus, il détestait grimper dans une remorque, il ne supportait même pas qu'on l'attache à côté, ni d'ailleurs à aucune barrière s'il était seul. Pas plus ce jour-là qu'un autre.

Quand Patrick et notre employé ont voulu le seller, Nation a commencé à piaffer, si bien que la selle est tombée à terre, ce qui l'a encore davantage énervé. J'ai crié en le voyant piétiner une de nos plus belles selles. Mais Patrick ne s'arrêterait pas en si bon chemin, il aimait trop repousser les limites. Il n'allait pas se laisser impressionner par un cheval indiscipliné. Ce n'était pas la première fois qu'il monterait une bête trop fringante et la lancerait dans une randonnée pour drogué à l'adrénaline. Il fut un temps où je l'aurais suivi, que ce soit pour faire escalader une montagne à un cheval, attraper le manche à balai d'un avion ou sauter d'une falaise dans un lac inconnu, pleine d'appréhension mais refusant de passer pour une poule mouillée. D'ailleurs, si je regimbais, Patrick poussait un soupir d'irritation, comme si j'exagérais. Parfois j'exagérais, parfois non. En prenant de l'âge, j'ai tout de même appris à dire quand je ne voulais pas quelque chose, ce qui prenait Patrick de court à chaque fois.

– Quoi, Lisa ? Allez ! Qu'est-ce qui t'inquiète encore ? s'écriait-il en levant les bras au ciel.

Et moi de répondre, comme si de rien n'était :

– Rien, vas-y, fais ce que tu veux. Moi, je reste ici.

Parfois il acceptait, parfois non, mais neuf fois sur dix il décidait de rester avec moi. Je crois qu'il préférait avoir de la compagnie. Je ne regrettais rien... il m'avait si longtemps obligée à faire des choses contre ma volonté.

Et là, dans cet air pur du Nouveau-Mexique, je n'avais aucune intention d'aider Patrick avec son cheval. Je me tus, retins mon souffle en espérant qu'il n'allait pas se blesser avec cette bête idiote.

Je retenais mon souffle à cause de sa maladie. Même s'il semblait se porter mieux ces derniers temps, il ne se déplaçait pas très vite et ses forces avaient singulièrement diminué. Toutes ses ressources se consacraient à la sa lutte contre le cancer, et c'était une dure bataille. Heureusement, je pus souffler quand il se dirigea vers la voiture.

– Je le laisse là, dit-il en secouant la tête, l'air dégoûté.

Youpi ! On est partis vers le corral. Bien entendu, nous sommes arrivés avec deux heures de retard (voir chapitre 6, Patrick est toujours en retard !), et le reste du groupe était parti depuis longtemps. Peu importait, ça n'allait pas nous empêcher de monter. Il ne nous restait qu'à sangler et détacher nos chevaux.

Mais au moment de sauter en selle, Patrick tenta de se hisser avant de redescendre presque aussi vite. Il me jeta un regard de détresse.

– Je suis trop faible ! avoua-t-il. Je n'arrive pas à monter à cheval !

Le cancer avait substantiellement réduit sa masse musculaire et, bien que sa santé se soit améliorée ces derniers temps, il était loin d'avoir repris tout son poids.

– Que veux-tu que je te dise ? ajouta-t-il, avec un drôle de sourire. Je n'ai que la peau sur les os.

Pourtant, il gardait de larges épaules et une présence toujours aussi imposante. Mais il ne pouvait plus compter sur ses forces – surtout maintenant qu'il en prenait conscience avec tout l'étonnement du monde. J'avais presque envie de le provoquer pour un bras de fer, mais j'avais peur de gagner, cette fois, et ce ne serait pas une belle victoire.

Je le dévisageais en me demandant que dire pour le soutenir.

– Je peux faire quelque chose ?

Il regarda autour de lui en grimaçant. Nos amis étaient déjà au bout de la piste, hors de notre vue... D'un signe du menton, Patrick me désigna une grosse bobine en bois affalée au sol.

– On va là-bas...

Hochant la tête, je le suivis avec les chevaux. Je comprenais son idée.

– Je monte là-dessus et je passe la jambe sur le dos du cheval.

Il se concentra puis grimpa prudemment sur la bobine. Bien entendu, l'animal se demanda ce qui lui arrivait et s'en écarta.

– Tu vas devoir te placer de l'autre côté pour le tenir, dit Patrick.

Je restai près du cheval pour m'assurer de son immobilité. Patrick s'appuya dessus, passa la jambe sur son dos. Non sans une grimace, il s'assit à califourchon.

Gagné !

J'ai couru vers mon propre cheval et on a rejoint nos amis qui contournaient les remorques sur leurs montures. Ce furent eux qui nous appelèrent.

– Hou ! hou !

La balade jusqu'au camp dura deux heures, à travers la forêt de pins et les collines. Je n'étais pas beaucoup montée cette année et, durant la dernière demi-heure, je me mis à avoir mal partout. Ce n'était plus drôle, ça devenait épuisant ! Un coup d'œil vers Patrick pour vérifier si lui aussi commençait à fatiguer : non, il chevauchait tranquillement. Quoi ? En arrivant au camp, je reçus comme un coup de pied aux fesses ! Pas de nourriture, pas de réserves d'eau, et je n'avais aucune envie de refaire dans l'autre sens ce chemin qui me laissait déjà pleine de courbatures. Mais là, eurêka ! Mon téléphone captait le réseau ! Vite…

– Euh… Plus envie de monter. Ça vous ennuie si je demande qu'on vienne nous chercher ?

Bon, ça ne faisait pas très femme de pionnier, mais tant pis !

Je cherchai du regard ceux qui allaient me suivre mais personne ne réagit. Ni nos amis, ni Patrick qui s'était posé sur un banc tronc et observait la scène d'un air amusé. J'en restai bouche bée. Il ment, là ! Pourtant, moi seule gémissais. Il n'avait pas émis la moindre plainte, ni maintenant ni pendant la randonnée.

Nos amis finirent cependant par capituler et Patrick, lui, haussa seulement les épaules, genre « Faites comme ça vous chante ». Toute contente, je me dépêchai d'appeler Steve et il rappliqua avec Jeff et une remorque pour les chevaux, ainsi qu'une glacière remplie de bières et d'une bouteille de vodka. Après un rapide cocktail – sauf pour Patrick –, tout le monde sauta dans le pick-up pour retourner vers le corral. Là, les amis de Steve avaient déjà attaqué une bouteille de Jack Daniel's en bavardant, sans se presser. J'étais certaine que Patrick ne se sentait pas bien et voulait rentrer ; mais, bien sûr, ce ne fut pas le cas, et il resta à bavarder une bonne heure avec eux…

– Hé ! s'écria soudain Steve. Si on allait chez moi faire un bon feu et continuer la soirée tranquillement ?

– Pourquoi pas ? interrogea Patrick en nous consultant du regard. Qu'est-ce que vous en pensez ?

– Euh… non, répondis-je.

J'expliquai que nous étions déjà pas mal crevés et que je voulais rentrer à la maison. Je n'allais pas sous-estimer de nouveau l'énergie de Patrick. Si nous entrions chez Steve, nous risquions de ne pas en sortir avant 2 heures du matin.

Au Nouveau-Mexique, nous avons parfois de belles couches de neige en hiver et le printemps est toujours magnifique avec la rivière en crue, les tendres feuilles vertes, les canetons, les dindonneaux et les faons qui viennent au monde. L'été amène ses hautes herbes tièdes et ses orages de fin d'après-midi. Patrick et moi sommes passés à la sellerie, pour dire bonjour aux chevaux qui paressaient devant, sous leur abri, puis visiter l'entrepôt où nous rangions le matériel de camping et qui commençait à s'organiser avec ses nouveaux rangements. Un vent léger soufflait, inclinant gentiment l'herbe de la prairie et ondulant les crinières des chevaux occupés à paître. Il y avait assez de nuages dans le ciel pour projeter de mystérieux rayons de lumière sur la terre fragile. Le regard de Patrick se porta sur notre rivière aux eaux mouvantes, sur le pâturage, plus loin sur la forêt, vers le soleil couchant, tandis que les chevaux pétrissaient le sol de leurs sabots... Il se tourna vers moi, le regard fervent, embrumé :

– Je veux vivre, dit-il.

*

* *

Le 6 juillet 2009, Patrick passait une nouvelle série de scanners. Ils prouvèrent que la maladie s'était stabilisée.

Stabilisée !

Nous étions au-delà du bonheur.

*

* *

Rancho Bizarro, Los Angeles, 16 h 50. Je sortais en toute hâte de l'écurie pour filer vers la maison, les jambes alertes, le cœur battant à tout rompre, étonnée de pouvoir encore me déplacer si vite quand je le voulais.

Je passai la porte en hurlant :

– Assirah va mettre bas ! Assirah va mettre bas !

– Tu es sûre ? demanda Patrick.

– Oui, je suis sûre ! C'est pour tout de suite ! Tu ferais mieux de te dépêcher ou tu vas manquer ça.

Aussitôt, je retournai dans l'écurie, ralentissant à l'approche du box pour ne pas effrayer la jument. Elle avait perdu les eaux et j'en avais frissonné d'effroi. Oh, mon Dieu, c'est donc bien vrai ! Un petit sabot apparut, puis un autre... Je m'accroupis sur le seuil de la stalle en attendant la suite. Assirah allait et venait, les petits sabots pendus sous sa croupe. Pourquoi ne se couche-t-elle pas ? Si le bébé sort quand elle est debout, je vais devoir l'attraper au vol !

Une minute plus tard, Patrick était là, venu en compagnie de mon frère, de ma nièce et d'autres gens qui s'assemblaient. Je commençai à envoyer partout des textos pour annoncer ce qui se passait et leur dire de se brancher sur le site de la webcam !

Nous l'avions installée là parce que je voulais assister enfin à la naissance d'un poulain. Jusque-là, Patrick et moi avions manqué les arrivées de tous les petits. Alors je m'étais procuré un test de naissance afin de suivre, jour après jour depuis deux semaines, l'évolution de la jument. Ma belle-sœur, Jessica, avait installé la webcam. C'était fabuleux. On pouvait surveiller le box depuis la maison. La nuit, l'écran restait allumé près de notre lit. J'avais indiqué le site à nombre de nos amis pour qu'ils se mettent en « alerte poulain ».

« Appelez-nous immédiatement si vous voyez la jument aller et venir ou s'allonger, enfin tout ce qui annoncerait qu'elle va mettre bas. »

Et des amis en Europe se branchaient eux aussi : hé, hé, ils étaient levés quand on dormait encore ! Tout le monde adorait ça et ils furent nombreux à laisser le site allumé près d'eux la journée entière, même au travail. Ça faisait son petit effet quand d'autres personnes passaient près de leur bureau – à Beverley Hills, ni plus ni moins !

On leur demandait de quoi il s'agissait et ils répondaient tranquillement :

– Oh, je garde juste un œil sur une jument qui va mettre bas.

En fait, je surveillais les progrès d'Assirah sur l'écran quand je vis qu'elle allait et venait avec un peu plus d'agitation que d'habitude ; j'ai aussitôt filé à l'écurie pour voir ce qui se passait.

Assirah décida enfin de s'allonger pour enteprendre le travail au cours duquel elle allait pousser le poulain dehors, et Patrick resta derrière moi sur le seuil de la stalle. Quand le nez du petit fut complètement sorti, je déchirai l'épaisse membrane qui couvrait ses délicates narines. Il était humide, et se laissait expulser avec vigueur par sa mère qui poussait, reprenait son souffle, poussait encore… Je perdais la tête. Il me semblait que j'accouchais moi-même ! J'avais du mal à supporter la scène. Un coup d'œil vers Patrick me confirma qu'il éprouvait le même émerveillement.

Le poulain continuait d'arriver, présentant maintenant ses hanches. Je tirais doucement sur ses membres antérieurs pour aider un peu Assirah. Oh, mon Dieu ! En voyant ce petit qui venait au monde, j'avais l'impression qu'elle expulsait une chaise de cuisine. Comment arrive-t-elle à faire ça ?

Le temps que le corps soit sorti, je sentis le poulain respirer. Dieu merci ! Il leva la tête, tout chancelant, avant de retomber dans la paille. Assirah se redressa un peu, à peine, et s'affala, complètement épuisée. Au-delà de la léthargie. Il nous fallut toute notre volonté pour ne pas nous précipiter dans le box, afin de laisser la mère et son bébé passer ensemble ces premiers moments.

Le petit fut le premier à bouger. Cette fois, Patrick se précipita. Il tira sur le placenta qui pendait, de façon que la jument ne marche pas dessus en se relevant. Puis il aida le bébé à se mettre sur ses jambes. C'est extraordinaire de voir ces poulains se redresser dès la première heure de leur vie, une nécessité dans la vie sauvage où ils doivent se tenir debout non seulement pour téter mais aussi pour pouvoir fuir les prédateurs !

À ce moment-là, j'étais très excitée, agréablement stressée, le cœur explosant de joie à le voir lutter pour se lever.

– Sors de là ! criai-je à Patrick. Laisse-le tranquille ! Il doit se débrouiller tout seul. Je t'en prie !

Bien sûr, je ne voulais pas qu'il intervienne trop, mais surtout il se tenait sous l'objectif d'une webcam et le monde entier pouvait le voir ! Or, non seulement il était relié à sa pompe d'antalgiques mais il portait un pyjama de flanelle beige que je lui avais acheté, orné de feux de camp rouges et de cow-boys cuisant leur petit déjeuner.

– Tu es sous la caméra ! ajoutai-je.

À contrecœur, Patrick s'écarta mais retrouva aussitôt sa gaieté, me pardonnant sans peine mes singeries affolées. C'était un moment de bonheur et tout le monde le vivait dans la plus grande excitation. Le poulain fut enfin debout, mais retomba aussitôt, se cognant contre le mur au passage. Ensuite, on le vit essayer de se redresser encore sur ses jambes qui semblaient se tordre en tous sens. Après un nouvel essai infructueux, je criai à Patrick :

– Retournes-y ! Vite ! Aide-le à s'écarter du mur ! S'il te plaît !

Alors Patrick vint protéger le petit dans ses chutes. Ce fut merveilleux de voir enfin le poulain se tenir tout seul sur ses jambes, une prouesse qui ne cessait d'étonner. Il vacilla encore quelques minutes puis gambada à travers le box, encore maladroit. Tous aux anges, nous avons éclaté d'un rire ravi, fiers de ces premiers pas.

5 h 30. Shirin Jewel donne naissance à une pouliche.

19

Et autre chose

Nous avions un nouveau, un beau poulain. Notre bonne fortune ne s'arrêtait pas là...

Trois jours plus tard, ma belle jument, ma princesse Bint Bint Subhaya, mettait bas elle aussi. Un autre bébé ! Là aussi, nous avons assisté à la naissance. Bint Bint avait travaillé si dur pendant la parturition qu'elle avait émis à plusieurs reprises un long gémissement aigu, un son que je n'avais jamais entendu chez un cheval. Peu après, j'étais retournée la voir pour lui dire :

– D'accord, je ne te ferai jamais plus subir ça.

Son beau poulain était faible, et nous sommes restés auprès de lui des heures avant qu'il se stabilise assez pour pouvoir se nourrir. Entre-temps, j'avais trait la jument et alimenté le petit, et Patrick et moi nous succédions pour le guider vers la tétine de sa mère maintenant qu'il se tenait debout. Heureusement, il était en bonne santé. Le vétérinaire nous a expliqué :

– Comme les gens, certains naissent plus faibles que d'autres. Ça ne veut rien dire pour la suite.

En effet. Le poulain était en bonne santé et tout aussi superbe et adorable que sa mère.

L'année précédente, nous avions fait saillir trois de nos plus belles juments et maintenant nous assistions à deux naissances. Quelle chance ! Deux mises bas, il en restait une. La petite pouliche devait arriver dans quatre semaines.

*
* *

Nous attendions dans la salle de traitement du Dr Hoffman, à Los Angeles. Patrick avait beau se sentir bien, c'était l'enfer dans certains domaines : la gestion de ses intenses gênes abdominales et ses douloureux spasmes intestinaux. Il fallait drainer l'accumulation de fluides dans son ventre, non plus une mais deux fois par semaine, tout en continuant à surveiller son poids. Nous nous entretenions avec son cher infirmier José, à propos de ces soucis, reposant sans cesse les mêmes questions. Peut-être parce que nous ne recevions jamais les réponses qui allaient vraiment tout changer. Alors nous continuions à le harceler.

Patrick poussa un soupir exaspéré.

– Mais… qu'en disent les autres patients ?

José parut un rien surpris et répondit simplement :

– Patrick… Aucun patient atteint du cancer du pancréas ne se porte aussi bien que vous.

Silence. Fallait-il se voir rappeler une telle information ? Le temps de l'absorber, nous nous sommes calmés.

Deux semaines plus tard, en ce mois de juillet, Patrick se débattait entre ses symptômes et sa fatigue quand il m'annonça ne pas se sentir assez bien pour aller à son rendez-vous de chimio ce jour-là. Ça lui était déjà arrivé, mais pour la première fois je cédai et le laissai se reposer. Parfois, je me faisais l'effet d'un sergent instructeur nazi ordonnant l'impossible, l'entraînant de force malgré sa fatigue… Apparemment c'était mon rôle, en tant qu'assistante de vie et coach, sachant quand le pousser, quand le soutenir, quand m'énerver, quand lui tenir la main, quand le féliciter. Je le connaissais bien et nous voulions la même chose, aussi poussions-nous tous nos efforts dans la même direction. Pourtant, jusque-là je ne l'avais jamais laissé manquer une séance, parce que je craignais les conséquences, qu'il arrive quelque chose et que nous ne puissions reprendre le traitement avant longtemps. Cette idée me terrifiait pour lui. Ce serait comme se retrouver en guerre et décider de prendre un jour de repos. Néanmoins, cette fois je préférai ne pas jouer les sergents instructeurs et reporter le rendez-vous.

– Dans une semaine ? Vous rigolez ?

Je protestai vivement auprès de la secrétaire qui me répondit qu'elle n'avait pas d'autre disponibilité.

– Ah ! soupirai-je. Bon, d'accord, mardi dans une semaine.

J'annonçai la chose à Patrick. Il haussa un sourcil.

– C'est vrai ?

Ça ne le fit cependant pas changer d'avis.

Le mardi suivant arriva et Patrick se faisait prélever du sang chez le Dr Hoffman, afin de le faire analyser avant le traitement proprement dit. Son taux d'hémoglobine était très bas.

– Je vais vous faire faire une transfusion, annonça le médecin. Vous êtes-vous senti fatigué, ces derniers temps ? Plus que d'habitude ?

J'interrogeai du regard Patrick qui haussa les épaules.

– Sans doute… répondit-il.

Il était presque tout le temps fatigué, mais je n'aurais su dire si c'était plus que d'habitude ou non.

– Nous allons vous faire une transfusion, reprit le médecin. Ça devrait vous aider à vous sentir mieux. Vous pourrez revenir jeudi pour le traitement.

Aïe ! Deux jours de plus.

Nous le savions : certains patients en arrivaient au point où ils avaient besoin d'une transfusion pour conserver leur taux de FSH. Mais pour Patrick, ce serait la première fois.

Notre autre infirmière habituelle, Pia, était là, accompagnée d'un collègue que nous aimions beaucoup. Ils expliquèrent à Patrick le pourquoi et le comment de cette transfusion et ce qu'il fallait vérifier. Nous avons accepté et nous sommes installés pour les deux heures nécessaires au sang pour pénétrer au goutte-à-goutte. Comme ils avaient dit : du gâteau.

Quand ce fut terminé, ils débranchèrent Patrick et rangeaient leurs appareils, s'apprêtant à nous laisser partir quand, soudain…

Patrick se mit à frissonner.

Nous l'avons tous regardé d'un air interrogateur.

Dans un soupir, il s'est arrêté environ trois secondes avant de recommencer à trembler de plus belle. Il avait l'air un peu perdu, genre « Je ne sais pas ce qui se passe mais je ne peux pas m'arrêter ». Il sembla se calmer un instant, s'apaisa, mais cela le reprit encore, jusqu'à ce qu'il ne puisse même plus s'arrêter. Nous étions tous terriblement inquiets. Les infirmières se précipitèrent.

– Ça ressemble à une mauvaise réaction, dit Pia.

Elle prit sa température : très élevée. L'infirmier examina ses yeux, constata qu'ils ne réagissaient plus, devenaient vitreux. Je serrais les mains de Patrick, essayant de lui communiquer ma confiance dans ces personnes hautement qualifiées qui s'occupaient de lui. Ils appelèrent Cedars-Sinai pour les prévenir d'une éventuelle arrivée. Nous étions sur le point de le transporter quand ses symptômes diminuèrent : il cessa de trembler, sa température baissa… Je poussai un soupir de soulagement, mais les infirmières ne paraissaient pas vraiment convaincues.

Patrick resta encore assis une minute ou deux, puis hocha la tête d'un mouvement fatigué.

– Je crois que ça va mieux maintenant. On rentre.

On attendit quelques instants de plus.

– Voulez-vous que je le fasse entrer à l'hôpital ? proposa l'infirmier.

– Euh, je ne sais pas... balbutiai-je, pas trop sûre de moi. Il m'a l'air bien, maintenant.

– Vous êtes à quelques mètres de l'hôpital en ce moment, précisa Pia.

– Je me sens bien, on rentre, dit Patrick.

Pourtant, il ne semblait toujours pas très frais.

– Euh... hem...

Je calais, incapable de prendre une décision. C'était toute une histoire de le conduire à l'hôpital. Il faudrait commencer par le service des urgences, et nous risquions de ne pas retourner à la maison avant le lendemain. Si nous avions de la chance. D'un autre côté, si je le ramenais à la maison et qu'il lui arrivait quelque chose, il y en avait pour cinquante minutes de route avant de revenir ici.

Je sortis mon téléphone.

– Attends une seconde, je passe un coup de fil.

Je sortis en m'excusant. Du couloir, j'appelai Maria, ma belle-sœur, pour lui raconter ce qui se passait.

– Lisa, je l'emmènerais à l'hôpital à ta place, me conseilla-t-elle. Vous êtes sur place. Il ne faut pas prendre de risques.

C'était tout ce que je voulais entendre. Je rentrai dans la chambre.

– On va à Cedars.

Pia approuva, et l'infirmier poussa un soupir quasi audible.

– Je crois que c'est la meilleure chose à faire. Regardez…

Il orienta une petite lampe sur l'œil de Patrick.

– Voilà ce qui m'inquiète.

Bien que Patrick paraisse complètement stabilisé maintenant, ses yeux restaient un peu vagues. J'acquiesçai d'un signe de tête.

– Amenez votre voiture devant l'entrée, nous vous rejoignons, dit-il. Vous pourrez nous suivre, j'ai déjà travaillé aux urgences, je vous ferai entrer par l'arrière.

Il me décocha un clin d'œil.

Ça fait toujours du bien d'avoir des relations !

Sur la route de Cedars-Sinai, Patrick ne cessa de demander s'il fallait absolument en passer par là. J'étais maintenant tout à fait sûre de moi et lui expliquai :

– Je préfère te savoir à l'abri que me ronger de remords.

Il n'objecta pas davantage. De nouveau, je me rendis compte que je n'avais pas pris l'habitude de garder en permanence un sac de voyage dans le coffre comme je me l'étais promis. Et juste à ce moment-là, Patrick recommença à trembler. Il s'effondra contre la portière, et les secousses ne firent qu'empirer. Décidément, on faisait bien d'aller aux urgences. Il ne nous restait que quelques mètres à parcourir.

Le temps de le faire monter dans une chambre, sa température avait grimpé à 40 et son pouls galopait. Et bien qu'il garde les yeux ouverts et puisse bouger les paupières, il avait presque perdu connaissance. Il ne devait même pas savoir où on l'emmenait. Incroyable, la vitesse à laquelle tout cela se produisait. Je remerciai intérieurement Maria, les infirmières et les dieux de nous avoir incités à gagner Cedars-Sinai au moment où tout avait commencé.

Les infirmières des urgences entreprirent aussitôt de lui placer des paquets de glace sous les aisselles, autour du cou et des jambes pour faire baisser la température. Pendant ce temps, j'avais repris mon téléphone pour appeler, je ne savais pas... Maria, le Dr Hoffman, le Dr Fisher, ou les trois ! J'avais besoin d'informations et de conseils.

J'étais terrifiée. Impuissante, je m'efforçais de me rendre utile. Paniquée. Mais, je le répète, j'avais appris à dominer toutes ces émotions ; je savais qu'on pouvait mourir de ce genre de choc. Pourtant je persévérais. Je resterais là quoi qu'il arrive. Devant tous ceux qui entraient, j'affichais un air préoccupé mais calme et lucide.

Deux ou trois heures plus tard, la température de Patrick avait baissé à 39 ; il avait cessé de trembler mais ne reprenait pas vraiment connaissance.

Le personnel s'excusa : la chambre qu'ils nous destinaient ne se trouvait pas au même étage que la première fois. Cela irait quand même ?

– C'est très bien ! assurai-je. Le personnel est efficace à cet étage ?

– Très efficace, dit l'infirmière.

– Allons-y.

Patrick installé sur le brancard, je remontai ses couvertures, posai sa casquette de base-ball sur son visage, le temps qu'on l'emporte à travers les couloirs. Deux infirmières asiatiques, qui semblaient sœurs, nous accueillirent en annonçant qu'elles s'occuperaient de lui. Elles le déposèrent dans le lit, le mirent sous perfusion pendant que je regardais comment organiser la chambre.

– Sa température est passée de 40 à 39, leur dis-je. Il faut la vérifier toutes les vingt minutes. Il y a encore de la glace ? Assurez-vous qu'on en ait assez. Si la température remonte à 40, il faudra lui en remettre aussitôt. Il fait sans doute une mauvaise réaction à une transfusion.

Si nécessaire, il faudra commander du sang lavé, donc un délai supplémentaire. Je sais que vous avez un médecin à l'étage et qu'un autre est d'astreinte, le Dr Decker, si vous avez des questions...

Je laissais libre cours à la litanie des instructions et des informations. J'en avais parcouru, du chemin, depuis le début de ce voyage ! Au point où j'en étais, je ne craignais plus de marcher sur quelques pieds. Nous en avions pour une demi-heure à une heure d'attente avant de voir un médecin, et je n'allais pas patienter jusque-là pour m'assurer que Patrick était bien installé.

Je savais au moins une chose : j'étais contente d'avoir quitté le service des urgences, on y gelait littéralement ! Moi qui arborais, ce jour-là, une jolie petite jupe virevoltante ! Ne jamais, jamais se rendre chez le médecin dans une mignonne petite jupe d'été !

Le soleil se coucha. Et tout s'apaisa pour la tombée de la nuit. Patrick était réveillé et stable depuis plusieurs heures. Il ne se rappelait rien du service des urgences, ni ce qui s'y était passé. Tout semblait aller bien maintenant. Peut-être n'était-ce qu'une réaction, rarissime, à la transfusion, ou bien une autre infection. Nous en saurions davantage au matin. J'installai mon lit de camp dans un coin de la chambre et demandai aux infirmières de me réveiller s'il arrivait quelque chose dans la nuit. Après avoir un peu regardé la télévision avec Patrick, je l'embrassai et me glissai sous les draps pour m'endormir, sans quitter ma jupe.

*

* *

Au milieu de la nuit, j'entendis de vagues mouvements dans la chambre. J'ouvris les yeux. Malgré la semi-obscurité, je vis des infirmières de l'autre côté du lit de Patrick, s'efforçant, apparemment, de faire fonctionner une machine. Je devinai ce qui se passait à leur attitude : une urgence. Rejetant mes couvertures, je me levai d'un coup.

– Qu'est-ce qu'il y a ? demandai-je.

L'une d'elles se tourna vers moi, l'air navré et inquiet à la fois.

– Nous examinons ce moniteur. Le rythme cardiaque est très élevé.

– Et la température ?

– Plus de 39.

Je hochai la tête. J'essayais encore de faire le vide dans mon esprit. Je regardai Patrick pour voir s'il transpirait, comment il se sentait, son pouls...

Son rythme cardiaque était effectivement élevé, nous allions rapidement le découvrir. Les infirmières s'écartèrent du moniteur qui affichait des chiffres d'un vert iridescent : 160.

Un rythme normal, pour un cœur au repos, devrait osciller entre 60 et 80 battements à la minute. Le chiffre s'éleva.

165... Les chiffres lumineux se fixèrent puis montèrent encore...

170... Moi qui paniquais à 160, et là c'était... 175... Mais cela n'allait pas s'arrêter là... 185... 197...

Et puis il oscilla entre 197 et 188, pour ne plus baisser. J'avais peur. Comment survivre avec un cœur qui battait aussi vite ? Ce n'était pas une mauvaise réaction à la transfusion, mais une infection et le cœur de Patrick s'emballait à essayer de distribuer davantage de sang à son corps, à ses organes vitaux. Les infirmières faisaient ce qu'elles pouvaient et moi, je posais des questions. Je comprenais maintenant pourquoi médecins et infirmières semblaient oublier les patients quand ils traitaient ce genre de cas : j'en faisais autant. L'incident tournait à l'urgence, et moi je ne voyais que les chiffres, ses symptômes et ce que nous allions faire. Je ne me rappelle pas si Patrick était conscient, à demi conscient ou inconscient. Le médecin de garde entra, jeta un coup d'œil sur lui, vers le moniteur, parla aux infirmières... Ce jeune homme paraissait très capable, expérimenté. L'électrocardiogramme cracha ses résultats. Non seulement le rythme cardiaque de Patrick était élevé, mais il avait le pouls irrégulier : tachycardie, arythmie. Ça ne me rassura pas du tout. Je me souvenais que l'arythmie avait constitué le premier signe indiquant que notre bien-aimé ridgeback, Gabriel, souffrait d'un mal mortel.

Je demandai à quel point l'état de Patrick était dangereux et le médecin m'assura que son cœur pouvait battre aussi vite plus de deux heures d'affilée sans le mettre en danger immédiat. Il me fit également signe de le suivre dans le couloir. Et une fois dehors...

– On dirait une infection. Il faut que je vous parle de ses directives de fin de vie. A-t-il un NPR sur lui ?

Mon cerveau se paralysa. NPR... Ne pas ranimer... Je commençai par bredouiller :

– On a eu ce genre de discussion à propos du NPR, mais... je ne sais pas... Je ne suis pas sûre que ce soit le moment...

Est-ce le moment ? Est-ce un cas de NPR ? Ce n'est pas possible, Patrick n'est pas en situation de NPR en ce moment ! Enfin, si. J'essayai d'exprimer mes pensées à haute voix :

– On en a parlé, euh...

Je n'y comprenais plus rien. Et puis, c'était trop important. Je sortis mon téléphone, composai le numéro de Maria. Elle répondit d'une voix endormie, mais elle avait compris.

– Ça semble traitable, Lisa. Moi, je ne le mettrais pas en NPR. C'est une situation réversible... et, Lisa ! Assure-toi qu'ils aient bien compris ce que tu veux. Pas de zones d'ombre.

– Je comprends. Merci. Merci beaucoup.

Je raccrochai, me tournai vers le médecin.

– Étant donné qu'il s'agit d'un cas traitable, je voudrais que vous fassiez tout votre possible pour le tirer de là. Pas de NPR.

Il hocha la tête.

– Je pense que nous devrions le transférer en réanimation.

*

* *

La jeune femme qui nous accueillit à l'unité de soins intensifs commença par nous parler de NPR. Elle paraissait inquiète. Disons les choses telles qu'elles sont : le dossier de Patrick indiquait « Cancer du pancréas à un stade avancé », et, à moins de vivre dans une grotte, on était au courant. Il était célèbre. Avec ces sinistres titres des tabloïds et ces supermarchés...

– Pas de NPR, déclarai-je. Bien entendu, si le cœur défaille, s'il cesse de respirer, je changerai peut-être d'avis. Mais vous me demandez d'abord, d'accord ?

– Bien entendu.

Je répétai :

– Étant donné qu'il s'agit d'une situation réversible et traitable, je veux que vous fassiez tout votre possible pour lui.

Elle ne semblait pas convaincue. Je me rappelai alors les paroles de Maria : « Assure-toi qu'ils aient bien compris ce que tu veux. » Et là, je trouvai les paroles magiques...

– Il… il va bien. Il réagit bien à son traitement. Sa maladie est sous contrôle et stabilisée. Faites tout ce qu'il faut pour lui.

Elle sourit, comme si elle n'avait rien entendu de plus apaisant de la journée.

Quand je pensais à cette histoire de NPR, j'avais l'impression d'évoluer dans une boue épaisse. À croire qu'il était physiquement difficile aux cellules de mon cerveau d'en saisir la teneur, exercice auquel je n'étais pas entraînée. Bien entendu, je tenais à ce que ces gens fassent leur possible pour qu'il vive. Mais que se passerait-il en cas de crise cardiaque ou s'il cessait de respirer ? Je devais suivre cette ligne de pensée si je voulais me préparer. S'il avait une crise cardiaque, il faudrait prendre de sérieuses mesures pour le faire repartir. Si cela ratait, il faudrait envoyer son pauvre corps en chirurgie, où son système immunitaire déjà tellement affaibli risquerait plus que jamais l'infection, alors qu'il en avait déjà une. Et même s'il survivait à une nouvelle opération, à sa difficile convalescence, on ne pourrait le remettre sous traitement avant deux mois, durant lesquels la maladie risquait de provoquer un nouveau désastre. Ses derniers jours seraient empreints d'une souffrance inutile. Difficile de savoir quand on doit soutenir une lutte de toutes ses forces, et quand cela devient cruel.

Telles que les choses se présentaient, nous étions encore en plein combat ! De nouveau en territoire inexploré, mais il restait de l'espoir.

Patrick reçut plusieurs médicaments et son rythme cardiaque descendit à 164, mais pas plus bas. Ses médecins n'aimaient pas ça. Pour moi, 164 n'avait rien de rassurant. Néanmoins, c'était sacrément mieux que 197 ! Avec un rythme cardiaque à 164, Patrick était plus alerte, et suivait le mouvement.

– Comment vous sentez-vous ? lui demanda l'infirmière.

– Bien. J'ai mal à l'estomac, je suis constipé, mais il n'y a rien de nouveau dans tout ça. Qu'est-ce qui se passe ?

Je m'approchai :

– Ton rythme cardiaque est monté très haut.

À l'évidence, il ne s'était pas rendu compte cette nuit qu'on l'avait transféré à l'unité de soins intensifs.

– Vraiment très haut, ajoutai-je. On t'a amené ici dans la nuit.

– Ah !

Il hocha la tête en recevant l'information.

– Ressentez-vous quelque chose en ce moment ? demanda l'infirmière. Un poids dans la poitrine ? Une gêne dans la région du cœur ?

Patrick paraissait calme, peut-être un peu déboussolé.

– Non…

Étrange que son cœur puisse battre à 164, ou même à 167 sans qu'il s'en rende compte.

Plusieurs médecins entrèrent pour nous parler. Le genre de bactérie qui avait causé cette infection et le fait que le bras gauche de Patrick soit enflé, tout désignait le port à cathéter, l'accès posé dans sa poitrine, comme le coupable de l'infection. Ils estimaient cela tout à fait possible et proposaient de l'emmener en chirurgie pour lui enlever ce port. Bon sang ! Donny et moi nous étions donné tant de mal pour ne pas en contaminer l'accès, et ça avait duré des mois et des mois ! Mais on nous avait prévenus que l'endroit restait vulnérable.

– Que fait-on pour son rythme cardiaque ? demandai-je, inquiète. Ce n'est pas risqué pour sa sécurité ?

Cela me semblait très dangereux.

– Il vaudrait mieux que son cœur batte normalement, reconnut l'un des médecins. Mais nous craignons que ça ne s'arrange pas si nous laissons ce port. Nous traiterons l'infection et le port pourrait la relancer aussitôt.

– Et on se mordrait la queue, ajoutai-je.

Il fit oui de la tête.

Oh ! c'est là qu'il allait « falloir faire quelque chose ». Je n'aimais pas ça. Ça me faisait peur, mais... je comprenais. Quand les infirmières branchèrent Patrick à un moniteur avant de le transporter, nous avons pu entendre clairement ses battements.

Rat-tat-tat-tat-tat-tat-tat-tat-tat-tat-tat-tat-tat-tat-tat-tat... Si vite. Si vite...

Patrick n'avait pas l'air d'y croire.

– C'est moi, ça ?

– Oui, dit l'infirmière.

– Waouh !

Il semblait impressionné. En fin de compte, il comprenait la raison de tout ce cirque.

*
* *

Au cours du retrait du port à cathéter, je pus dormir un peu, tout en restant aux aguets.

Les médecins entrèrent dans le service, précédant Patrick, tout sourire. Tous les sourires sont bons ! Je sautai de ma chaise longue.

Ils avaient ôté le port sans difficulté. Pourtant, pendant le processus, le rythme cardiaque s'était emballé. L'anesthésiste, une femme, avait eu la présence d'esprit et le culot d'essayer un médicament que personne n'utilisait encore, et ça avait marché ! Le cœur de Patrick avait repris un rythme normal. J'aurais voulu la serrer dans mes bras, lui décerner une médaille. À elle et à tous les autres !

– Quel est le nom de ce médicament, déjà ?

Je voulais m'en souvenir. Qui sait, on pourrait avoir à faire face de nouveau à cette situation.

Après une semaine de tentatives et d'essais en tout genre pour juguler totalement l'infection, nous rentrions à la maison.

Le samedi suivant, à 5 h 30 du matin, notre troisième ravissante jument, Shirin Jewel, mettait au monde une belle et mince pouliche aux longues jambes. De nouveau, nous assistions à la naissance qui, Dieu merci, se passa bien. Patrick observait la pouliche derrière les barreaux du box, et je vis qu'il lui souriait. Il était fatigué. Après un moment, il rentra à la maison. Ça ne l'intéressait plus autant, cette fois.

Patrick, à cinq ans, montre ses muscles ; son père et un ami sourient au second plan.

20

Mon arme secrète

Le 10 août, nous entrions dans le cabinet du Dr Hoffman pour la séance chimio de Patrick. Il était sorti de l'hôpital depuis une semaine et venait de terminer ses antibiotiques à la maison. Nous allions donc pouvoir reprendre le traitement.

Mais non…

Bien que Patrick se sente beaucoup mieux, ses analyses sanguines révélaient que sa NGB (numération des globules blancs) restait élevée, indiquant qu'il devait souffrir d'autres infections sous-jacentes. Dans ces circonstances, nous devions encore remettre le traitement chimio, et le Dr Hoffman prescrivit à Patrick d'autres antibiotiques. Nous commencions à les connaître sous toutes leurs présentations : l'un ressemblait à un gros vaporisateur à utiliser sur tout le corps ; le petit, local, plus précis ; la mère de tous les antibiotiques ; et le traqueur employé contre les trucs qui se faufilaient insidieusement à cause de tous les autres antibiotiques. À la maison, nous n'en revenions pas de la façon d'administrer ces médicaments : prémélangés dans une petite balle de plastique congelée. On l'accrochait à son port à cathéter (propre, bien sûr), on desserrait la goupille et, pendant une durée prédéterminée, la balle fondait, poussant l'antibiotique à travers le tube dans le port. Étonnant !

Patrick n'avait qu'à fourrer la petite balle dans sa poche et se promener comme ça.

Bien sûr, en entendant qu'il devait reporter son traitement, Patrick a mal réagi. Nous avions vécu la même situation à plusieurs reprises cette année et il s'en était très bien tiré. Mais j'avais appris à ne plus me fier à rien. Il affrontait une maladie mortelle et, de plus, privé de traitement depuis trois semaines déjà. Cela en ferait donc une de plus. Autrement dit, un mois entier sans chimio ! Ce que je redoutais le plus se produisait donc. Voilà pourquoi je ne voulais pas le voir manquer un seul rendez-vous. Je n'avais pas envie de l'accabler avec un « Je te l'avais bien dit », d'autant qu'on ne pouvait accuser personne dans cette affaire, seulement redire « Je te l'avais bien dit ». Incroyable ! La seule fois où je le laissais sauter une séance, ça se produisait ! Je suis certaine qu'il ne s'agissait que d'une coïncidence, mais c'était un peu étrange. Bon sang, cette maladie ne vous laissait pas souffler une minute ! J'avais l'impression qu'une erreur avait été commise, par ma faute, et Patrick n'avait vraiment pas besoin de ça.

*

* *

Ces complications ne rendaient que plus difficiles, plus exigeants les soins à lui donner. Assurément, l'infection précédente, qui l'avait envoyé à l'hôpital, avait mis à l'épreuve la solidité de mes nerfs. Et maintenant, ce retard dans son traitement me rongeait. J'étais submergée de responsabilités…

Je me sens un peu affolée. J'ai l'impression de me noyer, de gargouiller dans ce bourbier où se perdent toutes les choses que je dois faire. J'ai peur de ne pouvoir continuer. Comme si j'avais atteint mes limites, au point de me replier sur moi, devenue boule de douleur, même plus bonne à rien pour moi, a fortiori pour les autres. Je cherche encore de la force mais ne trouve en moi que des réserves vides. Et puis… je continue à chercher.

Parfois, j'ai l'impression de ne vivre que pour Buddy. Il ne peut pas se lever, alors je me lève. Il ne s'occupe pas de ses affaires, alors je le fais. Je l'aide même parfois à se rendre aux toilettes, parce que, à ce jour, je ne peux ni déféquer ni uriner à sa place. Je reste positive, je trouve un moyen d'atteindre la journée suivante. Je sais ce qu'il ressent, donc je sais quels médicaments lui administrer. Je l'alimente parce que je sais intuitivement ce dont son corps a besoin à un moment ou à un autre. J'ouvre ses yeux au jour.

11 août 2009

Je ne puis que l'imaginer mais sans doute est-ce ce que ressentent la plupart des personnes obligées de s'occuper d'un proche dans une situation si difficile. On en vient à se sentir respirer à la place de l'autre. On est tellement à l'écoute qu'on sait ce qu'il va éprouver même avant son réveil, et ce à ses seuls mouvements, à sa façon de se retourner, à sa respiration, à son expression, à la crispation de ses mains… Dès cet instant, il voit s'écouler la journée, sourit, se sent bien ou, au moins, mieux qu'il n'aurait dû… par votre seule volonté.

Peut-être n'était-ce pas tant que je me sentais moi-même encore épuisée, mais parce que je ne savais plus trop où mon être s'arrêtait, où commençait celui de Patrick. C'était cette vie là-bas, dans un endroit différent, dans un état de conscience altéré. Par-dessus tout, pendant mes rares moments de liberté, je devais m'occuper de mille autres choses : travail, factures, démarches légales, repas, conversations au téléphone, discussions avec les médecins, commande de matériel médical, nettoyage…

Tout cela mettait mon *sisu* à l'épreuve, les limites de ma résistance émotionnelle et physique. Pourtant, j'en appréciais chaque instant. Je n'aurais voulu me trouver nulle part ailleurs.

*
* *

Cet été-là, nous avons reçu un colis postal. Je l'ai soupesé. Hum, lourd… En l'ouvrant, nous avons découvert qu'un(e) inconnu(e) nous avait envoyé un énorme livre très détaillé sur la médecine, son histoire et son art. D'où pouvait-il venir ? Un message nous renvoyait à l'une des premières pages, dessus apparaissait un cerveau dans une tête, et la phrase « Pour l'esprit et pour le cœur » ; au-dessous, figurait une citation d'Oscar Wilde : « La vie est trop importante pour être prise au sérieux », suivie d'une phrase de Johnny Castle, dans *Dirty Dancing* : « Les pas ne suffisent pas – sens la musique. » Quel rapport avec ce livre ? Nous l'ignorions, alors nous l'avons ouvert et feuilleté pour le découvrir !

Rempli de textes et d'illustrations, il présentait différents traitements médicaux à travers les âges. À première vue, tout cela semblait provenir d'un film d'horreur ! Avec des photos de malades de la syphilis, des descriptions d'opérations des yeux qui paraissaient pour le moins barbares – horribles actes chirurgicaux à l'ancienne pour les os brisés et autres maladies sérieuses… Plutôt perturbant. Avec Patrick, nous nous sommes regardés sans savoir s'il fallait en rire ou s'affoler !

– Pourquoi nous envoie-t-on un truc pareil ? demandai-je.

– C'est vraiment bizarre, convint-il.

Étant donné la lutte que menait Patrick, l'auteur de cet envoi avait-il pensé que ce livre, avec ses photos horribles et ses descriptions atroces, allait nous mettre en joie ? *Les gens sont étranges*, me dis-je. Mais ça me laissait suffisamment perplexe pour que je continue à feuilleter l'ouvrage, à la recherche d'une réponse... Et je finis par la trouver. Toute contente, j'ai apporté le livre à Patrick.

– Je sais pourquoi on nous a envoyé ça ! Ce n'est pas horrible. C'est plutôt... très beau.

Et là, je lui ai lu la citation du professeur de Harvard, Oliver Wendel Holmes, Sr., reproduite avant l'introduction.

Il n'est rien que les hommes ne feront pas, rien qu'ils n'ont fait, pour retrouver la santé et sauver leur vie. Ils ont accepté de se laisser à moitié noyer dans l'eau, à moitié étouffer dans les gaz, enterrer jusqu'au menton dans la terre, marquer au fer rouge tels des galériens, découper au couteau comme la morue, piquer d'aiguilles dans la chair, embraser de feux allumés à même la peau, étrangler de toutes sortes d'abominations, tout en payant pour tout cela, comme si se faire brûler, ébouillanter répondait à un coûteux privilège, comme si les cloques étaient une bénédiction et les sangsues un luxe. Que peut-on leur demander de plus pour prouver leur honnêteté, leur sincérité ?

Nous voulons vivre. Et ce livre montrait à quel prix les gens acceptaient de survivre et d'améliorer la qualité de leur existence. La vie est précieuse et vaut la peine qu'on se batte pour elle ! « Voyez jusqu'à quel point », disait le livre. Je comprenais parfaitement le sens de cette citation en pensant à Patrick. Quand on considérait ce que nous avions fait, lui et moi, depuis vingt mois ! Ce que nous avions traversé !

Patrick secouait la tête, l'air de dire qu'il n'était pas convaincu. Mais je crois qu'il était en plein dans ce que lui-même appelait un de ses « moments Dilaudid ». Il est donc passé à autre chose.

J'aurais fait n'importe quoi pour le garder auprès de moi, excepté l'emmener voir des médecins vaudous ou s'autoriser des thérapies alternatives venues d'on ne sait où. Je crois fermement au pouvoir de la pensée et de l'intention positives. Patrick et moi avons toujours été ouverts à la prière et à la guérison, ainsi qu'aux eaux supplémentées et aux compléments alimentaires, tant que les médecins les acceptaient et que cela n'allait pas à l'encontre de son traitement. Mais je n'aurais jamais confié la vie de mon mari à un traitement n'ayant pas complètement fait ses preuves ou fondé sur de simples témoignages. À moins qu'il ne l'ait demandé. Il existe tant d'histoires de personnes ayant changé de thérapeutique, par exemple le grand acteur Steve McQueen qui a poursuivi son traitement au Mexique ; cela lui a coûté des tonnes d'argent, et la vie. Nous faisions tout ce que nous pouvions pour que Patrick reste en vie. Et toutes ses forces y étaient consacrées pendant le traitement. Mais pas question de céder à la panique. Comme il l'a dit :

– Je veux vivre. Mais je ne vais pas courir après la vie.

Il adoptait l'attitude d'un vainqueur intraitable. Il serait assez vaillant pour le faire à sa façon.

Je dirai donc ceci : je crois que ça le rendait plus vivant.

*

* *

Il est resté sous antibiotiques toute la semaine, et nous en avons profité pour commencer à enregistrer le livre audio pour l'autobiographie que nous venions de terminer. Parce que c'était ça l'extraordinaire, nous en avions fini avec ce livre. Il nous avait demandé un travail intense et dur, mais nous en étions très heureux. Ensuite venaient les détails périphériques, par exemple le choix des photos, l'accord de leurs propriétaires, les communiqués de presse, la couverture, le style des caractères, la correction des épreuves... Et maintenant, sans plus une minute à perdre, le livre audio ! Nous avions l'intention de l'enregistrer sur place, au ranch, avec le producteur et un ingénieur du son. C'était fantastique que Patrick puisse le lire lui-même, mais je m'inquiétais pour son énergie.

Cette dernière infection lui avait coûté cher et il n'en était encore pas complètement remis. Je lui proposai, s'il ne se sentait pas d'attaque, de confier cette lecture à Donny. Le temps passait, le livre allait bientôt paraître, il fallait faire cet enregistrement, Donny était doué, possédait une formidable voix « Swayze », et ça resterait dans la famille.

– Très mauvaise idée, ricana Patrick.

Son frère l'avait entendu dire ça et, peu après, il me prit à part pour me dire qu'il en était blessé...

– Il croit que je serais si mauvais que ça ?

– Mais non ! C'est juste qu'il n'a pas envie de reconnaître qu'il n'en est pas capable.

On ne disait pas à Patrick ce qu'il pouvait faire ou ne pas faire, lui seul prenait ce genre de décision. Personne d'autre que lui ne ferait ce livre audio. Cependant, le premier jour d'enregistrement, il se sentait très mal. Elisa, la productrice, et notre ingénieur du son attendaient sur la pelouse au soleil. Patiemment.

– Ne vous inquiétez pas ! répétaient-ils.

Deux heures plus tard, j'entrai dans la chambre pour voir où il en était et lui suggérai doucement :

– Et si tu essayais un coup ? Je vais descendre dans le studio avec toi.

– Ça ne va vraiment pas, me confia-t-il en grimaçant.

– D'accord. Voici ce que je te propose… Puisqu'ils sont là, tu descends dans le studio pour une vingtaine de minutes, et si ça ne va toujours pas on leur dira de rentrer chez eux.

Affaire conclue.

Je partageais sa souffrance mais l'aidai quand même à se préparer. Nous allions tenter un essai. Il ne tenait pas bien sur ses jambes et je le laissai s'appuyer à mon bras pour ne pas perdre l'équilibre. Après avoir fait les présentations, je remontai. Je n'étais pas non plus une baby-sitter ! Vingt minutes plus tard, j'appelai le studio sur notre Interphone, pour vérifier…

– Comment ça va ? lui demandai-je. Vous avez besoin de quelque chose ?

J'entendis Patrick proposer aux autres de boire quelque chose. Il reprit la communication…

– Non, tout le monde va bien, dit-il.

– Et toi ?

– C'est bon…

– Tu veux que je te prépare un milk-shake ? À siroter ?

« Siroter »… j'avais trouvé ce terme sournois pour éviter de trop mettre la pression sur son appétit, tout en laissant toujours de la nourriture devant lui au cas où il en voudrait.

– D'accord, dit-il. Bonne idée.

Je le lui préparai et allai le lui porter.

– Appelle-moi si tu as besoin de quelque chose…

Et le temps passa.

Et passa… Je me répétais : pas de nouvelles, bonnes nouvelles. Mais…

Que pouvaient-ils fabriquer, en bas ? Finalement, je me décidai à décrocher l'Interphone pour vérifier et fus accueillie par…

… un énergique et joyeux Patrick surpris en pleine conversation avec l'ingénieur.

– Attends, je sais ! J'ai récupéré toutes ces guitares, et j'ai aussi un banjo par là. Tu vas voir !

Il m'accorda enfin son attention :

– Oui, Lisa. Euh… qu'est-ce qui se passe ?

Il me fallut un instant pour me remettre de mon effarement.

– J'appelle pour vérifier que tout va bien…

– Euh, très bien… On vient de terminer le deuxième chapitre et on s'apprêtait à commencer le troisième.

Il semblait en forme, assez pour bavarder en tout cas. Il cria à travers la salle :

– On en a pour combien de temps ?

J'entendis un vague murmure en arrière-plan, puis Patrick revint :

– On va peut-être faire le chapitre quatre. On va voir où ça nous mène.

Il semblait… bien dans sa peau.

Incroyable ! Lui qui pouvait à peine bouger quelques heures auparavant, voilà qu'il se comportait avec la même énergie que je lui avais vue sur le tournage de *The Beast*. Je pouvais trouver les meilleurs médecins, les meilleurs traitements, nourritures, médicaments, prières… mais ma meilleure arme contre le cancer du pancréas avait toujours été Patrick lui-même. La force qu'il pouvait trouver, intérieure et extérieure, me stupéfiait.

Il travailla six heures dans ce studio avant d'arrêter pour la journée, afin que nous puissions reprendre notre médication rituelle du soir et le rebrancher à son

TPN. Il était minuit largement passé quand il s'installa confortablement sur ses coussins.

Notre matelas douillet représentait chaque fois un défi pour lui, autant pour le quitter que pour s'y installer. Je lui avais demandé s'il voulait un lit médicalisé électrique, mais il avait répondu sans l'ombre d'une hésitation :

– Non.

– Pourquoi ? Ce serait beaucoup plus confortable pour toi. Et tu pourrais surélever tes jambes...

J'insistais en me disant qu'il ne voulait sans doute pas jouer les grands malades dans sa propre maison. Mais là n'était pas la question.

– Je veux qu'on dorme ensemble, avait-il ajouté.

J'en fus touchée. Et hochai la tête.

*
* *

À 4 h 30, ce même matin, Patrick me réveilla en me secouant. Il était assis plus droit que d'habitude. Je le vis trembler.

– Hé, Lisa, dit-il doucement. Je recommence à trembler...

Un frisson l'empêcha d'en dire davantage.

Je sautai immédiatement sur mes pieds et lui enfonçai un thermomètre dans la bouche. J'eus la réponse en quelques secondes : 39,2. Génial, à 4 h 30 du matin ! Je savais d'expérience que le Dr Hoffman était déjà levé et commençait sa tournée à l'hôpital. Je décrochai le téléphone pour l'appeler.

– Bonjour, docteur, il faudrait que je vous amène Patrick. Il a des raideurs et 39,2 de fièvre.

– Amenez-le-nous. Je vous attends.

Au début de l'après-midi, Patrick se trouvait dans l'unité de soins intensifs à Cedars-Sinai. Son cœur battait à 164, médecins et infirmières s'activaient à essayer de faire baisser son rythme. J'étais anormalement calme en comparaison du personnel ; j'en avais vu d'autres avec Patrick, ne serait-ce que quinze jours auparavant. Ils s'inquiétaient de voir son rythme cardiaque monter à 164 ? Et 197, alors ? Là, je ne vous dis pas la panique dans le service ! Mais j'étais prête et leur communiquai le nom du médicament qui avait si bien fonctionné la dernière fois, puis attendis que les symptômes s'apaisent. Même si je n'étais pas prête à prendre les choses à la légère.

Patrick était très malade, on ne l'avait pas transféré dans cette unité de soins intensifs pour rien. J'avais appris à garder la tête froide, persuadée que cette infection allait s'apaiser, comme les autres auparavant. Mais vous savez… Nous étions prévenus depuis le début du danger que cela pouvait représenter pour lui, et autant l'année précédente je ne m'étais pas laissé impressionner, autant maintenant j'en étais arrivée à respecter toute infection comme un formidable ennemi. On ne jouait pas avec ça !

Un soir, deux ou trois jours après, je sortais de sa chambre pour me retrouver dans le hall d'entrée vivement éclairé mais désert. J'appelai le Dr Fisher à Stanford. Difficile de trouver un coin discret pour discuter. Je ne voulais pas que ça se passe dans la chambre de Patrick, devant lui, alors qu'il devait se reposer ; quant aux salles d'attente, elles étaient occupées par des gens au regard triste, attendant Dieu sait quoi, et puis ça faisait loin de l'aile où nous nous trouvions, d'autant qu'il fallait repasser la sécurité à la réception générale. J'y tenais, à cette sécurité : elle me rassurait, personne n'allait se faufiler en douce pour trouver Patrick. Mais, en l'occurrence, il ne me restait qu'à faire les cent pas dans l'entrée de l'unité de soins intensifs, en essayant de parler aussi bas que possible pour qu'aucun écho n'aille se répercuter dans les corridors.

Je demandai au Dr Fisher ce que pouvait nous réserver l'avenir, quelles étaient les perspectives de Patrick, non seulement s'il allait pouvoir se débarrasser des microbes qui l'empoisonnaient mais aussi s'il pouvait se stabiliser assez pour reprendre son traitement. Je voulais juste savoir à quoi m'attendre, envisager de nouvelles étapes. Pour moi, c'était plus important de me représenter l'avenir que d'avancer à l'aveugle dans l'inconnu.

George répéta combien il était important de ne pas administrer de chimiothérapie à Patrick tant que l'infection n'était pas jugulée, car ça pourrait être fatal pour son système immunitaire.

– Ce serait comme planter un clou dans le cercueil, conclut-il.

Je lui assurai que je comprenais. (J'étais audacieuse, mais pas pour autant prête à tirer dans le tas.) Alors que nous achevions cette mise au point, il m'encouragea à m'accrocher, puis marqua une pause avant d'ajouter avec sincérité :

– Vous savez, je regrette vraiment d'avoir laissé entendre que Patrick pourrait ne pas s'en tirer, la première fois que je l'ai vu.

– Vous étiez réaliste. Et puis, vous n'étiez pas le seul médecin à vous montrer un peu direct.

– N'empêche que j'aurais préféré ne jamais vous avoir dit ça.

– C'est tout de même incroyable de voir comment Patrick s'est accroché. Incroyable...

– Certes, renchérit le Dr Fisher. Tout ce que je peux dire, c'est... Si j'avais parié un pack de bière chaque fois que j'ai cru qu'il n'allait pas s'en tirer, je serais très pauvre à l'heure qu'il est. Je regrette seulement que nous ne nous soyons pas rencontrés en d'autres circonstances, nous aurions vraiment été potes.

Je riais encore quand il ajouta ces mots que je n'oublierai jamais, car ils avaient une énorme importance pour moi…

– Il faut que je vous dise… Patrick ne serait pas vivant si vous n'aviez pas été là. Il n'aurait jamais pu survivre si longtemps.

*

*   *

J'étais très heureuse d'entendre ça et, si c'était la vérité, je ne crois pas qu'il fallait l'attribuer seulement à l'attention que je lui avais accordée, ni à son traitement médical. En partie, il y avait eu aussi son désir de ne pas me quitter. Et je ne dis pas qu'il aurait refusé mordicus de s'éloigner de moi, encore que ce soit sans doute vrai. Ce que je veux dire, c'est que, parfois, il devait vouloir rester pour moi. Qu'il se battait si fort afin de faire de son mieux pour s'« occuper » de moi… Il savait que je souhaitais follement ne pas le voir me quitter et que j'essayais de ne pas trop y penser – parce que je culpabilisais s'il sentait une quelconque obligation ou s'il avait l'impression qu'on exerçait un chantage émotionnel l'obligeant à rester là parce que ça me ferait trop souffrir qu'il s'en aille. Je ne voulais pas qu'il souffre. Mais je gardais déjà cette carte de la culpabilité dans ma poche intérieure. Bien que nous en parlions rarement, nous savions très bien, tous les deux, que c'était là le point sensible. J'espérais pouvoir toujours me montrer raisonnable sur la façon dont je jouerais cette carte. Parce que, à la vérité, je souhaitais égoïstement qu'il reste avec moi.

*
* *

Nos quatre jours à l'hôpital ne se passèrent pas sans accrocs. Tant que nous y étions, les médecins en ont profité pour régler quelques détails de tuyauterie. Patrick a avalé une minuscule caméra qui a filmé son estomac puis ses intestins, afin de vérifier s'il n'y avait pas d'hémorragie. Le personnel médical a tenté de poser un nouveau port à cathéter, et je n'ai pas aimé parce que ça ne marchait pas aussi bien que le dernier. Un filtre intraveineux a été installé pour empêcher tout risque de voir un caillot remonter vers les poumons, autre écueil qui pouvait se révéler fatal. Quand il revint dans sa chambre et fut installé dans son lit, une grosse tache de sang maculait sa chemise d'hôpital, et j'écarquillai les yeux ! Heureusement, l'infirmière réagit à peine, m'expliquant que cela se produisait parfois ; là-dessus, elle alla chercher de quoi le nettoyer. J'étais tellement contente qu'elle soit là ! Parce qu'il y avait de quoi vous troubler, à la vue de cette masse de sang, c'était le moins qu'on puisse dire. Je me sentais d'accord avec Patrick dans *Extravagances*, quand Vida s'écriait d'un ton las :

– C'est quoi, ce nouvel enfer ?

Cinq jours à l'hôpital, et Patrick encore une fois... encore une fois... réussit à vaincre l'infection. Nous sommes rentrés à la maison le 18 août, le jour de son anniversaire !

En chemin, je me suis garée, j'ai sauté dehors et me suis précipitée dans l'une de mes boulangeries préférées, sur Melrose Avenue, pour y acheter un délicieux gâteau au chocolat afin de célébrer dignement ce jour de fête. Au début du mois, j'avais prévu quelque chose de plus chic, genre dîner latino avec salsa et dancing. J'avais même choisi ma robe, mais, à mesure que les jours passaient, il devenait évident que je ferais mieux de ne pas compter sur la bonne santé de Patrick pour ce genre de soirée. Une telle idée me venait à l'esprit pour la première fois. Et je n'aimais pas ça. Patrick avait toujours été capable de se lever quand il le fallait… Mais je devais me fier à mon instinct et annuler cette jolie fiesta. Il s'avéra que c'était le bon choix ; nos projets auraient bien été annulés de toute façon par son passage à l'hôpital. À la place, Donny et moi nous sommes contentés de picorer le gâteau au chocolat, auquel, évidemment, Patrick n'a pas voulu toucher. (Seule l'intention compte, pas vrai ?) Notre récompense à tous les trois : on a passé une bonne soirée, contents de se retrouver à la maison après cette énième infection. Et c'est un joli cadeau d'anniversaire quand on y pense. Un cadeau bien gagné.

Pur entêtement. J'avais du mal à ne pas prendre ces victoires à mon compte. Je sentais combien Patrick et moi leur avions donné vie. Et nous allions nous réveiller et célébrer chaque journée. Il est toujours là !

Néanmoins, chacune de ces infections l'avait affaibli. J'attendais toujours de le voir rebondir, retrouver ses forces d'autrefois. Déjà, cet été, il s'était encore senti si bien que nous avions envisagé de tourner une deuxième saison de *The Beast*. Et voilà qu'une fois encore, il essayait de « revenir ». Quoique plus faible et plus fragile qu'avant… Moi, je ne pensais qu'à le voir assez en forme – donner une chance à son corps – encore une semaine – le temps de ressortir la grosse artillerie et d'abattre la maladie. Rien qu'une semaine…

*

* *

Aussi, quand nous sommes rentrés à la maison, un lit médicalisé l'attendait dans notre chambre. J'avais fini par le commander : Patrick en avait trop besoin pour son confort et ça lui simplifierait beaucoup la vie. J'avais également trouvé la solution à son désir de partager notre lit : j'en avais acheté un autre, d'occasion, pour moi, et l'avais fait installer à côté du sien. Si bien qu'en nous couchant, nous nous sommes retrouvés dans deux lits électriques, tout en dormant l'un à côté de l'autre. Et, comme toujours, nos deux corps restaient en contact dans le sommeil.

*
* *

Patrick avait repris l'enregistrement du livre audio pour *The Time of My Life*, si brutalement interrompu à cause de la dernière infection. En rentrant de l'hôpital, je m'étais demandé comment il trouverait l'énergie de s'y remettre. Parfois, il lui fallait une demi-journée pour s'y atteler mais, dès qu'il y était, son adrénaline d'artiste le reprenait et on devait presque le chasser du studio pour qu'il arrête. Il avait toujours fait les choses ainsi, en bonne ou en mauvaise santé ! Une fois de plus, l'étonnant, c'était sa métamorphose, et son énergie. Il fallait le voir pour le croire !

– C'est la guitare *slide* de Robert Johnson pour le blues ! s'enthousiasmait-il auprès de l'ingénieur du son. Elle est belle, hein ? Tiens, joue un peu, elle a un son incroyable !

– Allô ? Allô... ?

J'étais en haut, à l'Interphone, à essayer d'intervenir dans la conversation.

– Oui, Lisa, qu'est-ce qu'il y a ? me demanda gaiement Patrick.

– Vous jouez de la musique ?

– Ouais ! Matt joue et compose. On vient de finir deux chapitres et je lui montrais ma Robert Johnson.

Je devais lire des extraits moi aussi, alors je passai un peu de temps avec eux. Je me sentais dans un autre monde. Pourtant, le cancer était toujours là, même durant ces heures passées au studio, il attendait juste derrière la porte. Nous prenions quelques pauses pour jouer de la musique avec Matt. C'était génial ! On s'amusait bien. Une nuit, il enregistra jusqu'à 3 heures du matin. Matt me dirait plus tard :

– On avait peur de trop pousser Patrick, mais quand on l'a vu, c'était bien lui, assez costaud pour dépasser les 2 heures du matin. C'était lui qui m'épuisait. Pourtant, je ne suis pas malade.

Le pur style « Patrick ».

Encore plus étonnant : les jours qu'il a passés à enregistrer le livre audio, il était déjà travaillé par une nouvelle infection.

L'une de nos dernières photos ensemble, août 2009. (Photo de Greg Gorman.)

21

La dernière infection

Ce nouveau germe était relativement mineur, mais Patrick n'y résista pas. *Stenotrophomonas maltophilia*, une bactérie, et le Dr Hoffman prescrivit l'antibiotique approprié. La santé fragile de Patrick, alors qu'il passait encore des heures à enregistrer le livre audio (sur plus de trois jours supplémentaires), prouve à quel point c'était un dur, mais aussi comment il pouvait carrément transcender ce qui lui arrivait physiquement.

Dès que l'enregistrement fut achevé, Patrick se renferma, concentré sur sa lutte contre l'infection. Terriblement affaibli, il avait besoin de ses mains pour assurer son équilibre quand il marchait. Souvent mal à l'aise, il perdait toute son énergie. Donny et moi avons commencé à nous inquiéter de le voir se lever la nuit, comme il le faisait souvent pendant que nous dormions. C'était si inquiétant : il pouvait à tout moment tomber et sérieusement se blesser, ou rencontrer d'autres difficultés. Il avait déjà fait une chute en ratant une marche d'escalier. Entre ses forces qui l'abandonnaient et les médicaments, Patrick ne pouvait plus compter sur ses réflexes. J'essayais de trouver le moyen de faire venir quelqu'un pour le surveiller la nuit, mais ce n'était pas facile : il aurait fallu que cette personne reste assise derrière la porte pour le suivre quand il se lèverait. Et puis, je n'étais pas rassurée à l'idée qu'un inconnu puisse s'installer devant notre chambre toutes les nuits ; d'ailleurs, Patrick ne voulait pas. Nous en avons brièvement parlé avec Donny, évoquant l'idée de nous relayer, mais c'était risquer d'être à moitié endormis dans la journée alors qu'il y avait tant à faire. Finalement, je me contentai de croiser les doigts et de suivre le mouvement. S'il fallait vraiment que je passe quelques nuits à veiller, je devrais m'en apercevoir le moment venu.

Malgré sa fragilité, je gardais l'espoir que Patrick pourrait tenir assez longtemps pour reprendre son traitement et retourner le processus une fois de plus. Nous en avions déjà vu, des miracles. À plusieurs reprises, l'année précédente, il avait eu l'air abattu, pour rebondir d'une façon extraordinaire. Les anges étaient avec nous. Je n'allais pas sous-estimer leur pouvoir. Chaque jour qui passait pouvait apporter une nouvelle découverte. Je n'allais certainement pas sous-estimer Patrick.

On nous avait prévenus contre ces « infections en cascade », qui se succédaient sans interruption ; et je savais que les Drs Hoffman et Fisher, ainsi que notre spécialiste en maladies infectieuses, le Dr Chung, pensaient que c'était ce qui arrivait à Patrick.

Assurément, il en avait subi plus d'une, ces derniers temps… mais il s'en était remis, non ?

Quoique des dernières… à peine. Cependant, ça ne signifiait pas que nous baissions les bras. Nous nous accrochions.

Nous avons donc pris bonne note de l'inquiétude des médecins.

*

* *

Juste à cette époque, éclata le pire incendie de la banlieue de Los Angeles, qui finit par dévorer jusqu'à 65 000 hectares. Notre ranch se trouve près de la forêt nationale d'Angeles, là où est né le feu. On a évacué les habitants à moins de deux kilomètres de chez nous, et installé des refuges pour les grands animaux sur les collines alentour et jusque dans notre rue. Avec tous ces pompiers et leurs équipements, on aurait cru voir une armée envahir le voisinage et y proclamer la loi martiale.

Au cours des vingt dernières années, notre propriété avait été menacée de temps à autre par un incendie, mais jamais de cette ampleur.

Nous soutenions à cette époque Patrick qui se remettait de sa dernière infection, et tentions de rester optimistes malgré l'énorme impact de ce nouveau revers sur sa santé ; il s'agissait de le remettre sur pied, et lui restait stoïque, en dépit des nombreux problèmes causés par ces récentes infections : rétention hydrique, caillots de sang, encombrements intestinaux, et nouveau port à cathéter qui, décidément, ne fonctionnait pas bien... Pardessus tout, ses doses de Dilaudid le laissaient dans une constante nébuleuse. C'était difficile pour Patrick, pour Donny et pour moi. Très difficile. D'autant qu'avec ce grave incendie à proximité, je priais pour ne pas avoir à évacuer les chevaux, en particulier à cause des trois poulains dont l'un n'avait que quinze jours : les déplacer pourrait leur causer un grave traumatisme.

À moins d'un kilomètre de là, plusieurs élevages avaient reçu l'ordre de quitter les lieux. Avec mon frère, Paul, nous vérifiions les progrès du feu plusieurs fois par jour, afin de juger sa direction... Je ne comprenais pas comment il pouvait nous arriver tant de malheurs à la fois. J'en avais l'esprit meurtri, et je vivais dans un état constant d'angoisse et d'appréhension...

On dirait que les incendies proviennent de toutes les directions. Moi, je voudrais juste m'accroupir, me couvrir les oreilles et me balancer comme un petit enfant. Il me semble que tant que je serai debout, tant que je pourrai respirer, je tiendrai le coup. Je suis debout, je respire. Et pourtant, et pourtant... Donnez-moi une issue. Ne me laissez pas imaginer que trop d'incendies vont me barrer la route. Et je tiendrai. Je pourrai tenir encore.

2 septembre 2009

Heureusement, j'avais des amis prêts à me venir en aide si nécessaire : Ame, dont un voisin possédait une remorque et avait déjà déplacé des chevaux ; Arabella, qui s'y connaissait en chevaux et se disait prête à intervenir quand je le lui demanderais ; et Paul, qui lui aussi connaissait un transporteur de chevaux... Le feu faisait rage au sommet des collines voisines, derrière le ranch, à moins d'un kilomètre de chez nous. Les pompiers occupaient le bout de la rue devant notre portail pour le cas où l'incendie atteindrait notre colline ; en effet, s'ils n'intervenaient pas immédiatement, ce serait trop tard.

Suie et cendres couvraient tout...

J'y voyais une métaphore évidente, même si je ne croyais pas forcément qu'il faille voir une signification en tout, que, parfois, les catastrophes vous tombaient dessus au hasard. J'avais toujours cru que la vie était, d'une certaine manière, un reflet de soi-même. Que ce qu'on ressent, ce qu'on est, repose sur les gens, les situations, les choses qui nous entourent. Cela me rappelait Patrick quand il pratiquait ses psalmodies bouddhiques : quand sa vie allait mal, son autel était couvert de poussière, avec ses plantes asphyxiées et l'eau de sa coupe évaporée...

– Eh oui, disait-il jovialement, si tu veux savoir à quoi ma vie ressemble en ce moment, tu n'as qu'à regarder mon autel !

Et moi qui regardais ma vie maintenant et la trouvais en feu.

La destruction arrivait sur nous…

J'avais aussi remarqué que, inexplicablement, au cours des trois derniers mois, les arbres de notre propriété avaient commencé à mourir. Des arbres qui étaient là bien avant notre installation, vingt ans auparavant, toujours en bonne santé. Quand j'ai vu le premier se flétrir, je me suis dit : *Oh, ce vieil abricotier ! Les abricotiers doivent bien finir par mourir*. Mais il n'était pas question seulement d'arbres fruitiers. Trois autres arbres avaient commencé à mourir, et puis d'autres : en tout, neuf, subitement, mystérieusement, devenus du bois mort…

Cela reflétait-il une image de notre vie à Patrick et moi ? Je n'avais pas trop envie de m'attarder sur cette idée, mais, chaque fois que je regardais pas la fenêtre de la cuisine, ces fichus arbres me la rappelaient. S'il fallait y voir un message… Entre les feux et les arbres morts ou mourants, voilà qui donnait une assez bonne indication que mon monde s'écroulait. Pourtant, je continuais de placer un pied devant l'autre, et je ne m'arrêterais pas. Je devais prendre soin de mon chéri. Et s'il fallait évacuer les juments et les poulains, je répandrais peut-être quelques larmes, m'apitoierais sur mon sort, avant de me reprendre et de faire ce qu'il y aurait à faire. Mon monde vacillait, cédait à la pression, mais ce n'était pas le moment de sangloter. J'avais bien avancé dans ma vie, je n'allais pas me laisser briser maintenant.

Et Patrick continuerait de mener la sienne à sa façon.

*

* *

L'incendie en arrivait à son huitième jour, et deux pompiers y avaient perdu la vie. On n'avait pu le circonscrire qu'à vingt pour cent, nous étions loin d'en être sortis.

Patrick avait un rendez-vous à Cedars-Sinai, pour un drainage de l'abdomen, l'élimination des fluides qui l'empêchaient de s'étendre et même de bien respirer. D'habitude Donny emmenait Patrick à ces rendez-vous de paracentèse – ou « robinets du bidon », comme je les appelais ; mais, récemment, j'avais commencé à culpabiliser de rester si longtemps éloignée de Patrick. Sa santé devenait trop délicate, et je m'inquiétais de ce qui pourrait lui arriver en mon absence. Je ne voulais plus courir aucun risque. Chaque fois que je quittais sa chambre, je m'arrêtais pour lui dire que je l'aimais et l'embrassais ou lui serrais la main. Cependant, aujourd'hui, je ne pouvais l'emmener, les feux se rapprochaient trop. Paul et moi devions monter la garde pour le cas où il faudrait évacuer les chevaux en quelques minutes. J'étais reconnaissante à Donny de conduire Patrick à son rendez-vous, comme il l'avait fait autrefois. J'avais toute confiance en lui.

Ils étaient partis et je restais branchée sur les informations concernant l'état de l'incendie. Une heure à peine s'écoula avant que Donny m'appelle…

– Lisa ? On est au centre et Buddy a des frissons.

Je tressaillis.

– C'est vrai ?

– Oui. Il tremble beaucoup. Ça ne va pas bien.

– Reste où tu es. J'appelle le médecin pour demander une hospitalisation immédiate. Je te rappelle, d'accord ?

– D'accord.

Je raccrochai.

J'appelai le Dr Hoffman, lui dis ce qui se passait, puis informai Cedars-Sinai qu'on leur amenait Patrick. Je rappelai Donny…

– Ils lui font préparer une chambre, alors ne vous éloignez pas.

– Entendu.

Je n'arrivais pas à croire que cette infection se soit déclarée juste à ce moment, et m'en émerveillai auprès de Donny :

– Mon Dieu, quelles chances avait-on qu'il se trouve à l'hôpital juste quand ça lui est arrivé ?

D'une certaine manière, j'étais follement soulagée. Quelle chance qu'il ait été déjà sur place ! Je pris ça pour un signe favorable.

– Comment va-t-il ?

– Mal, et il tremble beaucoup. Je l'ai fait installer dans un fauteuil roulant, avec plein de couvertures sur lui… On se trouve du côté du centre administratif.

– Bon, surveille sa température. Qu'il n'ait pas trop chaud.

Je pris en hâte mon sac de voyage – non, je ne l'avais toujours pas laissé en réserve dans le coffre – et filai vers ma voiture. Avant mon départ, je m'assurai que mon frère, Paul, disposait bien de tous les numéros des gens susceptibles de nous aider avec les chevaux si nécessaire.

À l'hôpital, Donny avait beau être sympa, il commençait à s'énerver. Ils étaient là depuis une heure, toujours dans la petite pièce au fond du centre administratif, en compagnie d'un Patrick complètement désorienté, dans un fauteuil roulant. Finalement, Donny explosa et cria dans le couloir :

– Hé ! Il y a une heure, on m'a dit que mon frère avait besoin de soins intensifs ! Ça veut dire qu'il devrait se trouver aux soins intensifs MAINTENANT !

Cela retint quelque peu l'attention, et Patrick et Donny furent escortés vers l'unité de soins intensifs dans les minutes qui suivirent.

Quant à moi, je venais de passer le portail de Rancho Bizarro, le campement des pompiers, leurs tentes, leurs camions et les abris des chevaux évacués à Orcas Park… pour me lancer plein ouest sur l'autoroute 210. Dans mon rétro, je voyais les flammes qui léchaient Tujunga Canyon et les monstrueux nuages de fumée menaçant les lieux. Je laissais tout cela derrière moi. Si les chevaux devaient partir maintenant, ce n'était plus de mon ressort. Je faisais confiance à ceux qui s'en chargeraient.

*

* *

L'infection galopante, le rythme cardiaque alarmant… Idem ! Il passait encore à travers. Et comme lors des alertes précédentes, deux jours plus tard il était assez stabilisé pour intégrer une chambre normale. Sauf que l'infection ne se résorbait pas. Le cardiologue changea sa prescription pour tenter d'apaiser son cœur toujours irrégulier. Le port à cathéter si inconstant, source possible d'infection, fut enlevé ; cela rétablit le système de perfusion normal, beaucoup plus difficile à maintenir que le port lui-même. Rendez-vous fut pris pour installer un Plurex, sorte d'ouverture semi-permanente *via* un tube permettant de drainer les fluides en permanence. J'écoutais attentivement toutes les instructions sur le fonctionnement du drainage, sur l'utilisation des fluides. Je m'inquiétais d'éventuelles infections futures. Je pensais à l'avenir… mais, en fait, je m'inquiétais de tout autre chose. Assise à côté de Patrick dans sa chambre, je lui glissai :

– Tu sais, on venait à peine de quitter l'hôpital et je ne t'ai pas fait de cadeau d'anniversaire. Tu as envie de quelque chose de particulier ?

Il se mit à réfléchir ; au minimum de son énergie, il parvenait encore à se concentrer sur ma question. Après un long moment, il articula lentement :

– Un GPS.

Je ne m'attendais pas à ça.

– Un GPS ?

– Oui... qu'on puisse mettre dans la voiture.

Je hochai la tête. Mais où pourrions-nous aller pour avoir besoin d'un GPS ? Je ne voulais pas me montrer négative, néanmoins je doutais que nous puissions nous évader très loin.

J'ouvris mon ordinateur pour voir où je pourrais en trouver un... mais n'allai pas plus loin.

Premier signe pour moi.

*

* *

J'avais peur. Peur d'en être arrivée à « ce point-là ». Patrick n'allait pas mieux, il semblait au contraire décliner plus que jamais. Il était si faible qu'on avait du mal à seulement le faire sortir du lit.

Alors me vinrent de terribles idées... Son état ne s'améliorait plus et pour la première fois je me demandai si je ne m'étais pas montrée trop optimiste... réaliste, mais optimiste en espérant qu'il se remettrait. N'étais-je pas en plein déni ? J'essayai, prudemment, de prendre le pouls de la situation... Je m'étais toujours promis que, le moment venu, s'il se présentait jamais, je laisserais Patrick partir sans le faire souffrir. La situation devait être sans espoir, sans retour possible. Nous possédions beaucoup d'animaux, très beaux, très aimés, sur lesquels il nous fallait veiller. Cela nous avait pris un certain temps, mais nous avions fini par apprendre qu'en nous acharnant à les garder en vie alors que leur heure avait sonné, nous nous montrions cruels. Aussi désolant que ce soit, nous avions compris que nous agirions dans leur intérêt si nous les laissions partir plutôt que de ne penser qu'à nous. Aussi douloureux fût-ce, c'était un acte d'amour et de bonté.

En étais-je là ? Les choses ne se présentaient pas bien. Mais je n'étais pas sûre. Pas convaincue… Alors j'hésitais en silence au moment de remettre en question la situation, et moi-même.

Ce vendredi-là, le Dr Geemee Chung me parla des analyses sanguines de Patrick et de l'infection non résolue. Ce ne fut pas une conversation des plus joyeuses. Elle m'informa qu'une autre bactérie se cachait sous l'actuelle.

Indubitablement, c'était là l'« infection en cascade » dont ils avaient déjà parlé. La preuve en devenait irréfutable.

– Ça ne se présente pas bien, ajouta-t-elle sombrement.

Je hochai la tête. Je sentais le désespoir m'envahir.

– Vous ne pouvez pas lui donner quelque chose pour traiter cette nouvelle infection ? demandai-je. Pourquoi ne pas lui administrer tout ce que vous pouvez ? Ça ne pourra plus lui faire de mal.

Je me doutais évidemment que c'était notre dernière chance.

Geemee acquiesça et, ensemble, nous avons décidé d'attendre le lundi pour voir ce qui se passait.

Donnez-moi encore une chance…

*

* *

Le week-end fut difficile et épuisant. Dès que Patrick tentait de sortir du lit, nous nous précipitions pour ne pas le laisser se débrouiller seul. Quand il avait quitté l'unité de soins intensifs, on nous avait demandé s'il « risquait de tomber ». Dans ce cas, on lui passerait un bracelet jaune au poignet qui préviendrait les infirmières. J'avais toujours refusé durant nos précédentes visites. Mais, cette fois, j'allais devoir accepter. Et quand Patrick se réveilla dans sa nouvelle chambre, il souleva le bras, y vit le bracelet jaune, se tourna vers moi en murmurant péniblement, comme si j'étais une sorte de traîtresse...

– Qu'est-ce que tu me fais, là ?

Je savais qu'il avait l'impression que je lui enlevais un peu de son pouvoir, que je le transformais en une sorte de victime impuissante.

Je ne sus que répondre :

– Il le fallait...

C'était moi qui me sentais impuissante.

En fait, je n'avais pas le choix. Je devais rester honnête. Et, honnêtement, à ce moment-là, j'avais plus peur de le voir tomber et se blesser grièvement que de froisser sa dignité.

Que pouvait-il dire ? Nous étions dans la même équipe, alors il baissa les bras. Et, doucement, se rendormit.

*

* *

Depuis la dernière visite à l'hôpital, il devenait de moins en moins lucide. J'attribuai son état à un mauvais dosage de Dilaudid et harcelai les infirmières pour savoir combien il fallait lui en programmer sur sa pompe d'hôpital. Mais c'était autre chose. Il ne semblait pas toujours cohérent, même quand ses doses restaient correctes. Je sus d'instinct que ça devait venir de la maladie... Beaucoup plus tard, j'appris que les effets du cancer sur le foie fabriquaient des toxines qui affectaient son cerveau, sa connaissance.

Ainsi, parfois il était lucide, parfois on ne savait plus ce qui allait sortir de sa bouche, et parfois, il ne répondait pas. Avec Donny, nous imaginions qu'il se doutait de quelque chose, alors que nous entamions ce week-end... Il regarda la pompe, les antibiotiques accrochés au-dessus de sa tête, qui coulaient des tubes vers son bras, et articula d'un ton incrédule :

– Il se passe de sacrées merdes, ici...

Alors que je l'aidais à se rendre aux toilettes avec tous ses médicaments et ses perfusions, il m'abreuva de reproches pendant deux heures :

– Pourquoi tu n'as pas encore appelé le président Barack Obama ? C'est une question de sécurité nationale !

Il s'énervait de plus en plus :

– Tu dois comprendre que j'ai d'importantes informations qui pourraient empêcher un désastre national ! Il faut que je lui parle immédiatement !

Je commençais à m'affoler. Je ne voulais pas l'irriter davantage en lui disant qu'il déraillait. Et puis je trouvai la réponse :

– Je sais. On l'a déjà prévenu. On attend qu'il rappelle.

Il hocha la tête et put enfin se détendre.

*

* *

Tout au long du week-end, j'espérai contre tout espoir que les antibiotiques allaient enfin agir et débarrasser son corps de ces infections. Le lundi matin, aucun changement n'était visible quand on vint lui faire un nouveau prélèvement de sang pour l'envoyer au labo.

Un calme angoissant régnait sur l'étage... À moins que ce ne soit que mon imagination ? La télévision était allumée, on avait servi les déjeuners... mais tout était tranquille. Personne ne revenait en courant avec les résultats d'analyse. Et je ne bouillais pas d'impatience, comme auparavant, de les connaître. J'avais déjà l'angoissante impression que les analyses viendraient confirmer les craintes des médecins.

Cet après-midi-là, le Dr Hoffman et le Dr Chung entrèrent dans la chambre. Je n'avais pas envie de discuter devant Patrick, alors nous sommes sortis dans le couloir et ils renvoyèrent les infirmières de leur petit bureau. Ils me parlèrent à voix basse, aussi discrètement que possible puisque nous discutions dans une alcôve ouverte à tous les vents. Je ne pouvais m'empêcher de surveiller les alentours pour vérifier si personne n'écoutait.

D'autant que je savais ce qu'ils allaient dire...

– Malheureusement, le moment est venu maintenant, indiquèrent-ils gravement, non sans compassion.

J'insistai pour être certaine, sans l'ombre d'un doute, qu'on ne pouvait absolument rien faire de plus. Je demandai les résultats d'analyse, le dosage de CA19-9. Je sentais des larmes brûlantes me monter aux yeux et m'efforçai de les contenir. Je ne voulais pas me mettre à pleurer sans plus pouvoir m'arrêter. Et il fallait que je reconnaisse...

Il fallait que je reconnaisse...

Il fallait que je reconnaisse que c'était la fin.

*

* *

Il n'y a rien de plus horrible que de lâcher prise. Ce jour était arrivé. Le jour où je m'étais promis de laisser faire le moment venu. Mais le plus terrible, c'était que cette décision de « lâcher prise » devait venir de moi.

Soyons réalistes, je n'avais pas le choix. Il fallait lâcher prise ou j'en aurais le cœur brisé. Il l'était déjà, de toute façon. Sauf que je me retrouvais avec l'obsédante impression que ce n'était pas le moment, que j'aurais dû trouver une faille. Que je ne devrais jamais le laisser partir. Ne jamais lâcher prise.

« Débranchez. » Voilà ce qu'on entend à la télévision quand on a perdu tout espoir et qu'on a pris la décision d'arrêter l'assistance respiratoire d'un patient. Dans la vraie vie, parents et proches doivent le dire sans arrêt. Et peu importe qu'il y ait ou non des directives de fin de vie, un morceau de papier établissant clairement les dernières volontés du patient, on a l'impression d'être celui qui lâche prise. Comme Dieu qui déciderait qui va vivre, qui va mourir. Celui qui appuie sur « le bouton » déclenchant une destruction massive. Et les remords sont là. Même si on ne fait que reconnaître un état de fait et qu'on s'efforce de se comporter avec compassion et sagesse, on culpabilise.

On nous apprend que tant qu'il y a de la vie, il y a de l'espoir. En mourant, on enfreint les règles. On n'est pas préparé à ça. C'est contre nature. Rien de plus dur que de lâcher prise, sauf peut-être lorsque la perte devient effective. Quand on y pense, qu'a-t-on de plus à perdre ? La mort est l'ultime échec. Et en laissant partir Patrick, en sachant qu'il s'en allait dans les bras de la mort, j'avais l'impression d'avoir échoué. Je n'avais d'autre moyen de supporter cette situation que de me rappeler sans cesse qu'il s'agissait d'un acte d'amour. Mon amour, qui se tenait au-dehors, doté d'une entité propre, de son propre corps, de sa propre cité. Et je devais lâcher prise, capituler devant mon amour.

(Je ne voulais pas qu'il s'en aille…)

Alors que nous terminions notre conversation, les médecins devaient me poser la question. Et j'acquiesçai…

– Oui… Oui… Mettez-lui un NPR.

Quelques instants plus tard, le bracelet mauve, signifiant Ne Pas Ranimer, entourait son poignet.

Et nous n'allions pas mieux. Nous étions en train de mourir.

Un autoportrait pris dans notre premier appartement de New York, quatre mois avant notre mariage.

22

Encore une décision

J'appelai Donny pour l'informer de ce qui se passait. Peut-être espérais-je qu'il allait m'aider à changer d'avis, avec des phrases du genre : « Ne laisse pas encore tomber ! Est-ce qu'on a réfléchi... »

Mais il n'en fit rien.

J'appelai Maria. Je voulais encore m'assurer... m'assurer... Là, j'avais une autre décision à prendre :

– Il faut que je dise si je le ramène à la maison ou pas. L'infection ne s'en va pas.

J'avais réussi à parler d'une voix ferme, sans trembler.

– Oh ma chérie ! s'exclama-t-elle. Où en est son CA19-9 ? Ils l'ont dit ?

Quand Patrick a commencé, le taux indiquait 1 240. Cinq mois auparavant, il était monté à 2 000. Et maintenant...

– Il en est à 156 000.

Un court mais significatif silence me répondit. Et puis Maria murmura :

– C'est affreusement élevé.

Le cancer gagnait...

On avait accroché à la porte de la chambre un panneau annonçant l'interdiction d'entrer sans autorisation. J'avais expliqué deux jours auparavant que plusieurs employés d'autres services lui avaient rendu visite. J'aimais bien ces gens, ils s'étaient montrés gentils durant notre passage chez eux ; mais, en les regardant debout autour de son lit, je compris que tout l'hôpital devait connaître l'état de Patrick. Je les regardais parler en souriant, mais je me disais : *Ils sont là parce qu'ils pensent que Patrick va mourir et ils veulent le voir une dernière fois !*

Et maintenant, je le protégeais d'une autre façon. Je savais que l'information se propageait. Je restais, vigilante, devant sa porte. Je commençais à me demander si je ne devrais pas la barrer de mon lit de camp pour empêcher quiconque de se glisser à l'intérieur en pleine nuit pour le prendre en photo.

Je fis venir un garde du corps pour qu'il surveille le couloir. En général, nous n'aimions pas ça parce que c'était le meilleur moyen d'attirer l'attention, mais je ne voulais prendre aucun risque. Patrick avait livré ce combat avec tant de vaillance, tant de dignité que je n'allais pas risquer de tout gâcher avec une photo de lui sur son lit de mort ou une description. Plutôt me passer sur le corps !

Ce lundi, quand on a passé le bracelet NPR à son poignet, le Dr Hoffman m'a demandé si je voulais ramener Patrick à la maison ou rester avec lui à l'hôpital.

Je n'avais jamais affronté une question pareille, au point que mon cerveau se figea.

– Je ne sais pas... Euh... qu'en pensez-vous ? Je ne sais pas...

– Tout dépend de ce que vous voulez...

Je ne sais pas.

– Il y a des gens qui veulent rentrer chez eux, d'autres non. La plupart du temps, nous recommandons de rester à l'hôpital. Pas tant pour le patient, mais c'est plus facile pour la famille... Ça aide à prendre un peu de recul. Et puis ils sont libérés de la plupart des soins...

Je ne sais pas.

– Il faut que j'y réfléchisse, finis-je par répondre.

Vous connaissez cet esprit du « Meurs à la maison droit dans tes bottes » : c'est très romantique. Mais dans le monde réel... le monde réel n'est pas aussi romantique et pasteurisé. Il fallait que j'y réfléchisse.

De retour dans la chambre, je demandai à Patrick s'il voulait rentrer. Mais il ne comprit pas. Je me penchai, l'entourai de mes bras, lui souris.

– Je t'aime.

C'était la seule chose qu'il comprenait toujours.

– Je t'aime, murmura-t-il en me regardant dans les yeux.

Je m'assis près de lui, ouvris mon ordinateur et commandai le GPS qu'il voulait. Je ne savais pas ce qu'il allait en faire. Mais peut-être étions-nous tous les deux en train d'aborder un territoire inconnu. Alors nous allions avoir besoin d'un bon guidage.

*

* *

– Je vais le ramener à la maison, annonçai-je le mardi matin.

Je crois que je le savais dans mon cœur, mais mon instinct me pousse à réfléchir d'abord, à examiner la question sous tous les angles quand j'aborde un projet inhabituel. Ne m'étant encore jamais trouvée dans cette situation, je ne savais pas à quoi m'attendre. Et il restait tant d'inconnues. Quand j'eus décidé de rentrer, les choses se mirent rapidement en place. Je rencontrai les responsables des soins palliatifs qui firent envoyer du matériel, qui m'attendrait à la maison dès notre arrivée.

– Voulez-vous qu'une infirmière vous rejoigne là-bas ? me proposèrent-ils.

Je m'étais occupée de Patrick pendant vingt-deux mois, aussi répondis-je calmement :

– Non, ce ne sera pas nécessaire. Demain vers midi, ça ira.

Bientôt, j'eus l'occasion de me féliciter d'avoir décidé de le ramener à la maison. Le 9 septembre, le jour où nous avions prévu de quitter l'hôpital, nous avons découvert cette fuite dans les tabloïds.

9 SEPTEMBRE 2009, PATRICK SWAYZE RENTRE CHEZ LUI POUR MOURIR {...} parfois besoin d'oxygène pour respirer {...} « Je refuse de mourir dans une chambre d'hôpital. Je partirai à ma façon – dans notre maison, dans mon lit. »

Il était vraiment temps qu'on quitte cet hôpital !

Bill Mancini, notre garde du corps, qui avait déjà assuré la sécurité de Patrick à Cedars-Sinai, nous trouva une issue de secours discrète pour sortir en toute tranquillité ; cela n'eut pas l'heur de plaire au service relations patients qui se plaignit de ne pas avoir été averti à temps. Mais Bill s'y attendait et n'en démordait pas.

Il allait l'emmener à travers plusieurs bâtiments jusqu'à un 4×4 qui attendait devant l'aile nord. Pendant ce temps, je devais sortir par le parking, de façon à semer la confusion chez d'éventuels paparazzi.

À 17 heures, nous avons chargé tout notre équipement dans des sacs en plastique de l'hôpital, les avons accrochés au fauteuil roulant, comme d'habitude. Et puis nous avons aidé Patrick à s'asseoir ; il se mouvait lentement, son chapeau de cow-boy bien abaissé sur le front. Je l'embrassai. Nous allions partir quand Bill m'arrêta.

– Attendez !

Il me prit à part, semblant ne pas tenir en place.

– Et si… et s'il se passait quelque chose sur le chemin du retour ?

Je dus ne pas avoir l'air de saisir son propos.

– Je voulais dire… insista-t-il. Et s'il mourait ?

Je reconnais qu'il ne lui fut sans doute pas facile de poser une telle question. Mais je secouai la tête, comme si j'étais sûre de moi.

– Il ne va pas mourir sur le chemin du retour.

Bill parut encore hésiter.

Mais j'en étais absolument certaine.

– Il ne va pas mourir sur le chemin du retour, répétai-je. Écoutez, je vous suis, je ne serai pas loin derrière vous. S'il se passe quoi que ce soit, vous n'aurez qu'à m'appeler sur mon mobile. Mais il va arriver à la maison.

Bill fit oui de la tête. Et nous sommes partis.

*

* *

Je ne me rappelle pas avoir regardé, sur la route de Rancho Bizarro, les nuages de fumée qui assombrissaient encore le ciel derrière notre ranch. Mais je suis sûre de les y avoir vus. L'incendie allait durer encore plus d'un mois avant de finalement s'éteindre à la mi-octobre. Notre ranch n'était pas directement menacé, mais, pour moi, peu importait qu'un feu vienne ou non couvrir le pays d'une couche de cendre et de suie.

En revanche, je me rappelle avoir franchi notre portail pour me garer devant la maison. Le soir allait tomber, et Bill aidait Patrick à sortir de la voiture. Nous étions de retour chez nous.

Au Rancho de Dias Alegres, Nouveau-Mexique.

23

Enfin chez soi

Je n'aurais jamais cru voir surgir la mort à plus d'un kilomètre.
Je croyais qu'elle s'insinuerait en douce, me prendrait par surprise. Le pantalon baissé.
Mais non ! En l'occurrence, je vois son spectre apparaître à distance,
se positionner, et attendre, attendre tranquillement,
l'attendre, lui.
Et je passe ma tenue de karaté.
Je prends une posture de combat et je m'avance vers la mort debout devant
moi. Observant son attitude, Essayant de trouver ses points faibles,
sa pitié,
le plus petit grain de négociation possible.
Et la mort contemple ma forme chétive alors que je vais
et viens avec tout le
courage et la bravade que je peux rassembler. Contemple le contour de
mon corps comme à travers
un rayon X, ne voyant qu'en noir et blanc.
Et malgré tout mon courage et mes menaces, elle ne voit que là où

elle va me frapper comme
je lui résiste. Ma cage thoracique, ma nuque, ma
cuisse épaisse…
Et là, si j'essaie vraiment de la frapper, si je ne recule pas,
elle cherche où donner un coup qui me balaie – et me découpe –
de ma gorge à mon sternum à mon diaphragme jusqu'à me
briser
le cœur.
Elle a déjà essayé, peut-être cette fois, peut-être cette fois…

Je l'appelle.
Elle ne répond pas.
Je la supplie.
Elle ne répond pas.
Je n'aurais jamais cru voir surgir la mort à plus d'un
kilomètre. Mais le temps me porte
vers elle avec celui
que j'aime. Et c'est pourquoi elle attend si confiante.
Elle ne s'intéresse pas à moi.
Elle se moque que je perde l'amour de ma vie.
Je ne représente même pas une curiosité et elle ne comprendra
jamais mes sentiments.
Moi, la nuisance.
Telle une mouche qui ne s'en va pas.
Et son silence qui dit : « Écarte-toi de mon chemin. Ou gare
à toi. »
Tout simplement.

Automne 2009

J'ai tout d'un coup envie de parler de Noël 2010. Plus d'un an après la mort de Patrick… Comment Lucio, mon palefrenier soigneur depuis vingt-deux ans, allait prendre sa retraite, ce qui me fit l'effet de perdre un membre de ma, de notre famille. Ce serait difficile sans lui.

Enfin, bon…

C'est drop dur de parler des derniers jours de la vie de Patrick.

J'essaie de m'y soustraire, de trouver des raisons de reporter cette partie du récit au mois prochain, comme j'en ai déjà trouvé ces dernières semaines.

Pourquoi ?

Parce que c'est si dur de décrire cet… état de grâce.

Une période si horrible. Et si tendre en même temps.

Une période qui a bouleversé ma vie… à jamais.

Je sais qu'il n'y a pas de mots pour décrire ce qui s'est vraiment passé. De la même façon que je lui ai dit « Je t'aime », à d'innombrables reprises (et il y en eut beaucoup, beaucoup, beaucoup, beaucoup), ils ne sauraient jamais suffire. Les mots ne sont que de pauvres substituts pour exprimer des sentiments aussi immenses que le désespoir et l'amour.

Je ne me sens vraiment pas capable de rendre justice à de telles émotions, je dois pourtant prendre la responsabilité de raconter cette partie du récit.

Alors que je me prépare à parler de ces derniers jours, je sens revenir l'énorme chagrin, chagrin qui allait marquer ma vie l'année suivante et plus encore. Le temps d'un instant fascinant, scintillant, je pose un regard sur cet amour débordant, transcendant… cet amour renversant. Qui transporte le cœur au-delà des limites du ciel.

*

* *

Nous sommes arrivés à la maison à 18 heures en cet agréable mercredi au temps si doux. Patrick était plus ou moins présent, dans une sorte de lucidité fatiguée, peinant à se concentrer sur quoi que ce soit. Très faible aussi et, bien qu'il puisse encore à peu près bouger, ayant besoin d'une aide de chaque instant. Tout semblait calme dans la maison. Si calme... Comme si le monde entier s'en était allé.

Je l'installai dans notre chambre, et trouvai le sac qui attendait devant la cheminée. Le matériel promis par les responsables des soins palliatifs. Je l'ouvris et découvris une série de médicaments nouveaux, accompagnés de nouvelles instructions : Haldol, un antipsychotique pour l'anxiété, la nausée, les vomissements ; Atropine à un pour cent, trois ou quatre gouttes dans la bouche ; suppositoires d'Acétaminophène pour les températures au-delà de 38 ; Ativan, à utilisation sublinguale ou rectale... toutes choses que je n'avais jamais vues ni entendues jusque-là. Prise de panique et d'effroi, j'eus l'impression d'avoir commis la plus grosse erreur de ma vie en ramenant Patrick à la maison.

Fallait-il que je sois idiote ! Complètement stupide ! Je me sentais dépassée par les événements. J'en avais la gorge sèche.

Je m'efforçai de garder mon calme. Non sans regret, je me répétai ma réponse un peu cavalière des heures auparavant : « Non, non, je n'ai pas besoin qu'on m'envoie quelqu'un des soins palliatifs cette nuit. Qu'ils viennent demain à midi, ça ira. » Je suis certaine que mon effroi ne venait pas seulement de ces nouveaux médicaments, mais aussi de la nature de la situation et du fait que je me sentais si isolée. Néanmoins, ma peur de mal faire me rendit hypervigilante. Je craignais de commettre un acte qui nuise à Patrick, ou bien que mon ignorance rende mes gestes douloureux. Tous ces médicaments inconnus... Et, comme Patrick n'avait pas toute sa tête, il ne m'aida pas beaucoup en me disant ce qu'il pouvait ressentir. Je commençais à me demander si je n'allais pas appeler au secours mais décidai de « tenir le coup » pour le moment. Je croyais pouvoir l'aider à passer cette nuit sans commettre d'erreur, et demain je recevrais toutes les réponses nécessaires sur les soins à lui prodiguer.

La nuit se passa effectivement sans incident, sauf que Patrick se leva et erra un peu, alors que je dormais encore. Il y aurait eu de quoi s'inquiéter puisqu'il n'avait plus fait un pas sans assistance depuis des jours. Pourtant, je ne sais pas comment, il en trouva l'énergie nécessaire. C'était au petit matin, alors que Donny s'apprêtait à partir pour San Diego faire une course qu'il reportait depuis un bon moment. Il pensait tout régler dans la journée et rentrer en début de soirée... Soudain, Patrick apparut sur le seuil de la porte, adossé au mur du couloir, les yeux brillants !

– Où vas-tu ? lui demanda-t-il fébrilement.

Il semblait très perturbé.

– Il faut que j'aille à San Diego, répondit Donny, surpris.

– Pourquoi ?

Donny lui expliqua patiemment quel trajet il s'apprêtait à effectuer, ajoutant qu'il rentrerait aussitôt... Il avait l'impression de s'adresser à un petit enfant et se demandait comment son frère avait pu grimper seul les trois marches qui marquaient l'entrée de notre chambre !

Avant de partir, Donny l'aida à retourner se coucher.

Moi ? Je dormais comme un loir. Quand j'appris ce qui s'était passé, je me sentis plus inquiète que jamais à l'idée que Patrick puisse ainsi risquer de se cogner au beau milieu de la nuit. Mais les dames qui allaient venir détenaient la réponse.

*

* *

À midi, arrivèrent Tina, l'infirmière des soins palliatifs, et Sharon, l'infirmière en chef. Tina, imposante et belle femme noire, s'étonna en découvrant que c'était Patrick Swayze qui avait besoin de ses soins. Elle se montra parfaitement professionnelle et chaleureuse, mais, sur le chemin du retour, elle se tourna vers Sharon :

– Vous auriez pu me prévenir que c'était lui qu'on allait voir !

– Je croyais l'avoir fait, assura Sharon, troublée.

Je leur étais très reconnaissante d'être venues jusque chez nous. Elles se montraient gentilles et attentionnées, et connaissaient leur métier. Sharon, en particulier, allait m'aider à naviguer dans ces eaux nouvelles. Toutes deux allaient m'apprendre ce que je ne savais pas encore.

Il y a une grande différence entre « essayer de guérir » et « essayer de soulager ». C'est comme si on quittait la planète Terre avec ses hôpitaux et ses médecins, pour aborder une planète non répertoriée, aux contrées inexplorées, aux lois et à la langue inconnues. Ne demandez pas aux médecins comment va se passer cette partie du voyage. À moins qu'ils ne s'y soient déplacés eux-mêmes, ils n'en savent rien et ne peuvent vous le dire. Mais ces femmes qui nous rendaient visite, à Patrick et à moi, le pouvaient.

Cette forme de soins fonctionnait à sa façon et il fut assez difficile à une personne comme moi de s'y plier, alors que je me battais depuis vingt et un mois pour essayer de guérir celui que j'aimais. Tout d'abord, il fallut supprimer les derniers traitements, tous, à commencer par les antibiotiques que nous continuions d'accrocher à sa perfusion, Donny et moi. Ne plus lui donner l'albumine dont il avait besoin pour faire le plein de protéines dans son sang après ses derniers drainages / paracentèses, ni la plupart des médicaments et des compléments qui avaient toujours figuré sur sa liste quotidienne de traitements. Tous ces éléments censés le « guérir » risquaient à présent d'empêcher son corps de faire le nécessaire pour passer au processus de mise en repos. Pourquoi voudrais-je lui donner ce qui rendrait ce processus plus difficile pour lui, risquerait de le faire souffrir plus longtemps que nécessaire ? C'était une pensée difficile, que j'avais du mal à accepter, mais pas impossible. Encore une courbe d'apprentissage.

On me dit aussi qu'il valait mieux cesser les perfusions. Son corps pourrait se noyer dans tous ces fluides, et ses poumons se remplir...

– Le corps ne peut plus les supporter, dit Sharon. C'est pour ça que les gens arrêtent de manger, et même de boire à la fin... Leur corps dit : « Lâche-moi. J'ai déjà trop à faire. » Si vous leur versez de l'eau dans la gorge, ils s'étouffent parce qu'ils ne peuvent plus avaler. Mais vous pouvez leur humecter les gencives, les lèvres...

– Et la déshydratation ? demandai-je.

– Ça vaut mieux, dit calmement Sharon. Ça ne fait pas souffrir.

On pouvait aussi retenir leurs conseils de base : nourriture ou non, boisson ou non, lèvres, yeux, et nouvelles sortes de soins et d'hygiène.

Oh, et les errances la nuit ?

– Posez des clochettes ou quelque chose de ce genre sur sa tablette, dit Sharon. Quand il tentera de se lever, elles sonneront et vous réveilleront.

Tout simplement ! Je me sentais trop bête. Moi qui me rongeais les sangs depuis près d'un an sans trouver la moindre solution ! Des clochettes ! Évidemment !

Je m'inquiétais pour le cœur de Patrick, qui battait si fort. J'avais peur qu'il ne le laisse pas partir en paix, qu'il ne cesse plus de battre, d'insister, de le faire souffrir. J'aurais juré que si son cœur avait été plus faible, il n'aurait pas tenu ces derniers temps. Mais, flûte, maintenant encore il était si fort !

Étrange de brusquement devoir apprendre les meilleures façons de ne pas interférer avec la mort, tout en s'en mêlant juste assez pour s'assurer que la personne qu'on accompagne se sente bien. Et si Patrick n'était pas lucide, comment savoir s'il se sentait bien ou non ? Là aussi, elles avaient une réponse :

– Les grimaces. C'est un moyen de savoir.

Dieu sait que Patrick faisait souvent la grimace ! Elles voulaient augmenter sa dose de Dilaudid, quasi la quadrupler, non seulement pour lutter contre la douleur mais aussi pour l'aider à garder son calme. Mais je m'inquiétais de l'effet d'une trop grande quantité de Dilaudid sur Patrick et optai pour un taux de base inférieur, accompagné d'une dose optionnelle, grâce au système « presse-bouton », que nous pouvions déclencher toutes les vingt minutes si nécessaire.

Après deux heures d'instructions, de nombreuses discussions et deux brochures traitant des diverses situations physiques et émotionnelles, ainsi qu'une autre sur les fondamentaux de l'expérience de la mort, Sharon et Tina s'en allèrent. Elles reviendraient le lendemain.

« Vous partez ? » avais-je failli demander, incrédule. En fait, j'avais cru qu'elles passeraient la journée ici. Je résistai à l'impulsion de les retenir par le bras pour les reconduire fermement vers la chambre de Patrick. Mais, après leur départ, tout se passa bien. J'avais un plan maintenant. Alors qu'auparavant j'avais fait de mon mieux pour aider Patrick à vivre, je devais désormais me concentrer sur ce que je pouvais faire de mieux pour l'aider dans ses derniers jours. À présent, j'étais armée de savoir. Et d'un téléphone mobile. Ces nouvelles perspectives me donnaient un objectif. Un objectif empli de l'amour inconditionnel et de la tendresse que j'éprouvais pour lui.

*
* *

Ce jeudi, Patrick et moi avons passé la journée assis dehors à profiter de l'air frais. J'allai à la cuisine chercher de la soupe et jetai un coup d'œil au-dehors avant de repartir ; je le vis dans son fauteuil, le regard posé sur le jardin et la piscine, les chiens à ses pieds... Je sus alors que j'avais pris la bonne décision en le ramenant à la maison, ne serait-ce que pour ces quelques moments où il se rendait certainement compte de ce qui l'entourait et qu'il l'appréciait.

Après le coucher du soleil, quand il fit plus frais, je l'aidai à regagner la maison et à se coucher. Il était à la fois là et pas là, parlant parfois lentement mais clairement, marmonnant parfois, la plupart du temps doucement. Au moment de nous endormir, j'approchai sa tablette du lit ; j'y avais accroché de minuscules carillons qui ne pourraient que sonner s'il les effleurait en se levant. Après quoi, je m'allongeai près de lui, le bouton du doseur de Dilaudid à portée de la main. Il avait paru mal à l'aise et je m'assurai qu'il lui fallait vraiment une dose. Durant la nuit, toutes les vingt minutes, j'appuyais sur le bouton. Et cela dura jusqu'à ce que Sharon et Tina reviennent le lendemain.

*
* *

– Il faut reprogrammer la pompe, soupirai-je. J'ai passé toute la nuit à appuyer sur ce bouton. Mais qui sait combien de fois j'ai pu manquer le coup parce que je dormais ?

– On peut vérifier ça, dit Tina en accédant à la pompe. Oh ! vous n'avez pas dormi de la nuit, dirait-on ?

Je n'avais pas manqué une seule dose.

– Est-il sorti du lit ? demandèrent-elles.

– Non.

Et cela m'attristait quelque peu, car jusque-là, j'avais peur qu'il se lève la nuit sans que je m'en aperçoive et priais pour qu'il profite d'un long sommeil tranquille en restant au lit. Maintenant, j'aurais donné n'importe quoi pour qu'il se lève et m'inquiète. Finalement, je n'aurais pas besoin des carillons.

*

*   *

Ma belle-mère, Patsy, fut la première de la famille à nous rendre visite. Patrick était assis au bord du lit, et Tina l'aidait, quand il entendit sa voix l'appeler du couloir. Il me jeta un regard angoissé…

– Pourquoi ? Pourquoi l'as-tu fait venir ?

Le moyen de faire le contraire ? J'avais toujours été du côté de Patrick, mais…

– C'est ta mère, dis-je avec autant de compassion que possible. Il faut bien que tu la voies, tu sais ?

Je voyais Patsy aller et venir nerveusement. Je décidai d'étouffer la chose dans l'œuf pour essayer de les mettre tous les deux à l'aise.

– Patsy ! lui criai-je.

– Quoi ? répondit-elle, tendue.

– Buddy a peur de vous démoraliser si vous le voyez comme ça. Il ne veut pas vous déprimer.

– Quoi ?

Saisissant la balle au bond, Patsy entra dans la chambre.

– Non… Non ! couina-t-elle. Je ne veux pas te démoraliser. Je suis trop contente de te voir !

Patrick posa lentement les mains sur les côtés et se redressa.

Tina se pencha, demanda doucement :

– Vous avez besoin d'aller aux toilettes ?

Il ne répondit pas mais se leva et, une fois debout, fit un pas puis serra sa maman dans ses bras.

Et tout se passa bien.

À mesure que la journée avançait, d'autres membres de la famille se présentèrent. Le mari de ma belle-sœur, Bambi, apporta le barbecue sur lequel ils comptaient préparer le dîner. Et mes géniales amies, Kay et Lynne, lâchèrent tout pour apporter de la nourriture et se rendre aussi utiles que possible.

Pendant le défilé des visiteurs, je sortis de la chambre pour demander discrètement à Sharon son avis sur un point qui me tourmentait. C'était difficile et ça me faisait mal d'aborder ce sujet. Mais je ne savais pas quoi faire.

– Je n'ai pas… commençai-je. Avec Patrick, on n'a pas parlé de ce qui se passait. Je ne l'ai pas prévenu qu'il allait mourir.

– Il sait, répondit-elle.

Bien sûr qu'il sait. Bien sûr qu'il sait…

*

* *

Patrick prononça ses dernières paroles le vendredi soir. Mon frère, Eric, et sa femme, Mary, entrèrent dans la chambre et il leva sur eux des yeux endormis, parut content de les voir…

– Saluuut, Eric et Mary…

Mes derniers mots à Patrick ?

– Je t'aime.

Ce furent aussi les siens pour moi. Je n'arrêtais pas de lui dire ça – dès que je quittais la chambre, dès que j'y entrais. Et lui-même me le dit jusqu'à ce qu'il ne reste plus qu'un mouvement sur ses lèvres, sans plus émettre de son, et puis… plus que ses oreilles pour recevoir mes paroles.

Après que je l'eus ramené chez nous, les choses allèrent très vite.

Il avait déjà glissé dans une sorte de semi-coma, mais tard ce vendredi soir il y sombra complètement. Nous continuions de lui parler. Restions assis près de lui. Je finis par limiter le nombre de gens présents dans la chambre et le temps qu'ils pourraient y passer, afin que ça ne devienne pas trop bruyant. Je riais intérieurement parce que je savais que si Patrick l'avait pu, à un certain point il aurait bondi en plein milieu de ce brouhaha en criant :

– Hé, vous ne pouvez pas foutre le camp ?

Il existe des avantages à connaître si bien quelqu'un.

Le soir, tout se calmait quand les gens s'en allaient et je chérissais ces moments passés avec lui seul… à lui tenir la main, à écouter de la musique, à dormir en l'entourant d'un bras, la tête sur son épaule, sans un mot.

On m'avait indiqué quels signes annonçaient que la fin approchait : affaiblissement du pouls, changement de couleur de la peau, gargouillis dans la respiration… Son pouls demeurait fort mais, à l'évidence, le reste de son corps n'était pas en forme.

Le week-end s'écoula ainsi et, en ce paisible lundi matin, le 14 septembre, Donny entra dans la chambre et s'approcha du lit. Consterné d'avoir trop dormi et manqué de près de deux heures son tour pour administrer à Patrick son intraveineuse d'Ativan. Alors qu'il arrivait, je le surpris en me dressant vivement, pas affolée, mais les yeux grands ouverts, et alerte comme si je ne m'étais pas endormie.

– Je sais, répondis-je à la question qu'il n'avait pas posée, il respire comme ça depuis deux heures.

Un souffle étrange, superficiel – incroyablement superficiel.

Inquiet, se reprochant d'avoir trop dormi, Donny s'excusa et alla préparer l'Ativan dans la cuisine.

Je tâtai le pouls tiède de Patrick. Toujours fort. Je considérai son visage, écoutai les petites gorgées d'air qu'il avalait. De minuscules gorgées d'air… Il y avait là quelque chose… de délicat… comme enfantin.

Je savais que le moment était venu. Je ne voulais pas quitter la chambre, mais, éperdument, je ne voulais pas non plus laisser tomber Donny. Je ne savais que faire. J'avais peur d'avoir soudain trop peur, ou…

Je sortis en courant, criai à Donny de venir. Et retournai m'allonger à côté de Buddy. Je lui pris la main, sentis encore son pouls… encore ? encore ? J'écoutais le souffle enfantin…

Et puis il ne respira plus.

*

* *

Il était 10 heures du matin. Patrick avait cessé d'utiliser son corps. Cela au moins me semblait clair. Il n'en avait plus besoin, plus l'usage, il pouvait l'abandonner.

Les choses devaient être ainsi. Moi qui croyais passer de pénibles moments si j'étais près de lui à l'instant de sa mort, ou de celle de son corps. Pourtant, ce ne fut pas du tout atroce. Ce corps avait rempli ses fonctions. On pouvait l'accepter, avec réalisme. Et ce qui flottait dans l'air transcendait les misérables pensées que j'avais pu projeter durant ma courte vie sur ce que seraient ces moments.

Donny revint dans la chambre, armé de sa seringue d'Ativan, et s'arrêta au bord du lit.

Je vis tout de suite qu'il avait compris. Soudain, je cédai à l'impulsion d'appuyer sur le bouton, libérant une dose supplémentaire de Dilaudid. Comme si Patrick avait juste besoin de ce dernier réconfort en partant. Peut-être restait-il une petite part en lui qui souffrait et avait besoin d'aide.

Je levai les yeux vers Donny :

– Au cas où...

Il se pencha pour appuyer la paume sur le cœur de Patrick et je l'entendis renifler.

– C'est bon, grand frère, tu n'as plus besoin de respirer.

Je regardai la seringue qu'il tenait toujours...

– J'imagine qu'il n'en aura plus besoin.

Au cours des deux heures qui suivirent, la famille arriva. Je m'étais assise derrière la porte-fenêtre de la chambre, en bordure du jardin, pendant que parents et amis défilaient devant le corps de Patrick. Kay et Lynne vinrent s'asseoir à côté de moi.

– Oh, mon Dieu ! dit Lynne, hier, quand tu faisais la sieste avec lui, tu as gardé tout le temps la tête sur son épaule. Tu avais l'air d'un ange.

– Tu étais son ange, renchérit Kay.

– Et maintenant, c'est lui le mien, répondis-je.

Tandis qu'ils se pressaient de plus en plus nombreux autour de lui, Lucio, notre palefrenier, amena devant la maison Roh, le cheval préféré de Patrick. Ce magnifique étalon qu'il avait monté lors du renouvellement de nos vœux de mariage. J'avais remonté les couvertures autour du corps de Patrick, accroché une superbe amulette de corail, de turquoise et de cristal au-dessus de sa tête, qui représentait son esprit guerrier, et placé la plus belle des roses blanches sur sa poitrine. Lucio et notre ami Steve firent entrer Roh par les doubles portes ouvrant sur la chambre, si près qu'il se trouva presque à l'intérieur, et resta là, imposant, vibrant. Lucio lui donna le signal et le puissant cheval s'inclina devant Patrick.

*

* *

Notre garde du corps, Bill, était là pour conduire Patrick à la morgue en toute sécurité et discrétion. Tard dans l'après-midi, alors que son corps commençait à refroidir, un petit 4×4 arriva. J'étais contente que cela se passe en début de soirée, que Patrick ne soit plus tiède sous ma paume. Je n'aurais pas pu le laisser emmener avant. La voiture était plus petite que celle qui l'avait amené, complètement banale ; sur l'autoroute, nul ne se douterait de ce qu'elle transportait. Nous attendions qu'ils arrivent à destination pour publier la nouvelle de sa mort. Ce serait le bon moment.

La famille se tenait dans le salon quand on emporta son corps vers le véhicule. Je le suivis avec eux mais m'arrêtai le temps qu'on l'installe. La portière claqua, la voiture démarra et remonta l'allée jusqu'au portail. Je pris alors conscience qu'on l'emmenait. Il partait. C'était comme si on voyait son amoureux s'envoler en avion dans le ciel bleu. Mais, cette fois, il ne reviendrait pas. Je pouvais tendre la main, je ne le toucherais plus, je me sentais… séparée de lui. Horrible impression, jamais encore vraiment éprouvée ! Je ne pus soutenir la vue de la voiture qui s'éloignait, et tournai la tête pour l'enfouir contre l'épaule de ma mère, avant d'éclater en sanglots, de profonds, d'affreux sanglots, qui pesaient des tonnes. Après avoir bien pleuré, je relevai le visage, me mouchai et regagnai la maison d'un pas incertain. Kay et Lynne se précipitèrent pour m'entourer, me prenant chacune un bras. Mais après deux ou trois pas, je balbutiai à travers la brume qui m'envahissait :

– Je veux m'asseoir.

Les jambes flageolantes, je perdais toutes mes forces.

– Bon, dirent-elles, on va dans le living.

Je fis un autre pas.

– Non… je veux m'asseoir là, maintenant.

Et je m'effondrai sur moi-même, recommençai à sangloter. Quand je sentis de nouveau mes jambes, je me relevai pour rentrer dans la maison. Je savais que tout le monde était là… mais je n'aurais su dire qui était qui, ni ce qu'ils faisaient. Je me sentais isolée dans un étroit univers de brume. Et eux, et tout le reste, ne représentaient que des ombres autour de moi. Mais peu importait. Plus rien ne comptait.

Au Rancho Bizarro, neuf de nos arbres sont morts subitement en août-septembre 2009.

24

Le contrecoup immédiat

Après la mort de Patrick, je passai la soirée dehors avec la famille et les amis proches, rassemblés autour d'un feu de camp, et l'on se raconta des histoires, parfois drôles. À un moment, j'en eus assez. Je me levai et retournai dans la maison. Tout le monde se leva en même temps que moi et partit aussitôt après…

Difficile d'imaginer qu'il y a un peu plus de douze heures j'écoutais la respiration courte de mon mari, son dernier souffle. Qu'il a commencé à refroidir dans notre chambre, sa belle dégaine gelée, figée. Il y a douze heures, je pleurais alors qu'on emportait son corps. Il y a douze heures, je suis entrée dans un cauchemar que je redoutais car je l'imaginais terrible, à peine aussi terrible qu'au plus minuscule niveau de sa terrible réalité. Et au cours des quatre dernières heures, je me suis rendu compte que je pouvais rire comme s'il n'était plus là, poussant son dernier soupir dans mon lit. Je me suis rendu compte de la souffrance qu'on éprouve à rire, alors que ce matin même je me retrouvais abandonnée dans le plus profond accablement.

Petit matin du 15 septembre 2009

J'aimerais avoir quelque chose de bien, d'instructif ou même de vaguement encourageant à dire sur le processus de la perte d'un être aimé. Mais non. Il n'y a rien de bien là-dedans, rien de bon, pas d'espoir. Comme si on tordait le monde tel un torchon mouillé, à en ôter toutes les couleurs, toute la poésie de la vie.

Désolée, je me sens un peu chagrinée.

Je pourrais opter pour le cynisme. Le cynisme qui m'a prise depuis que j'ai perdu mon Buddy. Je peux dire à quel point les pensées naïves qui m'ont toujours habitée – la vie récompensera les bons, ceux qui font le bien… – sont fausses, ne correspondent qu'à une notion artificielle de notre société, destinée à nous empêcher de nous entretuer. Vu ? Rien d'éblouissant là-dedans. Même les aspects les plus tristes ne sont que des contes. Des trucs inventés pour rendre supportables les véritables émotions de la vie. Alors qu'il n'y a vraiment rien de romantique dans cette vie.

Ha ! J'en suis l'exemple vivant…

Oui, il y a des chansons où l'on clame : « Je ne saurais vivre sans toi ! » Et celles sur la respiration ? « Je ne peux respirer sans toi. » Combien de titres n'en sont que des variantes ? Tous magnifiquement composés, exprimant le deuil d'une façon si jolie, si sincère… Je ne peux respirer sans toi ? Bon, oui, c'est vrai. Quand on perd un être tant aimé, on a l'impression de ne plus pouvoir respirer. Mais pas à cause de je ne sais quelle tristesse lyrique. Plutôt parce qu'on a littéralement l'impression que quelqu'un s'est assis sur votre poitrine. Essayez ! Dites : « Hé, Tim, ou Gladys… Viens donc t'asseoir sur ma poitrine pour que je sente ce que ça fait de perdre quelqu'un qu'on aime trop – Ah ! Ah ! Je ne peux vraiment… plus… respirer ! Ah ! » Sérieusement, ce serait une reproduction exacte de l'effet que ça fait. Voilà pour la poésie.

Quoi encore ?

Quatre jours après la mort de Patrick, mes adorables amies m'ont proposé une soirée pyjama. Génial ! Le lendemain soir, elles ont toutes rappliqué en pyjama, on a joué au poker (je venais d'apprendre le Texas Hold'Em) et, dans l'esprit de cette « nuit entre filles », j'ai arboré un diamant de pacotille, une couronne de princesse rose, en me disant que ça me ferait peut-être du bien. Après, on est toutes allées s'asseoir autour du feu, l'un des endroits préférés de Patrick par les fraîches soirées de ces derniers mois, et une amie a ouvert la boîte de Pandore en me demandant :

– Comment ça va... ?

J'ai pleuré, le genre de chose qui m'arrivait souvent, ces derniers temps, ça n'avait vraiment rien d'extraordinaire. J'ai dû insister sur le fait que Patrick et moi étions mariés depuis trente-quatre ans. Trente-quatre années avec la même personne, toujours là... Toujours dans votre vie, le matin, le jour, la nuit.

– Rendez-vous compte, ajoutai-je, même si je ne pouvais plus le saquer, ce serait quand même difficile.

Et je recommençai à pleurer un peu...

– Vous savez, ajoutai-je entre mes larmes, durant toute notre relation, je ne crois pas qu'il y ait eu plus de trois fois où on a passé une journée sans se parler...

C'était la vérité. Peu importait où l'un ou l'autre se trouvait dans le monde, on se parlait, on entrait en contact tous les jours. Inde, Népal, Russie, Afrique, Illinois... peu importait. On pouvait s'aimer, se haïr, avoir trop bu, pas bu du tout, on brûlait d'impatience de se raconter ce qu'on faisait, de décrocher le téléphone, furieux ou ravi. Qu'on soit en scène ou qu'on vive notre vie, qu'on prépare le dîner, qu'on regarde les étoiles ou qu'on nourrisse les chiens et les chats, qu'on rentre à la maison la nuit, qu'on se couche, qu'on regarde un film, qu'on pleure,

… on rie, qu'on chante, qu'on sourie, qu'on lève les yeux au ciel… on faisait tout ça. Et parfois on s'arrangeait pour le faire ensemble.

Cette soirée autour du feu… c'était le Jour 5.

*

* *

Le Jour 2, j'avais sauté du lit en entendant sa voix. Tirée d'un profond sommeil, je l'avais entendu dire :

– Lisa !

Ça venait du fond de la salle de bains, c'était insistant, urgent. On aurait juré que c'était lui. Un ton que je lui avais déjà entendu, quand il cherchait de l'aide, et vite.

Je tombai à quatre pattes par terre, me précipitai dans la salle de bains pour voir ce qu'il voulait. Tout en essayant de me redresser, je me rappelai qu'il était mort. Mais peut-être… peut-être…

Il n'était pas là…

Nuit sombre.
Si je rêve, je sens ta main
Je présume que tu es ici avec moi
Parce que je me sens si seule sans toi.
C'est plus dur que je n'aurais cru
C'est au-delà du physique
Au-delà d'une simple douleur
C'est écœurant, une attaque contre mon être
À un niveau cellulaire
Telle une vie en soi
Tel un malaise
Telle une maladie
La vague m'attrape et fait de moi ce qu'elle veut
Me plongeant sous l'eau

Me noyant sans crier gare
Ma volonté n'est plus mienne
Perdue dans mon amour et mon lien avec toi.
Inexorablement et à jamais
entrelacés

Oui… Pour moi, le chagrin se produit à un niveau cellulaire. Ce n'est pas une émotion, mais quelque chose qui rampe dans votre ADN, qui divise vos noyaux. Le chagrin est comme un essaim de petites abeilles ouvrières qui attaqueraient votre sang, bourdonnant et travaillant sans arrêt à paralyser des morceaux de votre vie. Je comprends pourquoi les épouses suivent parfois leurs compagnons dans la mort. Ce n'est pas un choix. Le corps survit à l'attaque, ou non. Il est destiné à rester, ou non. Ce n'est pas à vous de choisir. Ces choses se passent en vous. Des choses sur lesquelles on n'a aucun contrôle.

Alors que mon monde est bouleversé, ou peut-être à cause de ça, je peux rester assise de longs moments immobile. Complètement… Je respire. C'est tout. Sinon, je suis figée comme un roc. S'il y avait un radar dans le coin, il ne me capterait pas sur son écran. Si des gens passaient par là, ils ne me verraient pas.

Je peux songer à de nombreuses choses agréables à dire… mais je ne le ferai pas. C'est la triste vérité. Désolée de vous décevoir.

Voyons si je pourrais dire quelque chose susceptible de me racheter, qui ne dise pas seulement que « la vie est à chier ». Euh… je ne trouve rien d'autre.

Bon, encore une chose… J'ai trouvé le moyen de me faire des reproches. Tout ça pour l'avoir emmené à l'hôpital, pour l'en avoir sorti, pour avoir été celle qui « lâchait prise », pour ne pas l'avoir guéri… Et comme si ça ne suffisait pas, je m'en suis également voulu pour tout ce que j'avais fait de mal durant notre relation. Chaque fois que j'ai dépassé les bornes, que je me suis emportée, que j'ai fait la tête...

Après quoi... je m'en suis prise à lui.

Pour quelle raison ? me demanderez-vous. Hé ! Nous avons été mariés trente-quatre ans... Faites-moi confiance, j'ai une liste. Et je lui ai crié à la figure. J'ai crié en l'air. J'étais furieuse.

*

* *

Le 29 septembre, un peu plus de quinze jours après la mort de Patrick, son autobiographie, *The Time of My Life*, paraissait et devenait immédiatement un best-seller du *New York Times*. Nous avions eu du mal à terminer ce livre à temps durant cette dernière année, comme un poisson essayant de nager à contre-courant ; mais j'étais contente du résultat de notre effort, cet objet tangible que je pouvais tenir entre les mains. Ça le représentait devant le monde entier. Ça disait : « Ne m'oubliez pas ! » Nous étions fiers du résultat. C'est une bonne lecture, et vous pouvez voir quelle vie incroyable Patrick a menée, combien nous avons travaillé dur, lui et moi, et aussi comme nous avons ri. Bien ri... ça, ça a toujours marché dans notre vie.

Nous étions toujours branchés sur des projets un peu fous. Voilà pourquoi nous avons appelé notre ranch de Los Angeles le Rancho Bizarro : on ne savait jamais ce qui pouvait s'y tramer. Au début, nous avons donné une soirée rock, qui correspondait plutôt bien à notre vie d'alors. Les invités devaient littéralement ramasser des cailloux pour en débarrasser notre corral. Et puis il y eut ces leçons de combat au sabre, destinées à virer les mauvaises herbes. Chaque film, chaque boulot s'est trouvé concrétisé dans ce que nous avons ajouté à notre ranch… *Nord et Sud* a apporté la piscine que Patrick voulait avoir avant de transformer la maison afin que nos ouvriers puissent se rafraîchir. *Dirty Dancing* a procuré notre nouvelle chambre, avec sa salle de bains et son dressing, un solarium et une salle de danse. Et le film suivant a transformé notre vieille cave en studio de musique et d'enregistrement pour Patrick. Après quoi, nous avons ajouté une grange et une carrière, puis transformé la vieille sellerie en maison pour les invités, adjoint un nouveau garage et un auvent, réalisé des aménagements paysagers… Si vous lisez l'autobiographie de Patrick, vous apprendrez que lui et moi sommes des charpentiers accomplis – ce qui remonte à nos premières années de danse à New York. En fait, toutes les moulures de la maison ont été réalisées de mes mains. Et, un jour, je comblerai les trous au mastic.

Enfin, bref… Le livre !

Le livre est sorti et notre agent, Annett, et moi avons commencé à parler avec notre éditeur de ce que je pourrais faire pour sa promotion. J'arrivais encore à fonctionner à la demande ! Je le paierais un peu plus tard en m'effondrant complètement. Ma seule inquiétude avec les interviews consistait à contrôler mes émotions. Bien sûr, on allait m'interroger sur la mort de Patrick. Un peu d'émotion, ça irait… Mais si un journaliste me posait une question et me voyait fondre en larmes, dégringoler de la falaise, ça ne m'irait pas du tout. Au cours d'un galop d'essai, une discussion filmée sur le chagrin à la Conférence des femmes de Long Beach, je découvris que je pouvais glisser jusqu'au bord de la falaise, et réussir tout de même à me hisser sur la terre ferme.

En sortant, en assurant la promotion de ce livre, j'en faisais peut-être un peu trop, mais il était hors de question que ce livre ne marche pas. Les gens avaient beau aimer Patrick, s'ils n'étaient pas au courant de la publication de cette autobiographie, ils ne pourraient pas l'acheter. Et je voulais que tout le monde, tout le monde, sache quelle vie fantastique il avait menée. Alors, en ce début de novembre, je me repris et me lançai dans une tournée.

Je me rendis bientôt compte que dès que je devais quitter un hôtel, prendre un avion pour aller quelque part, j'avais l'impression que mon monde se déchirait, comme si je plantais mes ongles dans tout ce qui me semblait imiter la vie jusqu'à ce que mon programme m'emmène ailleurs. J'avais envie de dire, de la façon la plus infantile : « Nooon… s'il vous plaîîîît, je ne veux pas partiiiiir ! » Peu importait où j'allais, ce que je quittais… je ne voulais plus bouger. Pourtant, sans même comprendre comment j'y parvenais, je gardais mes réactions pour moi et continuais. J'en parlai par la suite à mon amie Kay. C'était dingue de ne plus vouloir bouger de nulle part. Et si douloureux… Vous savez ce qu'elle m'a répondu ?

– Je sais pourquoi tu ne voulais pas partir. C'est parce que tu avances sans lui dans la vie.

Tellement vrai…

Après le départ de Patrick, tout me devenait inédit. C'était la première fois que je prenais seule l'autoroute. La première fois que je quittais la ville. La première fois que j'entrais dans un restaurant, que j'allais à mon cours de yoga… Et ça faisait toujours mal.

*

* *

Tout le monde autour de moi me disait que j'avais été extraordinaire : j'avais remarquablement assumé mon rôle, j'étais une femme forte. Moi je souriais, je les remerciais, mais, au fond, j'avais l'impression qu'ils se fichaient de moi ! Parce que, à l'intérieur, je ne me sentais ni forte ni courageuse, mais une pauvre ratée, pleurnicheuse et geignarde. Pas joli à voir, à l'opposé du spectre, côté glamour. Même si je parvenais à jouer la comédie ces temps-ci, dès que le spectacle s'achevait, je n'étais plus qu'un tas de boue séchée.

Quelques mois plus tard, après les premiers moments de torpeur, les regards effarés du lapin dans les phares, alors que je commençais à croire qu'il ne pouvait rien m'arriver de pire…

Le pire arriva.

*

* *

Après sa première sortie, *The Time of My Life* paraissait dans le reste du monde. Et on me rappelait pour en assurer encore la promotion. Très bien… Ça m'aiderait d'avoir quelque chose sur quoi me concentrer. Beaucoup.

L'interview se faisait par satellite, pour une émission matinale à Londres. Autrement dit, je devais être prête à commencer vers 23 heures. Je me présentai coiffée et maquillée à Culver City, dans un immeuble où il devait rester en tout et pour tout deux ou trois personnes à travailler. Et là, j'attendis… et attendis, au cœur de la nuit, que mon tour arrive. Ça me donnait l'impression de jouer au théâtre, ces moments où je patientais dans la coulisse obscure, guettant mon tour d'entrer en scène, dans les lumières éblouissantes de la rampe. Et j'attendais. Figurez-vous que ça ressemblait étrangement au reste de ma vie…

Peut-être que je l'attends.
Comme ses affaires, son sac de toilette, son peigne, sa brosse à dents, son eau de Cologne qui attendent sur le lavabo de la salle de bains, à leur place habituelle. Comme s'il allait arriver d'un instant à l'autre pour s'en servir.
Comme si rien n'était arrivé, n'allait jamais arriver.
Peut-être que je sonde un peu l'obscurité à sa recherche.
Et là, j'attends encore. Patiemment, un signe. Mon entrée.
On dit que je l'aurai toujours près de moi. Mais là, ce que j'ai n'en est qu'une version minable.
On dit que je finirai par pouvoir reprendre le cours de ma vie. C'est le cas. Zut ! Je travaille, je m'occupe de nos affaires, du ranch, etc. Mais ce n'est qu'une façon de s'occuper. Est-ce ainsi que l'on progresse ? Non, j'appelle ça juste fonctionner, malgré moi. Ça, je sais faire, car j'ai vécu assez de drames dans ma vie.
Mais j'en suis certaine, ce qu'on dit est vrai.
Que la perte de l'être aimé deviendra un atout dans ma vie.
Que je chérirai ce que nous avions et que j'en serai heureuse.
Que je continuerai.
J'attends patiemment que tout ceci devienne vrai.
Afin de pouvoir sortir de cette obscurité.
Pour entrer dans la lumière.

C'est ce que je souhaite.

Moi, la romantique. Mais je suis également réaliste… Je vais attendre, voir si ce qu'on dit est vrai. Que je finirai par guérir, trouver un moyen de me débrouiller. Ou… peut-être pas. Tout est possible. Mais j'ai assez de ressort pour attendre et voir venir. Tant qu'il me restera un souffle, je pourrai continuer de placer un pied devant l'autre. Parce que, par mes racines finlandaises, j'ai mon *sisu*.

Alors… j'attendrai.

Moi, avec mon superbe gâteau de cow-girl.

Épilogue

J'écris ceci à la mi-mai 2011. Voilà un an, huit mois et un jour que j'ai perdu mon Buddy. Mon anniversaire arrive à la fin du mois… C'est drôle comme tous les anniversaires ont changé. Il y a toujours de ces étapes, de ces points de repère qui marquent notre passage dans la vie : anniversaire de naissance, de mariage, Noël, nouvel an… J'y ai ajouté la date de la mort de mon Buddy. Et cela a étrangement altéré toutes les autres dates : Noël sans lui, le début de l'année, mon propre anniversaire, j'ai vraiment tenté de les oublier l'an passé (sans succès), notre anniversaire de mariage, son anniversaire à lui… La date de sa mort a tout changé, parce que, aujourd'hui, tout se passe sans lui.

Pas étonnant que j'aie tiré un trait sur ces fêtes et ces commémorations. Je m'occupe à autre chose, en espérant qu'elles vont passer comme n'importe quelle journée. C'est un peu difficile. Comme si je me cachais de moi-même, prétendant (de toutes mes forces) que Dieu ne peut me voir. Et, bien sûr, vous vous en seriez doutés, ce sont en général mes meilleurs amis qui attirent mon attention dessus. Ils me téléphonent pour me demander ce que je vais faire ce jour-là, ils m'invitent. Certains se sont même présentés avec un gâteau d'anniversaire orné d'une statuette de cow-girl et d'un glaçage de chocolat, quinze jours avant la date réelle. Tout ça parce que j'avais prévu de quitter la ville à ce moment-là ! Aargh ! Mes plans sont encore déjoués. J'ai fondu en larmes à l'apparition du gâteau, avec ses bougies allumées, et j'ai dû courir me cacher quelques minutes. Je ne voulais pas fêter mon anniversaire sans Patrick. On a pris ma photo avec cet extraordinaire gâteau de cow-girl avant de le partager. J'ai gardé ce portrait bien en vue dans ma cuisine du Nouveau-Mexique. Je crois que j'aime me revoir ainsi tous les jours, aussi bouleversée de chagrin que je sois devant l'objectif, parce que je le fixe quand même, et je sais qu'on m'aime encore.

Personne ne m'avait dit combien il serait dur de vivre sans mon mari. C'est comme réapprendre à marcher, mais sur une seule jambe. Au-delà du chagrin, il semble que se dresse l'éternel, l'infranchissable barrage des répercussions financières et structurelles qui ont accompagné sa mort. Avec mes amies veuves – un mot que je déteste –, nous rions de notre état : nous nous voyons comme une traînée de sang dans l'eau. Vous savez... Les requins vous flairent à des milles à la ronde et se ruent pour vous attaquer. Pourquoi me croient-ils si faible ? J'ai du chagrin, d'accord, mais il ne faut pas non plus qu'ils viennent me chercher... sinon, je leur rentre dans le lard ! Pourtant, je suis faible. Ma vie me rugit dans les oreilles et part en vrille les trois quarts du temps, mais cela ne fait pas de moi une idiote pour autant. Pourtant, les requins et les défis arrivent quand même. Je sais : ce n'est sans doute pas moi personnellement que l'on cherche à persécuter, pas chaque fois, même si c'est l'effet produit. C'est juste que tous ces changements, toutes ces attaques, toutes ces complications, tout cela devient lourd à assumer. Surtout seule.

Je me rends compte, à présent, combien je me sentais protégée avec Patrick. Nous avons eu nos différends, des disputes homériques. Pourtant je me sentais… en sécurité. C'est dingue, parce que ce n'était pas toujours lui qui me protégeait, la plupart du temps je m'en chargeais, et parfois je devais même me protéger de lui. Mais, du jour où je l'ai perdu, j'ai soudain perdu ce sentiment de sécurité, sans comprendre pourquoi.

– Je sais, moi, suggéra Kay. Tu te sentais en sécurité parce qu'il t'aimait.

Ah…

Oui. Et son amour m'était comme un parapluie. Patrick me couvrait, me tenait à l'abri des orages, me serrait dans ses bras. Maintenant, comme je l'ai déjà dit, je suis dehors dans la tempête, à la recherche d'un radeau, et je n'en trouve pas.

Outre cette impression d'avoir perdu un membre, de voir se refermer ce parapluie qui me laisse sous une pluie battante, il me faut regarder le monde avec d'autres yeux. Patrick et moi l'observions ensemble depuis plus de trente-quatre ans. Et ce monde semble différent sans lui. Même ce qui n'a pas changé me paraît différent. Comme si la géométrie de la Terre avait changé d'axe, secouant tout ce qu'elle portait, bon ou mauvais.

J'ai perdu de vue quelques amis depuis la mort de Patrick, la plupart du temps parce que je me rendais compte que ce n'étaient pas vraiment ses amis, ou les miens. Cela dit, j'en ai gardé beaucoup d'extraordinaires, qui m'ont soutenue. Leur amour et leur soutien représentent beaucoup pour moi. C'est vrai, je ne sais trop comment me comporter avec certains d'entre eux et ils peuvent trouver ça gênant. Pourtant, ils ne s'en vont pas, ils attendent la fin de l'orage.

Et puis, il y a mes nouvelles amies « veuves ». J'ai eu beaucoup de chance de rencontrer ces femmes merveilleuses après la mort de Patrick. Toutes deux ont perdu leur mari d'un cancer du pancréas, l'une un an avant moi, l'autre six mois après. Quand on est ensemble, on peut passer les bavardages inutiles pour aller directement aux choses sérieuses. On éprouve tant de colère après un deuil, tant d'émotions plus ou moins jolies qu'on ne peut les exprimer devant des gens incapables de comprendre ce que l'on traverse. Ensemble, nous pouvons cracher le morceau et nous entendre répondre : « Je vois ce que tu veux dire. » Toutes trois, nous sommes très différentes, et nous menons des vies différentes. Cela n'en rend que plus extraordinaire la similitude de nos expériences devant la mort de nos maris. Jusqu'à l'automne dernier, je me sentais protectrice à l'égard de celle qui avait connu cette perte après moi. Je ne voulais pas lui dire ce qui l'attendait dans ce terrible parcours, parce que je connaissais déjà son chagrin. Alors, savoir que ça ne pouvait qu'empirer pouvait vous pousser à… ne pas continuer. Encore une chose que partagent les veuves : elles caressent parfois l'idée du suicide.

L'automne dernier, j'ai cessé de me montrer trop circonspecte avec elle. Je crois que c'est à cette époque que j'ai vraiment passé une bonne journée. (Jusque-là, il m'arrivait de croire dur comme fer que je ne survivrais pas.) Alors, je lui ai dit :

– Voilà, ça finit par arriver !

Ça arrive lentement. Je peux passer plusieurs journées de suite à me sentir à peu près bien. Parfois, « à peu près bien » ça tient même de l'euphorie. Je me dis alors : *Mon corps a été tellement torturé qu'au premier signe de soulagement il prend ça pour le nirvana !*

Mais, si j'arrive à passer une belle journée, je peux en passer aussi deux, et puis trois.

Et c'est le cas.

C'est juste que ça prend du temps.

*

* *

J'ai eu toutes les peines du monde à commencer la rédaction de cet épilogue. Parce que, en fait, je me dis : *Je devrais avoir surmonté ça maintenant.* Voilà un an, huit mois et un jour que j'ai perdu mon Buddy. *Je devrais aller mieux maintenant*. Ça en devient embarrassant. Outre que je me sens brisée, j'ai l'impression de me répéter sans cesse. Récemment, j'ai commencé à me confier à un conseiller en chagrin. J'en avais assez de constater que je ressassais sans cesse la même chose, tant dans ma tête qu'aux amis à qui j'en parle. La dépression semble s'être installée en permanence dans ma vie, collée là pour ne plus en partir. Je peux passer quelques merveilleuses journées, et m'effondrer ensuite avec l'impression que rien n'a changé du tout. Patrick me manque toujours autant.

Dimanche, je prenais un petit déjeuner avec Lynne, dans un salon de thé qu'elle adore et moi aussi. Il faisait beau et frais, mais nous avions pu nous installer en terrasse pour y parler de nos vies qui vont à vau-l'eau – elle aussi traverse un moment difficile. Nous nous racontions à quel point nous étions surchargées de travail, stressées comme jamais, avec un emploi du temps qui aurait pu occuper une armée entière. Alors que je cherchais ce que je pourrais bien lui répondre (parce que je n'en peux plus de me sentir dans cet état), que je tentais de trouver une issue à cette impression de crouler sous une telle charge, je me suis mise à réfléchir tout haut :

– Tu sais, peut-être... peut-être que tout ce stress ne concerne pas seulement...

Soudain, je me suis tue, j'ai calé.

– Quoi ! s'est-elle exclamée. Quoi ? Tu ne vas pas t'arrêter là !

Je me concentrai parce que, au cœur de cette camaraderie de filles, alors que nous nous lamentions par cette belle journée, mon cœur était soudain passé à travers les mailles du filet. Et le chagrin rejaillissait. Cette douleur me faisait défaillir, comme en pleine chute dans le vide, sans rien à quoi me raccrocher.

Je repris quand même la parole, m'efforçant de ravaler mes larmes, de revenir à la réalité.

– D'accord. J'ai un peu craqué, avouai-je. J'allais te dire qu'on ne devrait peut-être pas se laisser tant submerger, que ce ne serait sans doute pas si difficile de se reprendre si on ne souffrait pas. Tu vois, c'est peut-être juste ça… la douleur.

Lynne fit la moue. Elle n'avait pas trop envie d'essayer ça en ce moment.

Moi non plus.

Mon autre amie veuve, qui a une année d'expérience de plus, m'a dit que le chagrin ne diminue pas, plutôt qu'il devient plus « gérable ». Pour l'instant, il semblerait que ce soit mon cas. Mais je décrirais la chose autrement. Ça ressemble plutôt à ce que j'ai décrit comme la perte d'un membre : tout d'un coup, ce monde que je partageais avec quelqu'un, me voilà obligée de le porter seule. Et j'en sens le poids. Ce n'est que moi, si heurtée par la vie, qui prends en charge un fardeau porté jusque-là par deux personnes. Pourtant, chaque jour je me sens plus forte, et je trouve des petits trucs pour me simplifier la tâche. Alors, il vous manque un membre ? Devenez deux fois plus fort. Mais vous n'en avez pas envie, vous n'êtes pas motivé… vous n'êtes même pas sûr de vouloir continuer à vivre. Pourtant, chaque jour, en sortant du lit, vous allez vous sentir un peu plus solide. Que ça vous plaise ou non.

Ma vie incontrôlable ?

Le changement est difficile. Et un tel deuil vous force à changer. C'est obligé. Le deuil n'est pas un état tranquille où on se réfugie après la perte de l'être cher. Il vous heurte et vous heurte encore, vous attaque en série : perte après perte après perte. Je garde espoir, toutes les bases que je jette maintenant finiront par donner des résultats. Il faut que ça devienne plus facile que maintenant ! Je travaille dur. Très dur, de toutes les manières possibles.

Je me sens assez forte cette année pour envisager de célébrer mon anniversaire. Je recevrai quelques amis seulement, et on rira.

15 mai 2011

Remerciements

Je me lance dans ces remerciements en sachant que, comme toutes les listes d'invitations que j'ai dressées pour une grande soirée, je vais certainement en oublier quelques-uns sans le vouloir. Je m'en excuse à l'avance auprès d'eux. Il y a aussi des personnes citées dans ce livre que je ne puis mentionner ici, mais d'autres pour qui je tiens à le faire.

Tant de gens merveilleux nous ont apporté leur aide durant les deux dernières années de la vie de mon mari et la mienne ! Je n'ai jamais rencontré certains d'entre eux, je n'ai même pas eu l'occasion de leur parler. Qu'ils reçoivent tous mon amour et ma gratitude.

Famille Haapaniemi-Niemi

Le Dr Maria Scouros, Ed et les enfants ; Eric et Mary et Will ; Paul et Jessica, et Valerie ; John, Alex et Carol ; et maman.

Famille Swayze

Donny, Patsy, Bambi et Don ; Sean et Jami et les enfants.

Hôpital de Stanford et Centre anticancéreux

Les Drs George Fisher, Jeff Norton, Elwyn Cabebe, Jacques Van Dam, Albert Koong. Les merveilleux intermédiaires du service relations patients : Judy Kinsberg, Michael Granneman, Julia Vitenberg, Pam Huggins. L'ancienne directrice générale, Martha Marsh, ainsi que ces filles si gentilles et hautement professionnelles, en première ligne durant la chimiothérapie, les infirmières Cathy, Krum et Mary Salom.

Hôpital de Cedars-Sinai

Les Drs Simon Lo, Mark Ault, Geemee Chung. Le service des patients : Madeline Lehrman, Yuri et Lidia. Della et toutes les fantastiques infirmières du centre administratif, ainsi que le personnel de l'hôpital.

Hôpital Northwestern

Dr Mary Mulcahy, et tous ceux qui nous ont aidés dans leur service anticancéreux et aux scanners. Merci, Dr John Martin, pour ce nouveau stent. Ouf !

Tower Oncology

Le merveilleux Dr David Hoffman ; notre infirmier, José Ramirez, et Pia Chantravat, et Bill Such. John Rice chez Premier Infusion Care.

Les amis

Lisa « D'abord et avant tout » Dickey, Kay « Toujours là » Lenz, Bran Braff, Warren et Jale « Il n'y a rien qu'une paire de Manolo Blahnik rouge ne saurait résoudre » Trepp, Lynne Butler, Joe et Sandy Bourdeau, Whoopi Goldberg, Cash et Monica Schoch, Randi Barnes, Dwight Roden, Desmond Richardson, Stacy Widelitz, Mark Smith, Griff Griffis, Travis Fimmel, Kenny et Joanne Gordon, Mark Smith, Steve Diamond, et tant d'autres.

The Beast

A&E et Sony TV, pour avoir pris ce risque avec Patrick et moi. Michael, Roy, Vincent, Bill et toute l'équipe de production : vous êtes les meilleurs !

L'équipe

Nos imprésarios toujours si attentifs et dévoués, nos avocats, nos agents : Annett Wolf, Jayme Phillips, Fred Gaines, Mel Berger, Richard Solomon, Nicole David, Jenny Delany.

Éditions Atria

Ma fantastique éditrice, Sarah Durand, et ses assistants, Sarah Cantin et Alex Arnold. La merveilleuse Judith Curr. Paul Oslewski et Yona Deshommes. Et les remarquables Elisa Shokoff et Matt Cartsonis.

Et…

Nos chers animaux – ceux que j'ai perdus l'année qui a suivi la mort de Patrick… Tina, la chatte, compagne des siestes de Buddy, morte exactement un mois après lui, à la même heure, de son propre cancer. Ma belle pouliche née à 5 h 30 en août 2009, et morte six mois plus tard au cours d'une chirurgie des coliques. Et notre magnifique étalon, Roh, disparu à la suite de mystérieuses complications en août 2010. Ce fut une année difficile.

Et les chers animaux qui vivent encore avec moi, m'aiment et me protègent. Les chiens : Lucas, Murphy et Kuma. Les chats : Possum et Lupe. Les chevaux : Bint Bint Subbaya, Zahra Galila, Shirin Jewel, Assirah, Nadra, Shamrock, Nation, Rabba, Emir, La Dior. Mes deux poulains : Faris Al Ahlam et Malik al Malouk. Et ma jolie nouvelle pouliche, Farah Jewel, née en juin 2011.

Table des matières

Crédits photographiques

© Niemi Swayze Photos pour toutes les photos, excepté :

p 56 : © Lisa Dickey
p 124 : © Brian Braff
p 158 : © Roy H. Wagner, ASC
p 178 : © Ron Tom/American Broacasting Companies, Inc.
p 316 : © Greg Gorman

Imprimé en France
Dépôt légal : janvier 2013
N° d'impression : 152064
ISBN : 978-2-7499-1771-9
LAF 1644